AF565805

PINA BAUSCH

BILDER EINES LEBENS

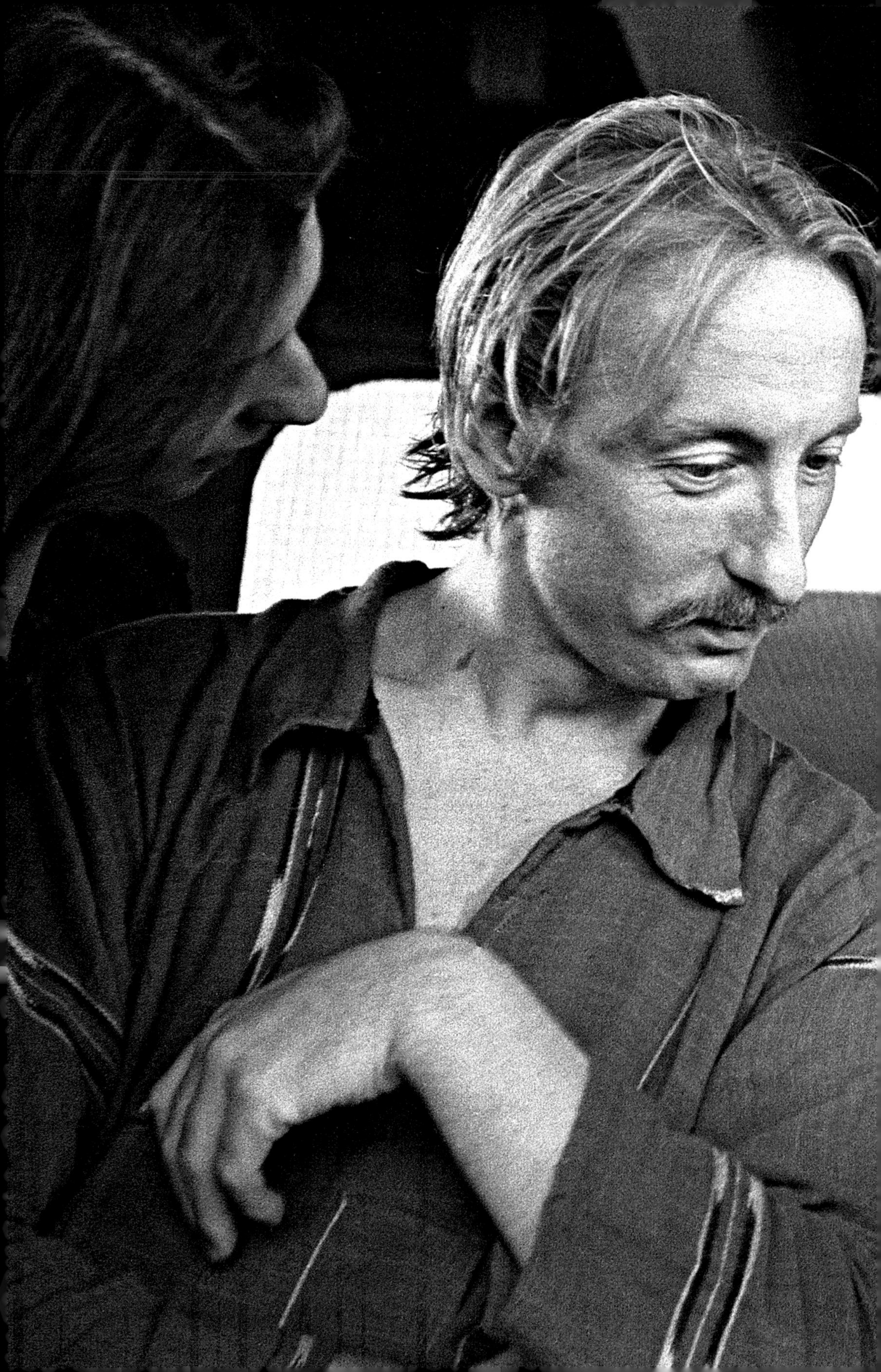

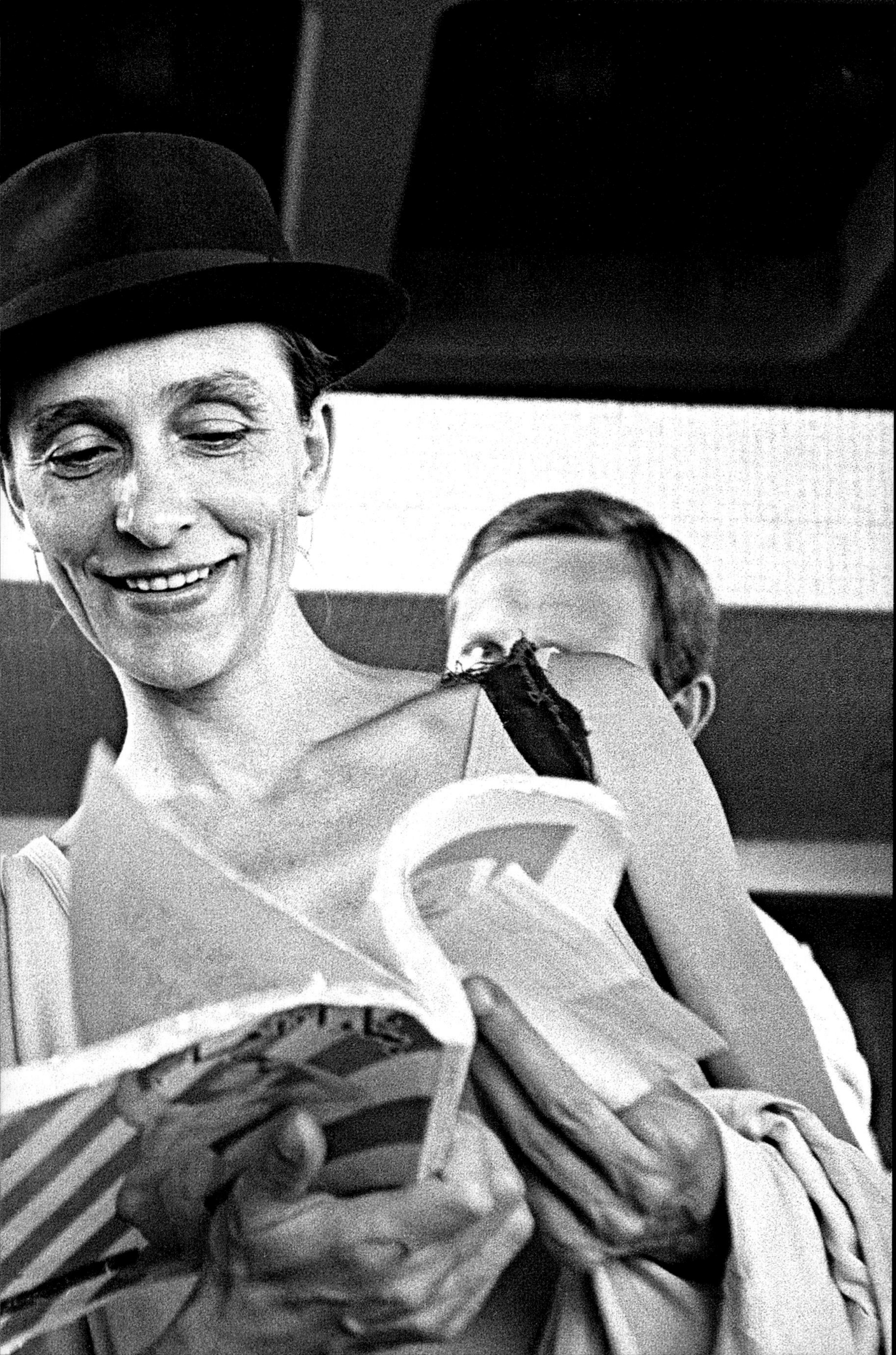

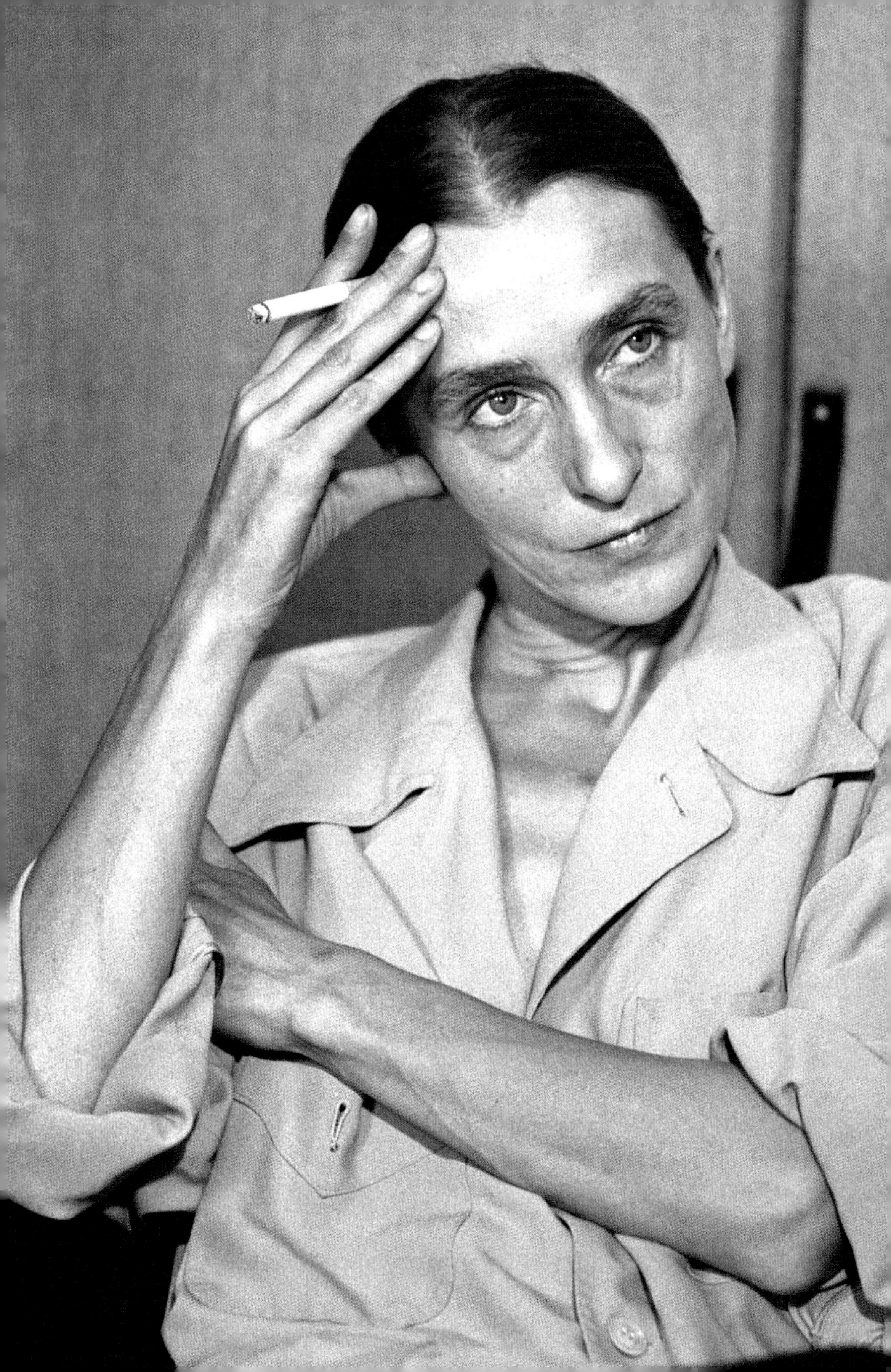

ANNE LINSEL

PINA BAUSCH

BILDER EINES LEBENS

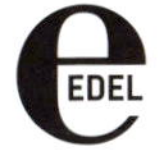

INHALT

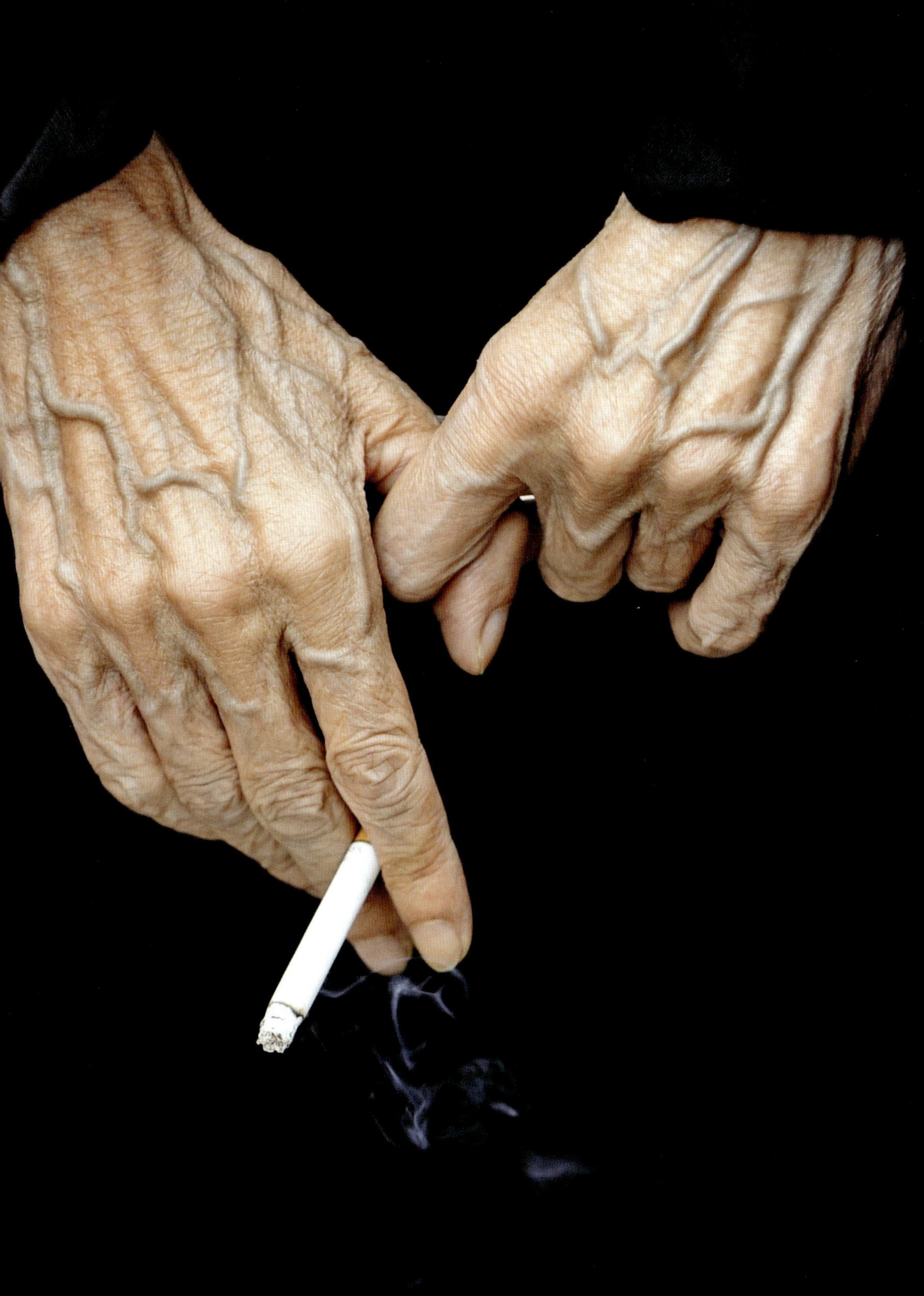

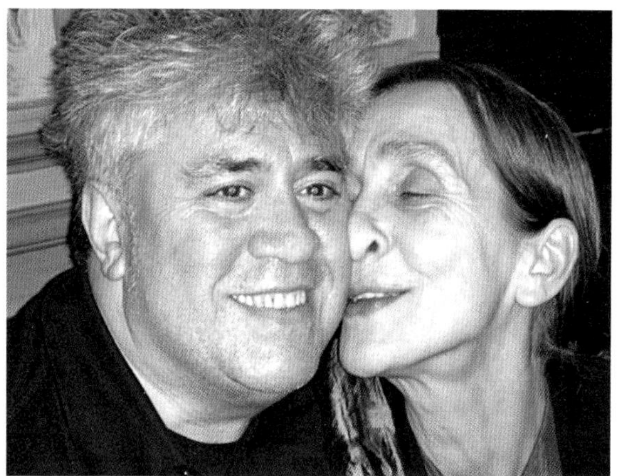

VORWORT

PEDRO ALMODÓVAR

Ich lernte Pina Bausch in den Neunzigerjahren kennen, nach einer für das Publikum beschämenden Vorstellung von »Nelken« im Teatro Real. Ein Publikum, das nicht darauf eingestellt gewesen war, mit diesem Stück konfrontiert zu werden, und unter Pfiffen die beeindruckende Aufführung verließ. Ich vergaß diese leidvolle Anekdote rasch, denn jene Nacht war für mich eine Offenbarung. Von der ersten Umarmung an verband mich mit Pina eine innige Beziehung. Pina Bausch war mir eine konstante Quelle der Freude, die in mir die unterschiedlichsten Gefühle hervorrief und mich bis heute inspiriert. Es war wie in dem Lied der Chavela: »Ohne zu wissen, dass du existiert hast, habe ich mich nach dir gesehnt, und bevor ich dich kennenlernte, habe ich dich erahnt.«

Wir stimmten in vielem überein, sowohl in persönlicher als auch in künstlerischer Hinsicht, etwa wie wir Musik einsetzten oder Frauen zu Ikonen stilisierten. Unsere Freundschaft war fulminant und für immer. Pina war eine sehr feminine und sinnliche Frau, etwas, das man in all ihren Stücken erkennen konnte, selbst in ihren ersten, eher düsteren Werken, in denen noch die Einflüsse des deutschen expressionistischen Kinos zu spüren waren. Alle ihre Tänzerinnen hatten lange und wilde Mähnen und trugen auf

Seite 8:
Mit Pedro Almodóvar

der Bühne üppige, geblümte Kleider, hochhackige Schuhe und hielten Zigaretten in den Händen. Schon früh verband sie den Tanz mit dem Wasser, der Erde, den Blumen, dem Grün des Feldes und dem Sand des Strandes. Stets gab es Momente, in denen sich Paare aneinander klammerten und anfingen zu tanzen – wie bei dörflichen Volksfesten.

Der Augenblick am Ende von »Masurca Fogo«, in dem sich die Tänzer vermählen und paarweise zum Rhythmus der kapverdischen Musik bewegen, war einer dieser Momente, für den man nicht dankbar genug sein kann. Pina ermöglichte es mir, dass ich genau diese Magie auch am Ende meines Films »Hable con ella« (»Sprich mit ihr«) erschaffen konnte. Ich danke ihr auch sehr dafür, dass sie selbst, zusammen mit der geheimnisvollen Malou, »Café Müller« für mich tanzte. Unmöglich, mir einen besseren Anfang für einen Film vorzustellen – der die Geschichte von zwei Frauen im Koma erzählt –, als mit den Bildern von Pina und Malou. Wie sie mit geschlossenen Augen tastend umherwandeln und an die Tische und Stühle stoßen, mit denen die Bühne ganz vollgestellt war. Ich kann das Gefühl nicht erklären, das mich überkam, als ich es das erste Mal sah. Es gab so viel Bestimmtheit, Fragilität, Verwunderung, Schmerz und Zärtlichkeit in diesen beiden Frauen, mit ihren weißen Kleidern und ihren sich unaufhaltsam bewegenden Armen und Beinen.

Die Beziehung zwischen den Körpern war für Pina essenziell. Eine Beziehung, mal spielerisch, sinnlich, sich spiegelnd, mal gebieterisch oder schmerzvoll. Ihre Stücke quollen über vor Körperlichkeit, Empfindung und einer ungezähmten Sensibilität, zart und originell. Pina mochte es, jemanden zu umarmen und die Wange des anderen auf ihrer zu spüren. Ich glaube, Pina ist die Person, von der ich die meisten Fotos besitze, wie ich sie küsse oder umarme. Ich erinnere mich sehr gut an ihren Körper, ihre Hände, ihren Torso, so leicht, und ihre Arme, so sehnig. Sie erfand eine neue Art des Bewegens, wie die schwebenden Arme und Hände und noch vieles mehr.

Sie redete nicht gern über das, was hinter ihren Choreographien stand, sie ließ sie in dem jeweiligen Szenario stehen, sodass jeder Zuschauer sie auf seine Art erleben konnte. Alle Reaktionen waren legitim und sie akzeptierte jede mit ihrem einzigartigen und so charakteristischen Lächeln. Einschließlich der absurden Gewalt des herausgeputzten Publikums, das ins Teatro Real gekommen war, um sich »Nelken« anzuschauen – in der Annahme, dass sie eine Zarzuela zu sehen bekämen.

Pina Bausch – immer mit einer brennenden Zigarette in der Hand und diesem unbeschreiblichen Lächeln – schaffte im letzten Viertel des vergangenen Jahrhunderts einen Wendepunkt für den zeitgenössischen Tanz. Seitdem gibt es ein Vor- und ein Nach-Pina. Ihre Choreographien sind lebendig und ich kann mir vorstellen, dass ihre Kompanie, wenn sie aufgehört hat, sich als Waise zu fühlen, sie fortführen und der staunenden Welt weiterhin zeigen wird.

Ah, sie liebte den Flamenco und die Welt des Flamencos liebte sie. In jener Nacht, in der sie verstarb, ging ich in die Bar Candela. Ich war mir sicher, dass ich dort jemanden treffen würde, mit dem ich über den Tod von Pina Bausch weinen könnte.

Pedro Almodóvar

EINS

KINDHEIT IN SOLINGEN

Wer in Wuppertal, im Stadtteil Barmen, Ende der 1980er-Jahre an einem ganz gewöhnlichen Wochentag am späteren Morgen die Talstraße jenseits des Alten Marktes entlangging, dem konnte es passieren, dass er eine schmale, dunkel gekleidete Person aus einem Café kommen sah, ein kleines Tablett mit Kaffeekanne und Tasse in Richtung »Lichtburg« balancierend und in einem schmucklosen Eingang verschwindend. Die »Lichtburg« ist ein ehemaliges Kino. Bis heute beherbergt das Gebäude eine der berühmtesten Tanzkompanien der Welt: das Tanztheater Wuppertal. Die Kompanie hat dort ihre Probenräume.

Die Person mit dem Tablett in der Hand war niemand anderes als Pina Bausch, die damals gelegentlich ihren Kaffee eigenhändig über die Straße trug, als wär's eine Szene aus einem ihrer Stücke. In jener Zeit waren in Wuppertal Abneigung, Ablehnung und Protest gegen Pina Bausch und das Tanztheater umgeschlagen – zuerst in vorsichtige, dann in stürmische Zuneigung. Bis dahin waren Pina Bausch und ihre Tänzer einen langen, oft sehr schmerzhaften Weg gegangen.

Pina Bausch wurde am 27. Juli 1940 in Solingen geboren. Sie hatte zwei Geschwister: einen Bruder, der zehn Jahre älter, ei-

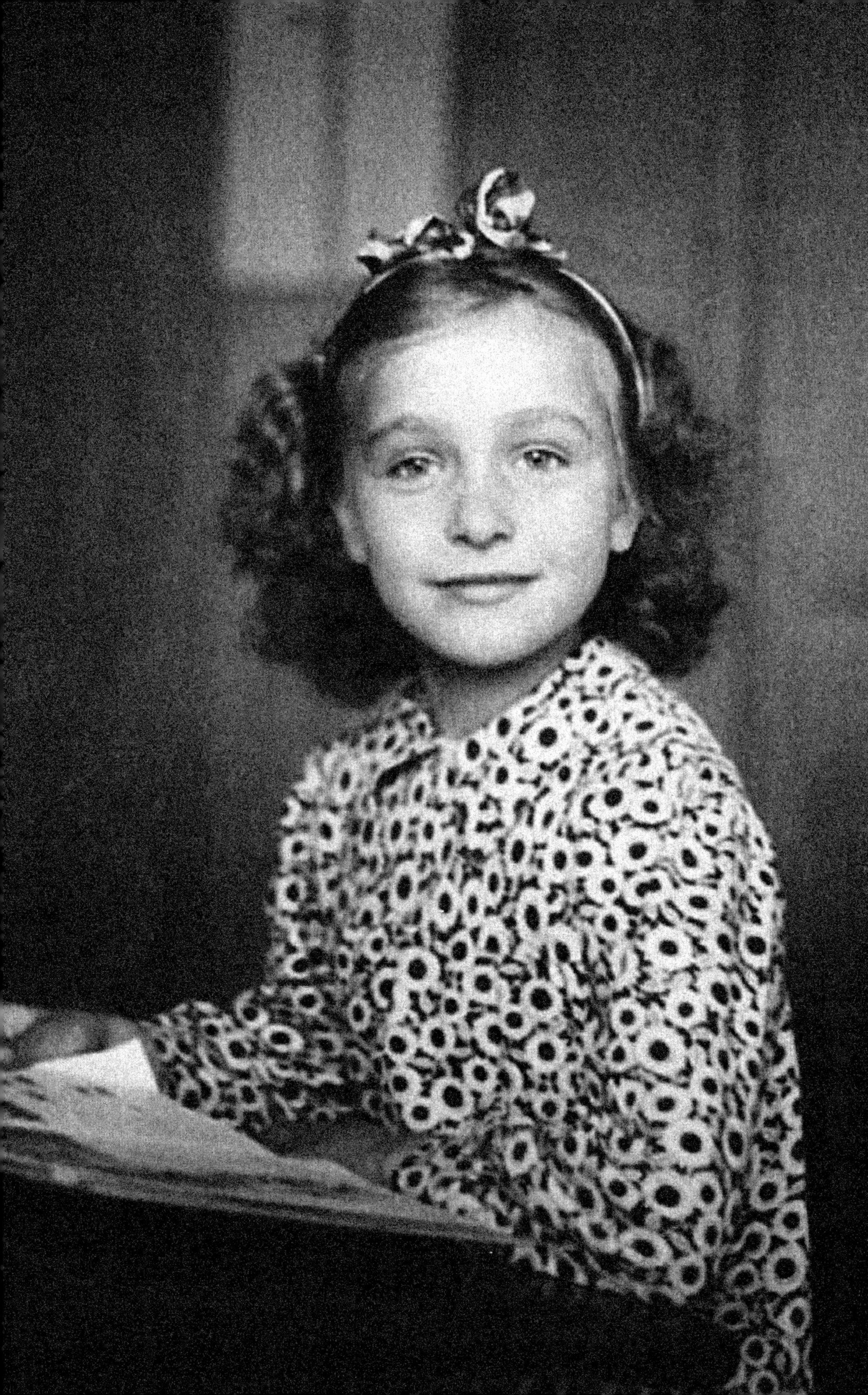

Seite 13:
Als Kind in Solingen

ne Schwester, die neun Jahre älter war. Beide sind lange vor Pina Bausch gestorben. Als sie noch nicht richtig sprechen konnte, habe sie auf die Frage: »Wie heißt du denn?«, immer geantwortet: »Pina«. Eigentlich heißt sie Philippine, nach der Mutter ihres Vaters. So ist es, abgesehen von offiziellen Schreiben und Klausuren während ihres Studiums, bei »Pina« geblieben.

August und Anita Bausch betrieben eine Gastwirtschaft mit kleinem Hotel in Solingen, bekannt in aller Welt als »Klingenstadt« durch die hier hergestellten Messer, Scheren, Bestecke, Klingen. Die Familie Bausch wohnte nicht im Zentrum, sondern am Rand von Solingen in der Nähe einer Stahlwaren- und einer Schokoladenfabrik. Im Zweiten Weltkrieg wurde Solingen schwer bombardiert. Pina Bausch erinnerte sich, dass die Familie oft in einen kleinen Bunker im Garten Zuflucht suchen musste – einmal sei eine Bombe auf einen Teil des Elternhauses gefallen. Gott sei dank blieben alle unverletzt. Eine Zeitlang schicken die Eltern ihre kleine Tochter nach Wuppertal zu einer Tante, weil dort ein größerer Bunker steht. »Sie meinten, da sei ich sicherer gewesen. Ich hatte einen kleinen Rucksack mit weißen Pünktchen, aus dem eine Puppe herausguckte. Der stand immer fertig gepackt, so dass ich ihn mitnehmen konnte, wenn Fliegeralarm war.«

Der Garten hinter der Gastwirtschaft war nicht besonders groß. Aber er war ein Paradies für die Kinder: der Familienbunker, ein langes Gebäude mit einer Kegelbahn, eine runde Tanzfläche aus Beton (der erste Bauabschnitt für ein Gartenrestaurant, das nie gebaut wurde), ein verrostetes Treibhaus, dazwischen wild wachsende Gräser, Unkraut und »vereinzelt herrliche bunte Blumen«. Hier entfaltete sich die Phantasie. Im Sommer saßen Pina und ihre Freunde auf dem heißen Teerdach der Kegelbahn und aßen Sauerkirschen, die vom Nachbarn über das Dach ragten. Sie hüpften auf alten Sofas, die ebenfalls dort standen, wie auf einem Trampolin, und im Treibhaus wurde Theater gespielt – »vielleicht begannen dort meine ersten Inszenierungen«. Auf der Tanzfläche verwandelten sie sich in berühmte Schauspieler. Pina war meistens Marika Rökk. Und wenn sie Hunger hatten, dann stellten sich alle Kinder auf die Gullis in der Nähe der Schokoladenfabrik und atmeten die süßen warmen Dämpfe ein: »Geld hatten wir nicht, aber riechen konnten wir. Auch so konnte man satt werden.«

Das Spielen im Gartenparadies war die eine Seite der Kindheit, die andere hieß Mitarbeit im elterlichen Betrieb. Pina musste mit ihren Geschwistern helfen: stundenlang Kartoffeln schälen, die Treppe putzen, Betten machen, Waschbecken säubern, die Gastzimmer aufräumen. Als sie etwa zwölf Jahre alt war, wurde der Vater einmal sehr krank. Er musste eine Kur machen und nahm seine Frau mit. Da hat Pina zusammen mit zwei Nachbarn, die auf sie aufgepasst haben, das Lokal geschmissen. Sie hat Bier gezapft, die Gäste versorgt. Sie fand das »wichtig und schön – ich habe dabei viel gelernt«.

Viel Zeit für ihre Kinder hatten die Eltern Bausch nicht. So passierte es häufiger, dass Pina anstatt abends ins Bett zu gehen, sich unter den Tischen der Kneipe versteckte. Da blieb sie dann einfach hocken und hörte und sah so allerhand, was die Gäste taten und erzählten. »Das hat meine Phantasie ungeheuer angeregt.« Schon damals ist sie mit Leidenschaft Zuschauer gewesen: ein stiller und aufmerksamer Beobachter. Und sie war ein Zappelphilipp, wie ihre Mutter sie nannte. Konnte kaum still sitzen, war immer in Bewegung. Turnte und tanzte um die Tische und Stühle herum. »Pina muss unbedingt ins Kinderballett, die ist ja wahnsinnig gelenkig«, sagten einige Gäste immer wieder. Sie mussten es wissen: Es waren Chorsänger des nahen Theaters, die regelmäßig zum Essen in die Kneipe kamen. Und eines Tages haben sie Pina mitgenommen ins Theater, zum Kinderballett. Sie war fünf Jahre alt.

Gleich zu Beginn hatte Pina ein unvergessliches Erlebnis: »Alle Kinder mussten sich auf den Bauch legen, dann die Füße und Beine nach hinten hochnehmen und nach vorn stellen, rechts und links neben den Kopf. Das konnten nicht alle Kinder, bei mir aber war das überhaupt kein Problem. Und die Lehrerin hat damals gesagt: ›Du bist ja ein Schlangenmensch.‹ Ich wusste natürlich nicht, was das bedeutete. Aber ich spürte am Tonfall, dass das etwas Besonderes sein musste. Von da an wollte ich unbedingt zum Kinderballett gehen.«

Und noch ein frühes Erlebnis im Kinderballett blieb unauslöschlich in ihrer Erinnerung: Einmal sollten alle Kinder etwas nach Anweisung der Tanzlehrerin machen, was Pina allerdings nicht verstanden hatte. Sie schämte sich und sagte einfach, das könne sie nicht. »Die Lehrerin schickte mich nach Hause. Ich quälte mich wochenlang, ich wusste nicht, wie ich wieder ins Kinderballett zurückkommen konnte. Nach Wochen kam die Lehrerin zu uns nach Hause und fragte, warum ich nicht mehr komme. Da klärte sich dann alles auf. Den Satz ›das kann ich nicht‹ habe ich nie wieder gesagt.«

Das Kinderballett in Solingen wurde auch im Theater eingesetzt, bei Opern, Operetten und Balletten. Pina bekam gleich Kinderrollen, meistens musste sie Jungen spielen, weil es keine Jungen gab. Das erste Mal auf der Bühne: ein Ballettabend. Ein Harem, der Sultan und seine Lieblingsfrauen. Sie behielt das Bild in Erinnerung: »Der Sultan lag auf einem Diwan mit vielen exotischen Früchten. Ich war als Mohr geschminkt und gekleidet und musste mit einem großen Fächer die ganze Zeit über Luft zuwedeln.«

Ein anderes Mal *Maske in Blau*: »Ich musste einen Zeitungsjungen spielen. Immer rufen: ›Gazzetta San Remo, Gazzetta San Remo, Armando Celini preisgekrönt.‹ Mir bereitete es ein großes Vergnügen, alles sehr genau zu machen.« Das hieß: Pina nahm die Tageszeitung *Solinger Tageblatt*, überklebte den Titel und beschriftete jede einzelne Seite mit »Gazzetta San Remo«. Das konnte zwar keiner sehen, weder auf der Bühne noch im Zuschauerraum, »aber für mich war es unerhört wichtig«. Diese Genauigkeit sollte bleiben, ihr Leben lang.

Eine Zeitlang betrieben Solingen und Wuppertal ein gemeinsames Theater. Wenn eine Aufführung in Wuppertal mit dem Kinderballett anstand, musste Pina nach Wuppertal fahren, immer auch ein Stück mit der Schwebebahn. Hier sah sie die Welt von oben. Blickte in Wohnstuben, wenn die Bahn nicht über die Wupper fuhr, sondern sich in einem Streckenabschnitt durch enge Straßen an den Fenstern der Häuser vorbeidrängte. Ganz großartig habe sie das gefunden, die Leute in ihrem Alltag zu sehen. Diese flüchtigen, schemenhaften Eindrücke aus dem privaten Bereich, Fragmente von Alltagswirklichkeit, waren ebenso phantasieanregend wie die Blicke von unten in der elterlichen Kneipe. Fast schicksalhaft, dass die »Lichtburg« an der Wupper liegt und die Büroräume der Kompanie nur wenige Schritte weiter. Die Schwebebahn fuhr 30 Jahre quasi durch das Büro von Pina Bausch: ganz dicht an den Fenstern vorbei, im Drei- bis Fünf-Minuten-Takt.

Nach Kriegsende wurden, wie in vielen Häusern, amerikanische Soldaten in die Gaststätte einquartiert. Und mit dem Strom der Flüchtlinge kamen auch die Großeltern mütterlicherseits nach

Solingen; Pina Bausch sah sie zum ersten Mal. Die Nachkriegsjahre waren auch die Zeit der Hamstertouren – immer zu Fuß. Züge, Straßenbahnen und Busse fuhren noch nicht. Oft gingen die Eltern und Geschwister weite Wege, um Lebensmittel zu organisieren, ein paar Eier, etwas Obst oder Fleisch von Bauernhöfen in naher oder weiterer Umgebung. Wer etwas zum Tauschen hatte, konnte sich glücklich schätzen. So tauschte Vater Bausch einmal zwei Oberbetten, ein Radio und ein paar Stiefel gegen ein Schaf, damit die Familie Milch hatte. Dieses Schaf wurde dann gedeckt – und das kleine Lämmchen nannten die Eltern »Pina«. Eines Tages – es war wohl zu Ostern – wurde das Lämmchen geschlachtet. »Pina« lag als Braten auf dem Tisch. »Ein Schock für mich. Seitdem esse ich kein Lammfleisch.«

Als Pina in die Schule kam, gab es – Nachkriegszeit war Notzeit – keine Schreibtafeln. Also wurde auf irgendwelche Papptafeln geschrieben. Bald gab es Hefte – und Pina machte mit großer Freude Hausaufgaben, vor allem Rechenaufgaben. Nicht das Rechnen selbst war der Spaß, sondern wie die Zahlen, Kästchen und Reihen, sorgfältig und sauber geordnet, auf dem Blatt Papier aussahen. Diese Freude empfand Pina auch beim Schreiben. Es war immer ein Schönschreiben für sie. Die Schulnoten lagen allgemein im Mittelfeld, »aber dann stand immer unten im Zeugnis: ›Anfertigung der schriftlichen Hausarbeiten: sehr gut‹. Warum ich dieses Vergnügen hatte, weiß ich nicht, aber es hatte irgendeine Sinnlichkeit für mich.«

In der Nachkriegszeit war alles knapp, auch Kleiderstoffe und Kinderbekleidung. Und wenn es etwas zu kaufen gab, dann war es meist zu teuer. So hat Mutter Bausch ihren beiden Töchtern Kleider aus Fahnenstoff genäht – den hatte jede Familie. Die Ältere war immer in Schwarz-Gold gekleidet und Pina immer in

Rot. Schrecklich fand sie das. Schwierig war es manchmal auch mit den Kleidungsstücken, die ihr ihre Mutter schenkte: etwa eine lange karierte Hose, grüne viereckig-klobige Schuhe und mit zwölf Jahren einen großen Pelzmantel. Das alles wollte Pina nicht anziehen, weil sie nicht auffallen wollte.

Einmal hat ihre Schwester etwas an ihr ausprobieren wollen: Sie machte Pina eine Dauerwelle. »Ich sah furchtbar aus. Ich schämte mich schrecklich. Die Kinder in der Schule lachten mich aus«. Pina ist dann nur noch mit Mütze aus dem Haus gegangen, auch wenn es warm war. Bis die Dauerwelle herausgewachsen war.

Ihre Mutter war für sie eine Frau voller Energie, Lebens- und Abenteuerlust sowie ungewöhnlichem Einfallsreichtum. Sie habe sich jedes Jahr auf den Winter gefreut und es geliebt, im Schnee barfuß zu laufen. Sie baute mit ihr Iglus und machte Schneeballschlachten. Und lachte, wenn die Tochter mit Genuss Schnee aß. Die Mutter kletterte auf Bäume und ging in den nahen Wald, um Pilze zu suchen. Die kannte sie alle und bereitete sie wohlschmeckend zu. Obwohl sie keine Ahnung von Technik hatte, gelang es ihr einmal, ein kaputtes Radio auseinander zu nehmen, es zu reparieren und wieder zusammenzusetzen. Sehr zum Erstaunen von Pina. Ihre Reisepläne waren überraschend für die ganze Familie. Einmal wollte sie unbedingt nach England – »zu Scotland Yard«. Selbstverständlich fuhr der Vater mit ihr nach England: »Er erfüllte ihr alle Wünsche. Auch die verrücktesten Ideen.«

Der Vater, so erinnerte sich Pina Bausch, war ein großer stattlicher Mann mit viel Humor und »die Geduld in Person«. Er liebte Geselligkeit und konnte seine Gäste in der Kneipe wunderbar unterhalten. Er stammte aus einer sehr armen Familie im Taunus, hatte mehrere Schwestern und verdiente sein Geld zunächst als Fuhrunternehmer mit Pferd und Wagen. Später kaufte er sich einen Lastzug und fuhr als Fernfahrer durch ganz Deutschland. »Er liebte es, von seinen Fahrten zu erzählen und das Fernfahrerlied laut zu singen mit vielen, vielen Strophen.« Er konnte nicht nur wunderbar singen, sondern auch pfeifen, eine Begabung, die für die Kinder besonders faszinierend war. Die schönste Erinnerung an ihren Vater aber war, dass er nicht ein einziges Mal mit ihr geschimpft hat. »Nur einmal, als es sehr ernst war, hat er nicht ›Pina‹, sondern ›Philippine‹ zu mir gesagt.

Der Vater war nicht nur ungewöhnlich groß, er hatte auch ungewöhnlich große Füße – Schuhgröße 50. Seine Schuhe mussten extra angefertigt werden. Auch die Füße seiner Tochter Pina wurden immer größer. Als sie etwa zwölf Jahre alt war, hatten sie Größe 42. Da bekam sie panische Angst, dass sie noch mehr wachsen könnten und sie deshalb das Tanzen aufgeben müsste. »Ich betete jede Nacht in meinem Bett: ›Lieber Gott, lass meine Füße nicht mehr wachsen‹.« Sie sind nicht mehr gewachsen. Als die Eltern alt wurden, verkauften sie die Gastwirtschaft und bauten sich ein Haus im Taunus, in der Heimat des Vaters. Pina Bausch war dort selten, meist nur in den Ferien. Es gab zwei Klingeln an der Tür. Auf der einen stand »August und Anita Bausch«, auf der anderen »Dozentin Pina Bausch«.

Mutter und Vater waren sehr stolz auf ihre Tochter, obwohl sie sich für ihren Beruf nie sonderlich interessierten, kaum Ahnung vom Tanz hatten. Sie haben Pina Bausch fast nie tanzen gesehen. »Aber ich fühlte mich sehr geliebt von ihnen.« Pina Bausch musste ihnen nichts beweisen. Die Eltern hatten immer Vertrauen in ihre Tochter. Und das schönste Geschenk für sie: »Sie haben mir nie Vorwürfe gemacht. Ich habe nie Schuldgefühle haben müssen.« Dieses Vertrauen hat sie auch getragen, als sie mit nur 14 Jahren zum Tanzstudium nach Essen ging, an die Folkwangschule. Hier erhielt sie das, was sie im kleinbürgerlichen Elternhaus nicht erfahren hat: Bildung.

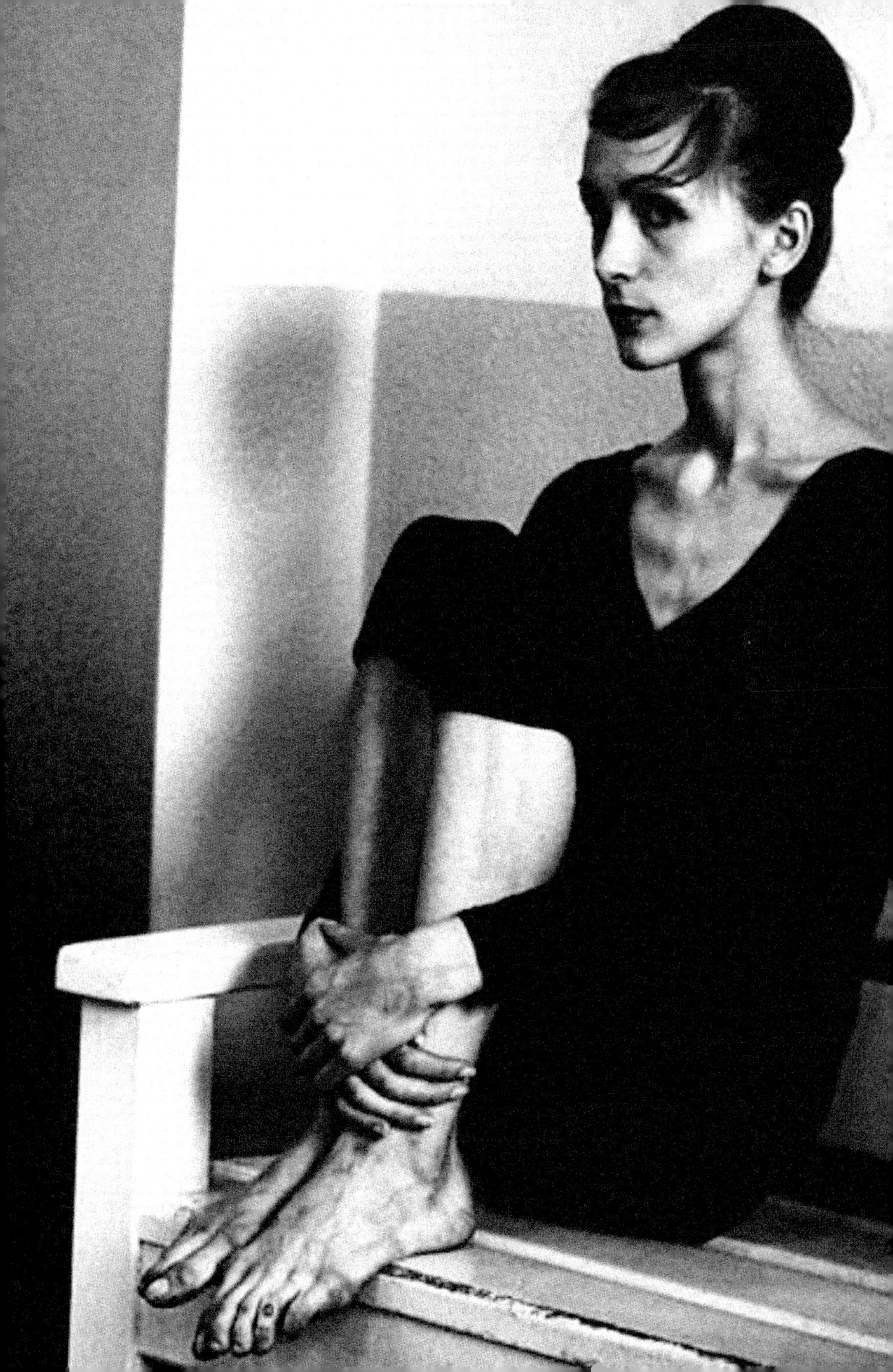

ZWEI

STUDIUM IN ESSEN

Die Folkwangschule für Musik, Tanz und Sprechen – heute Folkwang-Universität der Künste – wurde 1927 vom damaligen Direktor der Essener Oper, Rudolf Schulz-Dornburg, dem Bühnenbildner Hein Heckroth und dem Choreographen Kurt Jooss gegründet. Der Name »Folkwang« geht zurück auf die germanische Mythologie: Folkwang hieß der Saal der Freya, der germanischen Göttin der Liebe und Schönheit. Karl Ernst Osthaus (1874–1921), der Hagener Kunstsammler und Mäzen, hatte diesen Namen für die neue Kunstschule und für das Museum seiner Heimatstadt ausgesucht. Später übernahm auch das Essener Kunstmuseum diesen Namen.

Von Anfang an verfolgte die Folkwangschule besondere Ziele: Die Ausbildung der jungen Studierenden sollte spartenübergreifend sein. So kamen beispielsweise Schauspieler und Musiker in den Tanzunterricht, Tänzer in den Musik- und Schauspielunterricht. Nach dem Krieg wurde das Studienangebot um die Abteilung Gestaltung (bildende Kunst, Fotografie, Grafik, Design) erweitert. Das Konzept der gegenseitigen Durchdringung blieb bestehen.

t 19 Jahren bei
em Studienab-
luss, Folkwang-
ule Essen, 1959

Diese Schule zu besuchen und dort eine solide Tanzausbildung zu machen, das hatte die Lehrerin des Solinger Kinderballetts Pina Bausch nach Abschluss der Grundschule dringend geraten. Die Eltern bestanden zunächst darauf, dass ihre Tochter eine Eignungsprüfung ablegt: bei Erich Walter in Düsseldorf. Damals konnte niemand ahnen, dass er einmal einer ihrer Vorgänger am Wuppertaler Theater sein würde. Natürlich bescheinigte Walter das große Talent von Pina Bausch: So hatten ihre Eltern keine Einwände mehr, ihre Tochter zur Tanzausbildung zu schicken. Nach bestandener Prüfung kam Pina Bausch mit 14 Jahren nach Essen.

»Ich hatte damals furchtbar viel Angst«, erinnerte sie sich, »die übervolle Mensa, die vielen Studenten, die Hektik auf den Fluren.« Pina Bausch kam mitten im Semester an, konnte deshalb keine Aufnahmeprüfung machen (die eigentlich vorgeschrieben war), durfte aber bleiben und mittanzen. Auf dem Lehrplan mit einem breiten Spektrum standen klassischer und moderner Tanz, europäische Folklore, Komposition, dazu theoretische Fächer wie Tanz- und Kunstgeschichte. Pina Bausch hatte Sprechunterricht und sang – das war Pflicht – in einem Chor. »Wir haben Modell gestanden bei den Malern oder Bildhauern und stellten uns zur Verfügung, wenn sie Gesichtsmasken brauchten.« Studenten der Fotografie kamen, um die Tänzer zu fotografieren. Es war ein ständiger Austausch, ein voneinander lernen. So entstanden viele kleine gemeinsame Projekte. An Tanzabenden – manchmal mit kleineren Choreographien der Studenten – gehörten Musiker, Schauspieler oder Fotografen zum Publikum, wie an den Theaterabenden die Tanzstudenten.

Man konnte ein pädagogisches Examen machen oder die Bildungsreifeprüfung ablegen. Pina Bausch entschied sich für beides. Und sie hat längere Zeit mit Kindern gearbeitet. Für die Bildungsreifeprüfung lernte sie immer abends; sie hat dafür eine

Weile in einem Bootshaus gewohnt und noch spät mit einem Tee und vielen Büchern allein gesessen und gelernt, zum Beispiel »alles über Ameisen«.

Im ersten Ausbildungsjahr wohnte Pina Bausch noch zu Hause in Solingen. Sie musste immer früh aufstehen, um pünktlich in Essen zu sein. Wenn sie verschlafen hatte und die Straßenbahn weg war, weckte sie ihren Vater oder Bruder. »Die sind dann wirklich im Schlafanzug ins Auto gestürzt und haben mich nach Essen gefahren.« Diese Hilfsbereitschaft habe sie immer gerührt. Mit 15 Jahren durfte sich Pina ein Zimmer in Essen nehmen, zusammen mit einer Freundin.

Die Folkwangschule in Essen mit allen Künsten unter einem Dach war ein Glücksfall für Pina Bausch. Oft schwärmte sie vom Geist der Schule und von der Atmosphäre im ehemaligen Klostergebäude: Überall auf den Fluren habe man Klänge, Melodien und Texte gehört, es habe nach Farben gerochen, und in allen Ecken hätten Musikstudenten gesessen und geübt. »Wahrscheinlich ist hier der Grundstein für meine Arbeit gelegt worden«, sagte sie, »wo sich ja auch Tanz, Musik, Spiel, Sprechen auf der Bühne miteinander verbinden.« Entscheidend wurde für sie die Begegnung mit Kurt Jooss – der charismatische Choreograph und Pädagoge war ihr erster Lehrer. 1901 im schwäbischen Wasseralfingen (heute ein Stadtteil von Aalen) geboren, studierte Jooss Klavier und Gesang, Schauspiel und schließlich Tanz. Er war Schüler von Rudolf von Laban, dem Tanztheoretiker und -reformer. 1924 gründete Jooss in Münster die Neue Tanzbühne, die Vorläuferin all seiner späteren Tanzkompanien. 1927 ging Jooss als Mitgründer der Folkwangschule nach Essen. Zusammen mit Sigurd Leeder gelang es ihm, die Folkwangschule zur führenden Ausbildungsstätte für modernen Tanz in Deutschland zu etablieren. 1933 beendete

Jooss seine Lehrtätigkeit in Essen und emigrierte nach England, weil er sich von seinen jüdischen Mitarbeitern und Tänzern, unter anderem dem Komponisten Fritz Cohen, nicht trennen wollte. Ein Jahr zuvor hatte Jooss das Antikriegsballett *Der grüne Tisch* kreiert und damit den Pariser Choreographiewettbewerb gewonnen. Es sollte eines der meistaufgeführten Tanzstücke des 20. Jahrhunderts werden. 1949 kehrte Kurt Jooss aus dem Exil zurück nach Essen, um wieder die Leitung der Folkwang-Tanzabteilung zu übernehmen. Damit begann eine neue Ära. Er setzte sich (erneut zusammen mit Sigurd Leeder) für ein besonderes Ausbildungskonzept ein und holte qualifizierte Dozenten, Tänzer und Choreographen dorthin. Außerdem erweiterte er die bestehende Fakultät: ein Ballettmeisterseminar für Theatertanz, Tanz für das Objektiv (Film und Fernsehen), eine Ausbildung in Dramaturgie, ein Institut für vergleichende Tanzwissenschaft, ein Seminar für Tanzkritik und ein Tanzgymnasium mit angegliedertem Internat.

1986 schrieb Pina Bausch: »Das Besondere an ihm [Kurt Jooss] war, dass er etwas öffnete. Folkwang ist keine Schule, die eine bestimmte Technik lehrt. Es waren verschiedene Techniken, klassisch, modern, europäische Folklore. Aber nicht nur Tanztechniken beeinflussen einen. Vieles, wovon wir beeinflusst sind, lernen wir indirekt kennen. Was mich mit Jooss verbindet, sind menschliche Dinge, ist seine Humanität.«

Diese Humanität spürten wohl alle, die bei Jooss studierten. Es herrschte eine fast familiäre Atmosphäre. »Papa« nannten ihn die Studenten – mit allem Vertrauen und aller Zuneigung, aber auch mit Respekt und der nötigen Distanz. Es blieb jedoch immer beim »Sie«. Für Jooss hieß Unterrichten auch: Er übernahm Verantwortung für seine Schüler. Ganz besonders, von Anfang an, für Pina Bausch. Sie, die jüngste Studentin in Essen, wurde in der Familie Jooss aufgenommen wie eine dritte Tochter (Jooss, verheiratet mit der Tänzerin Aino Siimola, war Vater zweier Töchter). Hier erlebte Pina Bausch bürgerliche Kultur: Die Bücherschränke standen für sie offen, zum ersten Mal hörte sie klassische Musik, denn aus dem Solinger Elternhaus und der Kneipe kannte sie nur Schlager, die im Radio gespielt wurden. Auch anregende Gespräche am Esstisch, oft mit interessanten Gästen, erlebte Pina Bausch hier. »Was für ein Glück, dass ich ihm begegnet bin in einem entscheidenden Alter«, sagte sie später.

Irgendwann während der Studienzeit holte Jooss ein kleines Bändchen aus seinem Bücherschrank und überreichte es Pina Bausch: *Briefe an einen jungen Dichter* von Rainer Maria Rilke. Pina Bausch las dieses Buch mit Erregung, wie sie später sagte, denn hier standen Sätze, die auch an sie gerichtet schienen. Rilke schreibt zehn Briefe an einen jungen Mann, der Gedichte verfasst und Rat des älteren Meisters sucht. Darin heißt es: »Niemand kann Ihnen raten und helfen, niemand. Es gibt nur ein einziges Mittel. Gehen Sie in sich. Erforschen Sie den Grund, der sie schreiben heißt; prüfen sie, ob er in der tiefsten Stelle Ihres Herzens seine Wurzeln ausstreckt, gestehen Sie sich ein, ob Sie sterben müssten, wenn es Ihnen versagt würde zu schreiben. Dieses vor allem: fragen Sie sich in der stillsten Stunde Ihrer Nacht: *muss* ich schreiben? Graben Sie in sich nach einer tiefen Antwort.«

Das hat Pina Bausch getan, sich ernsthaft gefragt, ob sie tanzen *muss,* nicht nur will oder möchte, nein, *muss.* Und habe, so sagte sie später, zunächst keine Antwort gefunden. Dann passierte es, dass sie eines Morgens mit heftigen Rückenschmerzen aufwachte. Sie rannte von Arzt zu Arzt, keiner konnte ihr helfen. Bis einer ihr den Ratschlag gab, sofort mit dem Tanzen aufzuhören, sonst würde sie in einem halben Jahr an Krücken laufen. Da fand

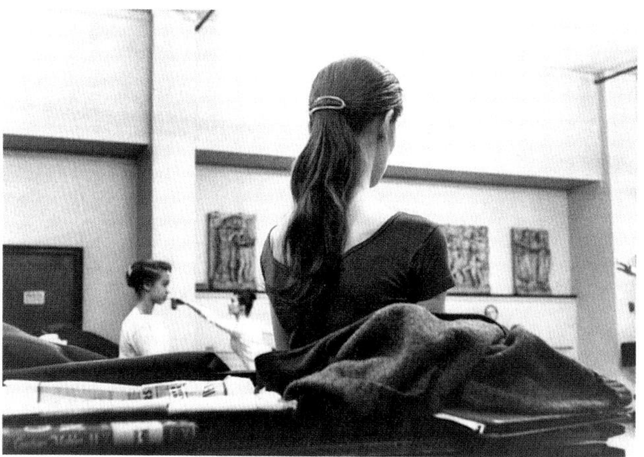

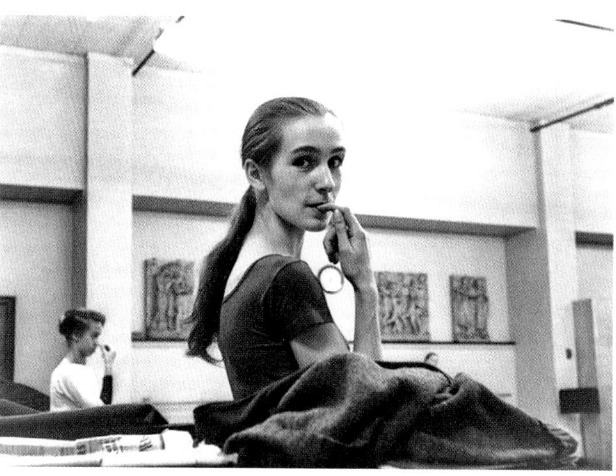

Juilliard School, New York, 1960

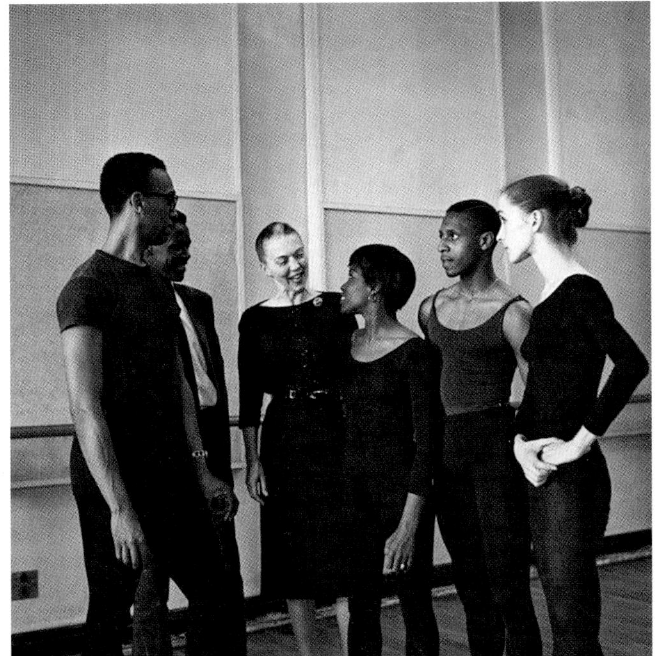

Juilliard School,
New York, 1960

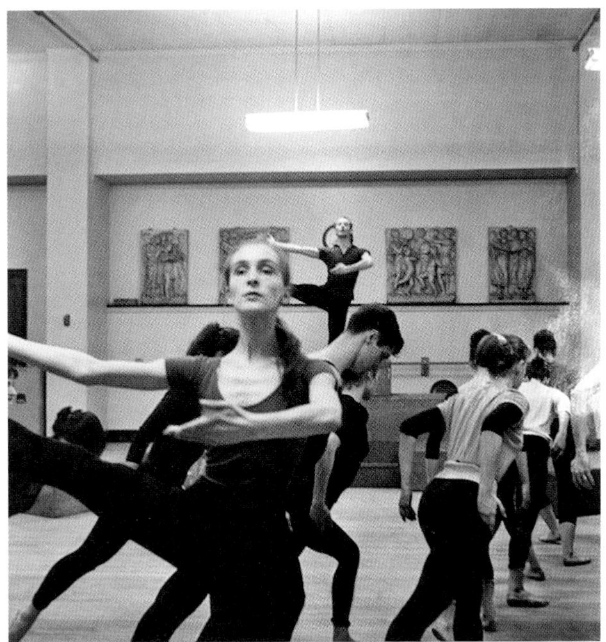

Probe zu Doris Humphreys
»Passacaglia and Fugue«,
Juilliard School, New York, 1960

sie in vielen schlaflosen Nächten endlich Antwort auf die quälende Frage: »Ich muss tanzen.« Und wenn es nur noch für ein halbes Jahr sei. Jooss gegenüber sagte sie damals, sie hoffe so sehr, dass es ihr eines Tages gelingen möge, dem »unbeschreiblichen Empfinden«, das sie in sich verspüre, Gestalt zu geben.

Jooss holte immer wieder Tänzer und Choreographen aus Amerika zu Sommerkursen oder für eine längere Zeit nach Essen: Antony Tudor, José Limón, Lucas Hoving, Paul Sanasardo oder Donya Feuer – Lehrer, denen Pina Bausch in New York wiederbegegnen sollte. Auf diese Weise lernten die Studenten zahlreiche unterschiedliche Techniken kennen, zum Beispiel die Graham- oder die Limón-Technik oder auch den Jazztanz.

Und Jooss erweiterte das Lernen: Die Studenten sollten auch Lehren lernen. So erhielt jeder von ihnen die Möglichkeit, Laien zu unterrichten. Pina Bausch meldete sich für Kinderklassen an, die die Folkwangschule eingerichtet hatte. Mit Freude und Engagement ließ sie sich auf diese Arbeit ein. Ihre Erfahrungen flossen in eine schriftliche Arbeit ein, die sie für Jooss zu schreiben hatte: »Ein- und Ausdrehung der Füße im Laienunterricht«. Sie breitet da ausführlich ihre »pädagogischen Karten« zum Thema aus, und zwar in Form eines Briefes an einen »lieben jungen Freund«, einen fiktiven ehemaligen Schüler. So heißt es: »Ich kann mich noch gut erinnern, als Du zum ersten Mal in meine Stunde kamst. Damals gingst Du trotz Deiner Jugend – ich sehe es noch genau vor mir – schon etwas gebückt. Die Schultern hingen nach vorn, der Kopf war gesenkt und Deine Füße waren immer leicht eingedreht. Auch Dein ganzes Verhalten drückte, wie Deine Haltung, Zaghaftigkeit und Schüchternheit aus. – Ich weiß, an all dem ist Dein schweres Schicksal schuld: der Krieg und die Umstände in Deiner Familie. Du glaubst nicht, welche Freude ich hatte, als ich Deine allmähliche Umwandlung bemerkte. Es erschüttert mich direkt, dass ich es gewesen sein soll, der zu dieser Verwandlung den Anstoß gegeben hat. – Wie hast Du Dich verändert! Dein Gesicht und Dein ganzer Körper tragen einen anderen Ausdruck.«

Und sie erläutert ihre Gedanken zum Eindrehen der Füße. Sie schreibt: »Mit dieser Fußstellung ist meistens ein gewisses Sichhängenlassen verbunden, was in allen Gliedern sichtbar wird. Diese Bodenschwere ist ein Zeichen von Trauer, des Leids und der Resignation. Schauen wir uns einmal ein Kruzifix an. Alles hängt nach unten und ist völlig nach innen gerichtet: die Schultern, der Kopf, die Füße, sogar der Mundwinkel und die Augenbrauen.« Jooss schrieb unter diese Arbeit: »Sehr gute, sehr persönlich erlebte Darstellung.«

In einer anderen Arbeit mit dem Titel »Warum liebt der Mensch sich rhythmisch zu bewegen, und was soll und kann er im Tanz finden?« schrieb Pina Bausch etwa: »Rhythmus finden wir nicht nur in der Musik, sondern in allem. In unseren täglichen regelmäßigen Arbeiten, der Hast in einer Stadt, in dem Bild einer Landschaft, in dem Baustil eines Hauses, in der gewölbten Krone eines Baumes, überhaupt in allen kleinen, großen, wichtigen und unwichtigen Dingen des Lebens. Überall herrscht der Rhythmus vor.«

Wichtig vor allem für Pina Bausch war, dass Jooss seine Schüler ausprobieren ließ. Alles, was ihnen in den Sinn kam, Eindrücke und Gefühle, denn, so Jooss: »Jedes Gefühl findet seinen Ausdruck in einer ganz bestimmten Bewegung.« Dieses Ausprobieren führte dann zu den existenziellen Fragen: Was will und muss ich ausdrücken? Was ist mein Eigenes? In welche Richtung will ich gehen?

Am Ende ihrer Ausbildungszeit, 1958, stiftete die Gesellschaft der Freunde und Förderer der Folkwangschule den ersten Folkwang-Leistungspreis. Aus jeder Abteilung wurde ein Student für diesen Preis vorgeschlagen, der eine kleine Präsentation seiner Arbeit zeigen musste. Jooss hatte Pina Bausch vorgeschlagen – übrigens gegen den Willen einer anderen Lehrkraft, die der Meinung war, Pina Bausch sei viel zu jung dafür.

Pina Bausch entwickelte also ein kleines Programm aus klassischem Tanz und Folklore. Dann kam der Tag der Präsentation. Pina Bausch ging auf die Bühne, stellte sich in Position, das Licht ging aus – und es passierte gar nichts. Der Pianist für die Musik war nicht da. Im Zuschauerraum herrschte Aufregung und Unruhe, der Pianist kam nicht, niemand wusste, wo er war – man begann, ihn zu suchen. Pina Bausch nahm das alles zwar wahr, ließ sich aber nicht irritieren. »Ich wurde immer ruhiger und blieb einfach stehen. Ich weiß nicht mehr, wie lange. Aber es war eine ziemlich lange Zeit, bis man den Pianisten gefunden hatte.« Er war in einem anderen Gebäude gewesen. »Ich glaube, die Menschen unten im Saal waren sehr verblüfft, dass ich dort oben mit so großer Überzeugung und Ruhe so lange stehen geblieben bin.« Als endlich die Musik anfing, tanzte Pina Bausch ihr Programm. Und gewann den ersten Folkwang-Leistungspreis. Damals, in dieser schwierigen Situation, so Pina Bausch, habe sie gemerkt, wie eine große Ruhe über sie gekommen sei und sie daraus Kraft geschöpft habe – eine Fähigkeit, die sie später im Theater noch oft habe einsetzen müssen.

In der *Neuen Ruhr Zeitung* stand damals über diese Vorstellung: »Pina Bausch brachte ein kleines Tanzprogramm von meist eigener Erfindung: Etüden im klassischen und modernen Stil, von denen *Am Boden gefesselt*, *Völlerei* und *Melancholie* durch ihre originelle Choreographie besonders auffielen. Darauf schottische und spanische Folklore und zum Schluss Kompositionsstudien. Über das ungewöhnliche Talent hinaus verrieten die Darbietungen auch persönliche Eigenart.«

Wenig später bewarb sich Pina Bausch um ein Stipendium des Deutschen Akademischen Austauschdiensts (DAAD). Sie hatte in Düsseldorf ein Gastspiel der José Limón Dance Company gesehen und war tief beeindruckt. Das wollte sie auch lernen und vertiefen, was sie von den amerikanischen Gastlehrern gelernt hatte. Jooss unterstützte Pina Bausch aus voller Überzeugung. Er wusste, dass ihre besondere Begabung weitere Herausforderungen brauchte und dass es in Amerika hervorragende Tänzer gab, die auch lehrten. Und dass sich der moderne Tanz in Amerika weiterentwickelt hatte, während er in Deutschland während des Nationalsozialismus in seiner Entwicklung unterbrochen worden war. Jooss schrieb 1958 in einem Empfehlungsschreiben für Pina Bausch an den DAAD: »Gerne und mit besonderer Freude bestätige ich, dass PINA (PHILIPPINA) BAUSCH einer der lautersten und liebenswertesten Charaktere ist, die mir in längeren Jahren als Schüler begegnet sind. In ihrem Wesen mischen sich aufs glücklichste eine feine Sensibilität und reiche Phantasie mit einfacher Denkungsart, innerer Bescheidenheit und einem tief eingewurzelten Pflichtgefühl, bedenkenlose Opferbereitschaft mit einem zielbewußten Willen zu vollem Einsatz und höchster Leistung im Dienste der Kunst […] Man muß und darf wohl hoffen, daß dieses vom Leben noch nicht stark berührte Wesen sich auch in harten und anspruchsvollen Situationen bewähren wird.«

Pina Bausch erhielt das beantragte Stipendium. Vor ihrer Reise nach Amerika durfte sie noch in einer besonderen Opernaufführung mittanzen: *Die Feenkönigin* von Henry Purcell nach

William Shakespeares *Sommernachtstraum* feierte als deutsche Erstaufführung im Juni 1959 bei den Schwetzinger Festspielen Triumphe. Jooss hatte den Auftrag erhalten, die Tänze zu choreographieren. Mit dabei waren Erich Schumacher (Regie), der Intendant des Essener Theaters, und der junge Jean-Pierre Ponnelle (Bühnenbild und Kostüme).

1959, kurz vor ihrem 19. Geburtstag am 27. Juli, ging Pina Bausch in Cuxhaven an Bord der *Hanseatic*. Um die Reise antreten zu können, hatten ihre Eltern sie vorzeitig für mündig erklären lassen. Am Ufer spielte eine Blaskapelle, alle Leute weinten. Auch Anita und August Bausch, die mit weißen Taschentüchern winkten. Pina Bausch winkte weinend zurück. Sie hatte das Gefühl, es wäre ein Abschied für immer.

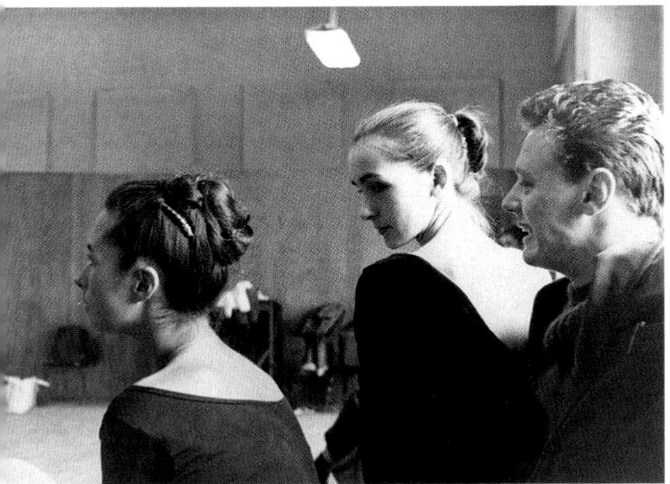

Mit Koert Stuyf, Juilliard School, New York, 1960

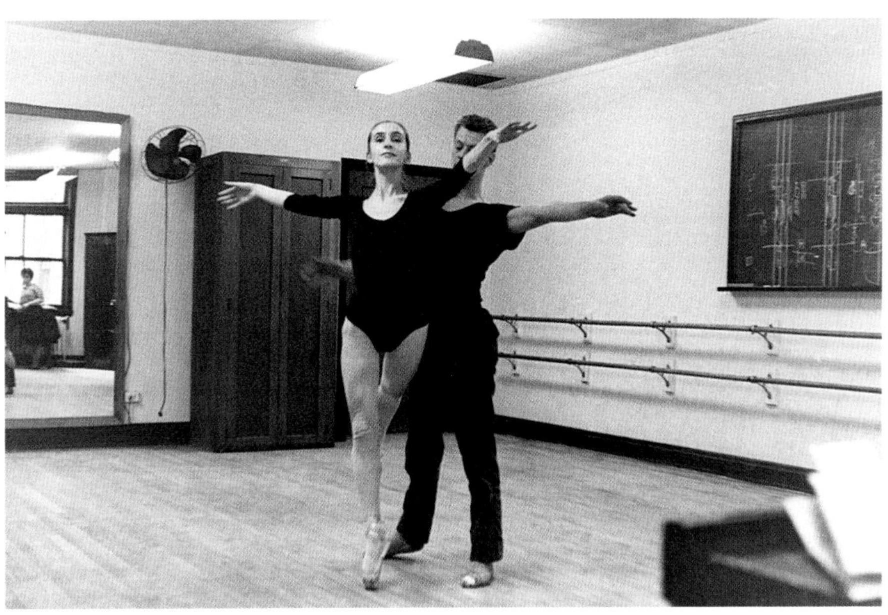

Mit Koert Stuyf, Proben zu Antony Tudors »A Choreographer Comments«, Juilliard School, New York, 1960

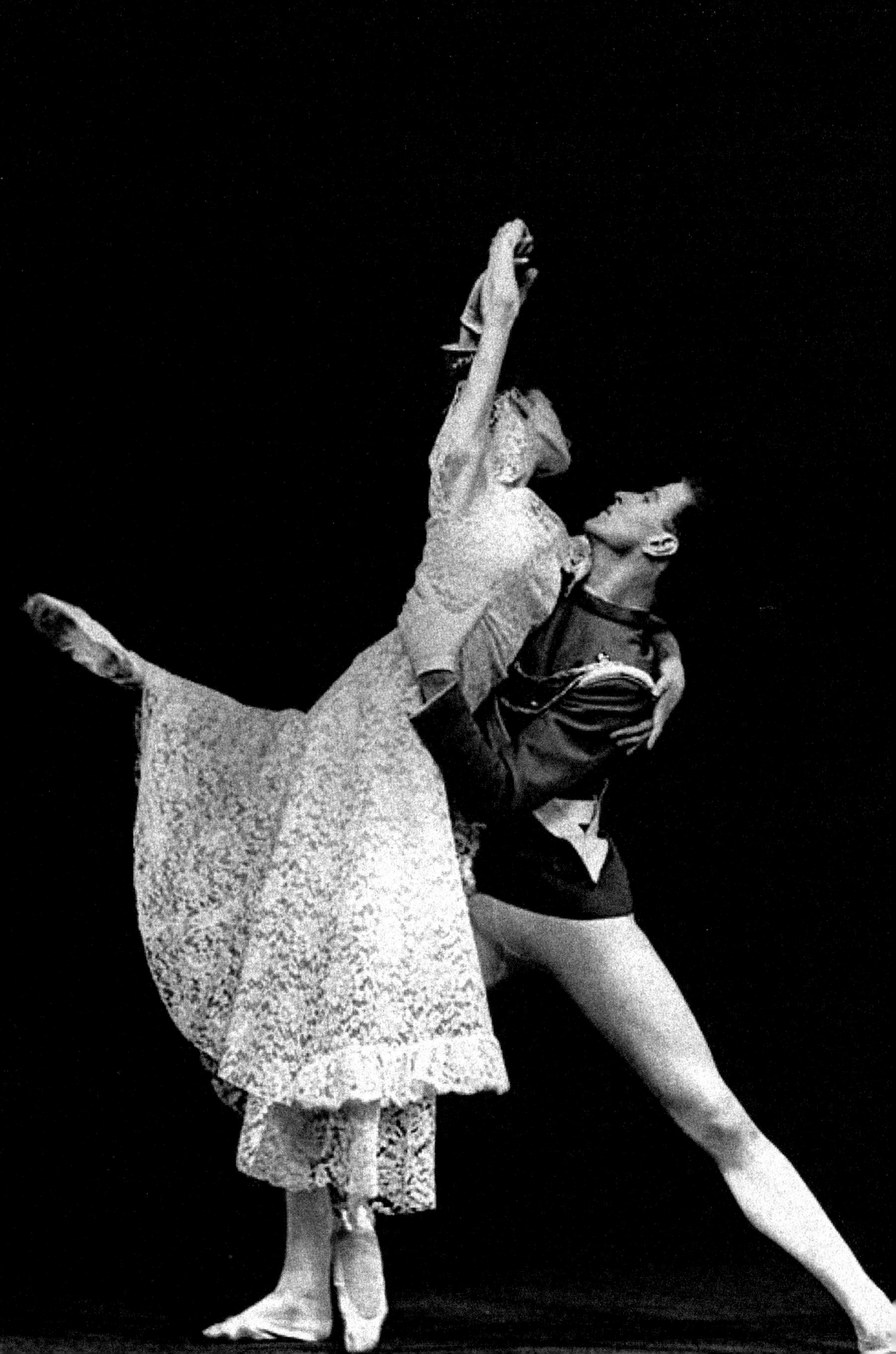

DREI

TANZEN IN NEW YORK

Die Überfahrt dauerte acht Tage, mit Anlegen in Frankreich und England. An Bord der *Hanseatic* hatte sie eine Idee: Sie schrieb einen Brief an Lucas Hoving in New York. Sie kannte ihn aus Essen, wo er eine Zeit lang als Dozent unterrichtet hatte. Pina Bausch hatte die Hoffnung, dass Hoving sie in New York am Schiff abholen würde. Sicher konnte sie nicht sein, denn sie wusste, dass während des heißen New Yorker Sommers die meisten Lehrer in kühleren Regionen des Landes arbeiteten. Den Brief schickte sie in Le Havre ab.

Bei der Ankunft in New York der erste Schreck: Pina Bausch hatte ihr Gesundheitszeugnis nicht in der Tasche, sondern im Koffer. So musste sie mehrere Stunden auf dem Schiff warten, bis die 1.300 Passagiere abgefertigt waren. Dann konnte sie aus ihrem Koffer das Papier holen. Sie hatte längst nicht mehr damit gerechnet, dass Hoving, wenn er überhaupt ihren Brief bekommen hatte, noch da war. Als sie vom Schiff herunterging, sah sie ihn schon von weitem. Er war tatsächlich gekommen und hatte die ganze Zeit gewartet, Blumen im Arm, die den Kopf hängen ließen, weil es so heiß war.

ben zu »Lilac
den« von Antony
or in den Sechzi-
ahren, Essen

Hoving nahm Pina Bausch mit sich nach Hause. Dort wurde sie herzlich empfangen von Hovings Frau, einer Tänzerin, die auch Kostüme für die José Limón Dance Company entwarf und nähte. Überall lag Stoff auf dem Boden. Die beiden boten ihr einen Whiskey an – es war der erste in ihrem Leben. »Nachts auf meiner Matratze entdeckte ich plötzlich Kakerlaken. So war meine Ankunft in New York.«

Amerika, New York, ein neues Leben: Zuerst musste eine Wohnung gesucht, dann die Stadt erkundet werden – die Straßenschluchten, die Wolkenkratzer, das Hupen der Autos, das Sirenengeheul der Feuerwehr und der Krankenwagen, die Menschenmassen, die sich im Eiltempo durch die Straßen bewegen, die U-Bahn, die verschiedenen Stadtteile mit jeweils eigenem Charakter – für einen Fremden so faszinierend wie erschreckend. Auch für Pina Bausch. Ängste aber hat sie nie gehabt, Heimweh auch nicht. »Ich war heißhungrig. Ich wollte alles lernen und erleben.« Hoving half ihr, so gut er konnte.

Das Leben in New York war anfangs nicht einfach, vor allem, weil Pina Bausch kein Englisch sprach. Wenn sie in einem der zahlreichen kleinen Restaurants essen wollte, verständigte sie sich mit Zeichensprache. Einmal hat sie gegessen, wollte bezahlen und fand ihr Portemonnaie nicht. Sie geriet in Panik: Wie sollte sie dem Personal klarmachen, dass sie ihr Portemonnaie nicht dabei habe, wie sollte sie bezahlen? Schließlich ging sie zur Kasse, versuchte mit Zeichensprache ihre Situation zu erklären, hat dann ihre Spitzenschuhe aus ihrer Tasche genommen, alles auf die Kasse gelegt und wieder mit Händen und Füßen erklärt, dass sie alles da lasse und wiederkommen werde. Der Mann an der Kasse verstand und gab ihr lächelnd fünf Dollar, damit sie nach Hause fahren konnte. Sie ging dann immer wieder in diese Cafeteria, nur um den Mann anzulächeln. Solche Situationen erlebte sie noch oft in New York: »Die Menschen waren sehr hilfsbereit.«

Zu der Zeit, Ende der Fünfzigerjahre, lebten und lehrten zahlreiche berühmte Choreographen in New York, darunter Georg Balanchine, Martha Graham, José Limón, Merce Cunningham. An der Juilliard School of Music, die Pina Bausch besuchte, unterrichteten Lehrer wie Antony Tudor, José Limón, Alfredo Corvino, Margaret Craske, Paul Taylor, Paul Sanasardo und Donya Feuer. Da die Juilliard School noch nicht mit dem Semester angefangen hatte, schaute sich Pina Bausch in den zahlreichen Tanzstudios der Stadt um. Sie merkte sehr schnell, wie viel sie noch lernen musste. »Da wurden mir schon gewisse Grenzen meines Könnens klar.«

Mit Kurt Jooss (verdeckt: Erika Fabry), Anfang der Sechzigerjahre

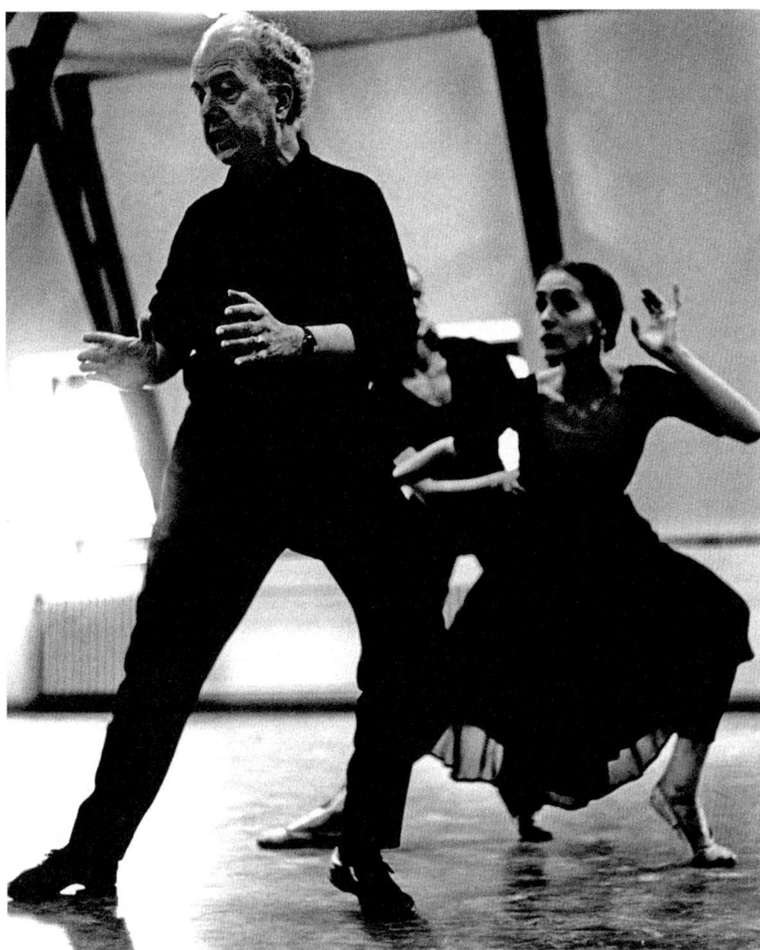

Die Juilliard School war 1905 als Institute of Musical Art gegründet worden. 1951 beziehungsweise 1968 kamen die Abteilungen Tanz und Schauspiel hinzu. Ab 1910 residierte die Schule in der Claremont Avenue, nördlich des Central Park, unweit der Columbia University. Heute ist die Juilliard School das führende Konservatorium der USA; seit 1966 ist sie im Lincoln Center in der Upper West Side von Manhattan untergebracht, neben dem Metropolitan Opera House.

Für alle Studenten war seinerzeit klassischer Tanz Pflicht. Nach einer Vorstellung jedes einzelnen Studenten wurde ausgewählt, wohin er außerdem gehen sollte: in die Graham- oder die Limón-Klasse? Welche der beiden modernen Techniken wollte er lernen – oder anders: Für welchen Schüler entschied sich der jeweilige Lehrer? Pina Bausch wollten beide haben. So durfte sie als »special student« beide Techniken lernen. »Welch ein Glück«, sagte sie später immer wieder.

Dieselben Lehrer, die an der Juilliard School unterrichteten – Antony Tudor, Margaret Craske, Alfredo Corvino –, gaben auch Unterricht an der Metropolitan Opera, damals noch in der Mitte von Manhattan, zwischen 39th und 40th Street am Broadway. Selbstverständlich ging Pina Bausch auch zur »Met«, um jeden Samstag dort bei ihren Lehrern zu trainieren. In diesen offenen Klassen herrschte eine besondere Stimmung aus Neugier, Begeisterung und Abenteuerlust. Zum ersten Mal viele Menschen unterschiedlicher Herkunft zu erleben, das war für sie ein »überwältigendes Erlebnis«. Kein Wunder, dass die Mitglieder ihrer späteren Kompanie aus allen Erdteilen kommen.

Tagsüber Juilliard School, samstags Training an der »Met«, und irgendwann waren auch die Abende und Nächte ausgebucht für Tanz und Training. Denn die Tänzer-Choreographen Paul Sanasardo und Donya Feuer, die schon in Essen als Dozenten bei Sommerkursen gearbeitet hatten und Pina Bausch kannten, holten sie in ihr eigenes Studio, boten ihr Rollen in ihren Stücken an. Probiert wurde bis in die Nacht hinein, so, wie es in New York üblich ist. Mit beiden verband Pina Bausch ihr Leben lang eine enge Freundschaft.

1972 lud Sanasardo sie nach New York ein, um ein Stück mit den Tänzern seiner inzwischen gegründeten Kompanie zu choreographieren. Pina Bausch kam – und lernte dort Malou Airaudo und Dominique Mercy kennen. Beide waren aus Paris nach New York gekommen, als Gäste bei verschiedenen Kompanien. Sanasardo hatte den beiden vor dem ersten Treffen mit Pina Bausch gesagt, sie sei die unglaublichste Künstlerin, die sie je treffen werden würden. Malou Airaudo und Dominique Mercy sollten kurze Zeit später nach Wuppertal gehen und Protagonisten von Pina Bauschs eigenem Ensemble werden.

Wenn die Studentin Pina Bausch in New York nicht getanzt, trainiert, probiert hat, ging sie »immer, immer ins Theater«, um vor allem Tanz und Oper zu sehen. Aber auch Musik zu hören, andere Musiken außerhalb der Oper, vor allem Jazz. Die ganze Stadt bestand für sie aus Jazz, »er quoll aus allen Knopflöchern«.

Bereits Mitte ihres ersten Jahres merkte Pina Bausch, dass das Stipendium nicht für ein weiteres Jahr reichen würde (es war ja auch nur für ein Jahr gedacht). Doch sie wollte unbedingt länger bleiben, am liebsten für immer. Zumindest noch ein weiteres Jahr. So sparte sie jeden Cent, ging zu Fuß weite Wege von ihrem kleinen Zimmer in Manhattan zur Schule und aß immer weniger. Eine Zeit lang ernährte sie sich nur von Eis, am liebsten Nusseis. Das vermischte sie mit Buttermilch, viel Zitrone, die auf dem Tisch stand, und sehr viel Zucker: »Eine wunderbare Hauptmahlzeit.«

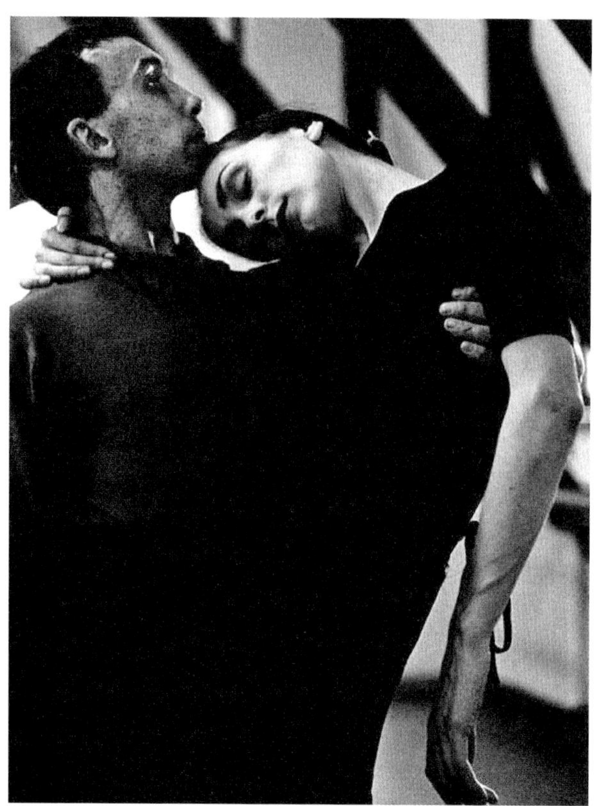

Mit Jean Cébron, Proben zu »Der grüne Tisch« von Kurt Jooss, Sechzigerjahre, Essen

Proben zu »Songs of Encounter« von Lucas Hoving, Sechzigerjahre, Essen

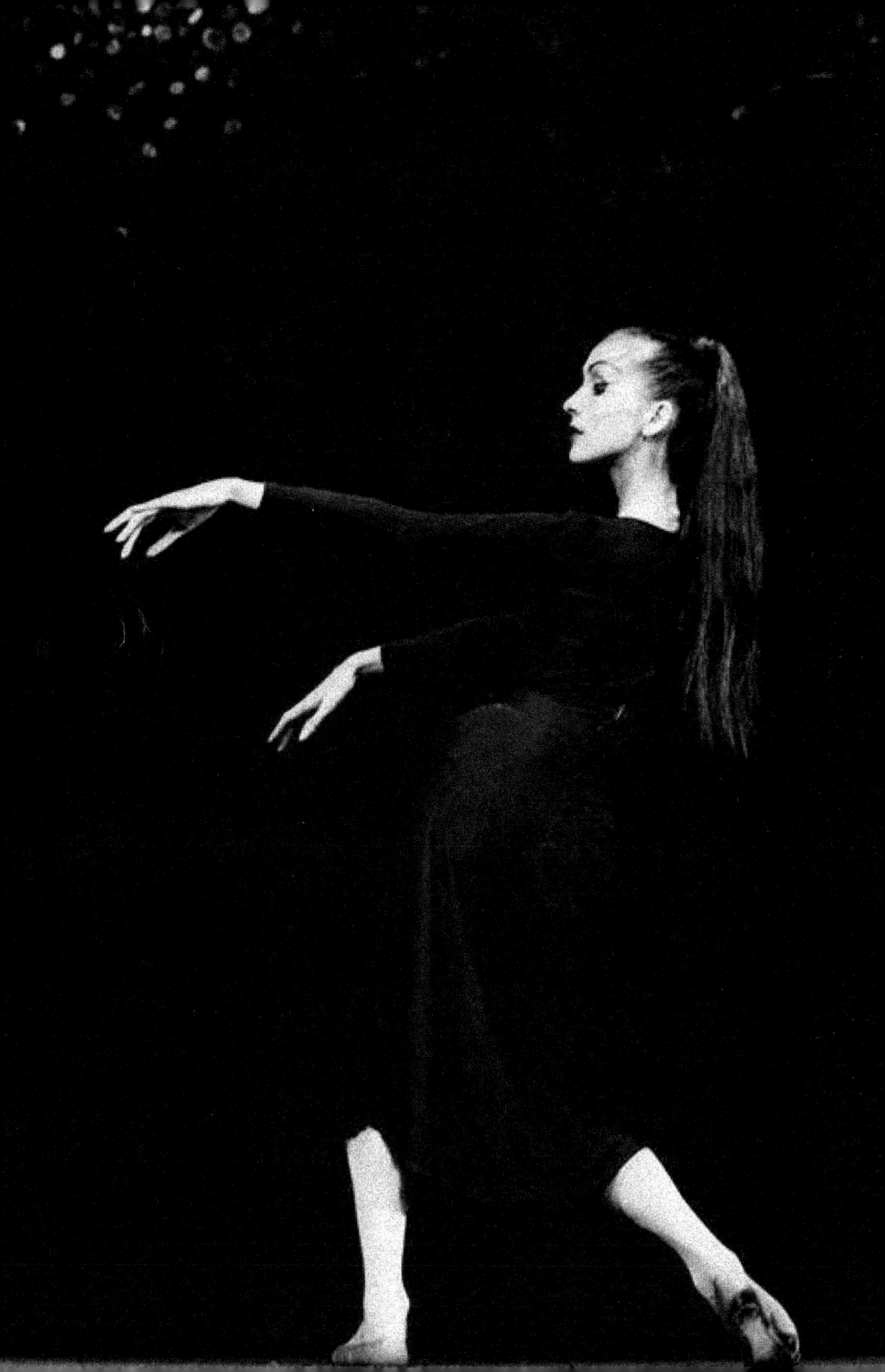

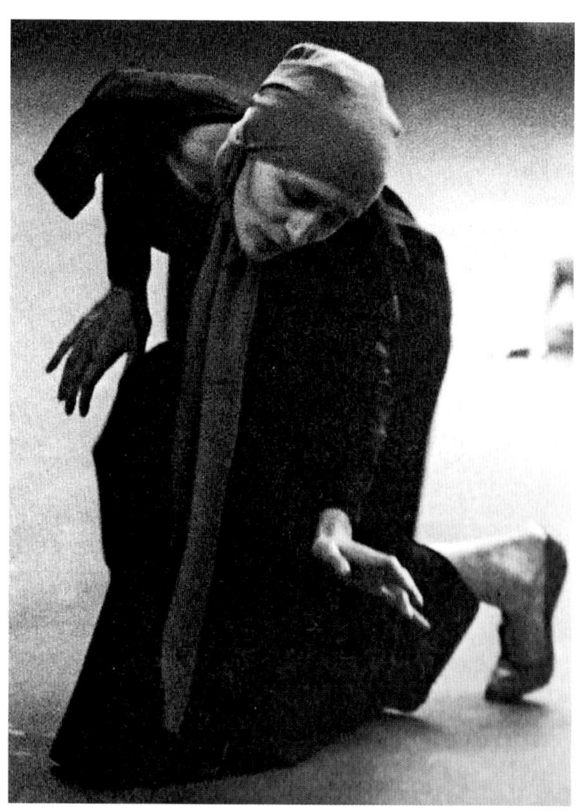

Proben zu »Der grüne Tisch«
von Kurt Jooss, Sechzigerjahre,
Essen

Es kam, wie es kommen musste: Pina Bausch wurde immer dünner. Das gefiel ihr. Später sagte sie: »Ich hatte das Gefühl, dass irgendetwas immer purer, immer tiefer wurde. Es passierte eine Verwandlung. Nicht nur mit meinem Körper« Was sie nicht wusste: Sie war auf dem Weg in eine Magersucht. »Papa« Jooss der das wohl ahnte, schrieb ihr besorgt nach New York. Er schärfte ihr ein, sie solle sich nicht von dem dummen Modegedanken verführen lassen, dünn sein zu wollen. Es gehöre zu ihrem ganzen Typ, nicht eckig zu sein. Sie solle sich entsprechend ernähren.

Gegen Ende ihres ersten Jahres in New York riet ihr Antony Tudor, sich um einen Platz in der »Met«-Ballettkompanie zu bewerben. (Tudor war an der »Met« der künstlerische Leiter für Tanz.) Pina hatte 70 Mitbewerberinnen, zwei wurden genommen. Eine war sie selbst. So tanzte Pina Bausch im zweiten Jahr ihres New Yorker Aufenthalts in vielen Opern mit: Im *Tannhäuser* war sie eine der drei Grazien, in *Carmen* wurde spanisch getanzt, in *La Gioconda* auf Spitze. Es folgten *Rigoletto*, *Turandot*, *Alceste* (Gluck). Sie machte mit der »Met« eine zweimonatige Gastspielreise durch Nordamerika. Sie sah berühmte Sänger auf der Bühne oder hörte sie über Lautsprecher in ihrer Garderobe: »Ich lernte so, Stimmen zu unterscheiden. Es war eine unglaubliche Freude für mich, dass ich plötzlich Stimmen erkannte.« Und überall im Haus »spürte und fühlte man noch etwas von Maria Callas«, die dort 1945 erstmals aufgetreten war und 1956, kurz bevor Pina Bausch nach New York gekommen war, hier zum ersten Mal die Norma gesungen hatte. Damals sagte Sanasardo zu Pina Bausch: »Es ist gut und schön, dass du an der ›Met‹ tanzt – aber du wirst in deinem Leben noch viel mehr machen.« Das war auch ein Rat an die junge Tänzerin, sich nicht mit dem Erreichten zu begnügen.

Neben den Verpflichtungen an der »Met« arbeitete Pina Bausch mit anderen Choreographen: »Ich hatte viel zu tun. Man hatte mich bemerkt. Ich war viel gefragt.« Auch bei einer neu gegründeten kleinen Kompanie, dem New American Ballet, machte sie mit. Im Sommer fuhr die Truppe auf Gastspielreise nach Italien – ein Anlass für Pina Bausch, nach langer Zeit ihre Eltern wiederzusehen. Lange konnte sie nicht in Europa bleiben; sie musste dringend zurück nach Amerika, um ihr Visum ändern zu lassen. Sie hatte einen Termin bei einem Rechtsanwalt, der eine Arbeitserlaubnis für die »Met« in den Pass eintragen sollte.

Sie wollte von London aus zurückfliegen. Aber das Flugzeug war überbucht – mit anderen Passagieren musste sie zurückbleiben. Sie wollte nicht auf den nächsten Direktflug warten. Also suchte sie nach einer Möglichkeit, auf Umwegen ihr Ziel zu erreichen. Im Schlepptau hatte sie einen Ungarn, dessen Mutter in New York gestorben war. Er konnte kein Wort Englisch, sie inzwischen »ein paar Bröckchen«. Nachdem sie alles gemanagt hatte, sind sie zusammen nach fünfmaligem Umsteigen in New York gelandet. Aber auf dem falschen Flughafen! Pina Bausch schaffte es dann noch, dass man sie und ihren Begleiter im Hubschrauber zum richtigen Flughafen brachte. »Nach diesem Flug hätte man mich überall hinschicken können. Ich habe keine Angst mehr gehabt.« Später meinte sie über dieses Erlebnis: Sie habe vorher nicht gewusst, dass sie so handeln könne. Ohne Plan, ohne Überlegung.

Obwohl Pina Bausch mit ihrer Arbeit an der »Met« nun ein wenig Geld verdiente, musste sie weiterhin sparsam leben. Da kam eines Tages ein Anruf von Kurt Jooss. Er habe wieder ein kleines Ensemble, das Folkwang-Ballett, und er brauche sie. Sie solle doch nach Essen zurückkommen. Diese Bitte stellte Pina Bausch vor ein Dilemma. Sie wollte gern in New York bleiben. Aber gleichzeitig war die Aussicht, mit Jooss zu arbeiten, in seinen Choreographien zu tanzen, ausgesprochen verlockend. In diesem Konflikt »war ich schrecklich allein und verzweifelt«, denn sie ahnte, dass eine Rückkehr nach Essen zu größerer künstlerischer Entfaltung führen und das, was sie sich vom Tanz erträumte, dort eher erfüllt würde. Andererseits glaubte sie, dass ein Jahr mehr Theatererfahrung in New York schon nützlich wäre. Jooss drängte nicht. Im Gegenteil: Er unterstützte ihren Gedanken, die Zeit an der »Met« zu verlängern. Briefe gingen hin und her, Pina Bausch schwankte immer noch. »Ich wollte beides gleich gern. Es war eine schrecklich schwere Entscheidung.« Schließlich ging sie zu Jooss an die Folkwangschule.

Wieder zurück in Essen, fuhr sie jeden Sommer nach New York, nahm dort an Workshops teil, unterrichtete oder machte kleine Choreographien. Auch von Wuppertal aus sollte jedes Gastspiel, das sie mit ihrer Kompanie nach New York führte, eine Rückkehr »in die Heimat« sein. Denn New York blieb für sie immer »Heimat«, an die sie mit Liebe und Fernweh dachte.

VIER

CHOREOGRAPHIEREN IN ESSEN

In Essen war Kurt Jooss glücklich, Pina Bausch wieder um sich zu haben – eine bessere Mitarbeiterin konnte er sich nicht vorstellen. Es war ihm gelungen, an der Folkwangschule erneut eine Meisterklasse für Tanz einzurichten, wie zu Beginn seiner Essener Zeit in den späten Zwanzigerjahren. In dieser Meisterklasse fanden sich begabte Absolventen der Folkwangschule und professionelle Tänzer von außerhalb zusammen zum Folkwang-Ballett (1928 hatte es Folkwang-Tanztheater-Studio geheißen, später wurde es in Folkwang-Tanzstudio umbenannt). Hier konnten die Tänzer sich einerseits fortbilden, andererseits mit eigenen Choreographien ausprobieren.

Jooss selbst nahm eigene Stücke wieder auf; wichtiger jedoch war ihm die Förderung junger Tänzer und Choreographen. So lud er Antony Tudor und Lucas Hoving ein. Hans Züllig, der 1968 seine Nachfolge antreten sollte, kam 1961 als Lehrer für moderne Technik aus Santiago de Chile nach Essen. Jean Cébron, der Meisterschüler aus der Emigrationszeit, kam fast zeitgleich mit Pina Bausch aus Amerika. Alle zusammen prägten das Folkwang-Ballett, das schnell zur führenden Adresse für modernen Tanz in Deutschland wurde. Auch Pina Bausch tanzte im Folkwang-Ballett und machte für das Ensemble ihre ersten Choreographien.

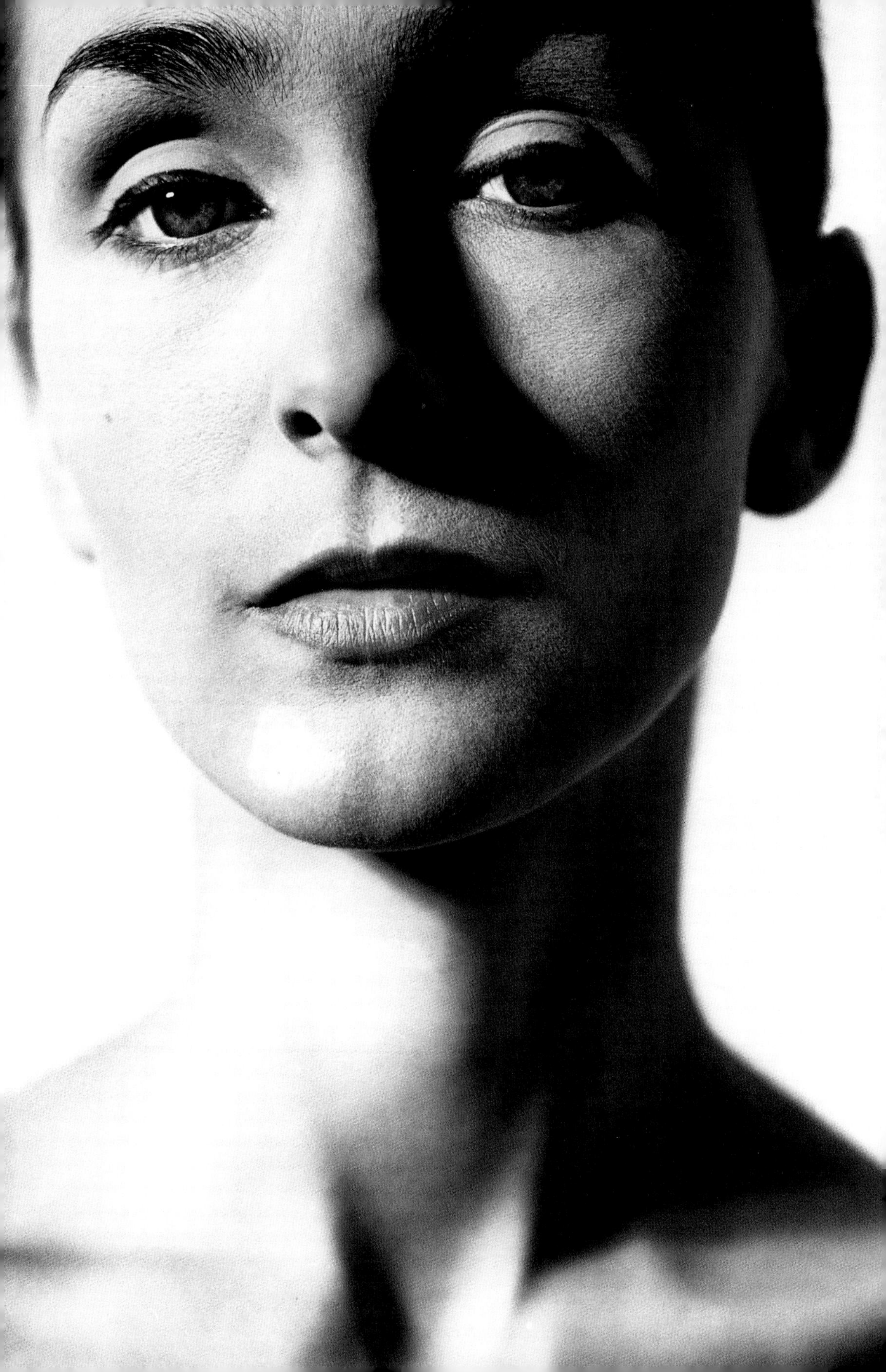

Seite 49: Porträt 1967

Zunächst arbeitete sie auch als Jooss' Assistentin. »Er hat mir sehr viel Vertrauen geschenkt.« Sie saß bei den Wiederaufnahmen alter Stücke und bei neuen Choreographien neben ihm. Sie erstellte seine Probenpläne und regelte für ihn Alltagsgeschäfte. Dabei lernte sie, wie die Arbeit an einem Theater funktionierte. Jooss choreographierte nach seinem Erfolg mit Purcells *Feenkönigin* 1959 zwei weitere Barockopern für die Schwetzinger Festspiele: *Castor und Pollux* von Jean-Philippe Rameau, wieder eine deutsche Erstaufführung (1962), und 1966 *Dido und Aeneas* von Henry Purcell. In allen Aufführungen tanzte Pina Bausch mit anderen Mitgliedern des Folkwang-Balletts. Mit dabei war auch Hans Pop, der später in Wuppertal über viele Jahre ihr enger Mitarbeiter werden sollte. Auch in anderen Choreographien setzte Jooss seine Essener Tänzer ein: etwa in der geistlichen Oper *Rappresentatione di anima e di corpo* von Emilio de' Cavalieri an der Salzburger Felsenreitschule (1968). Die pädagogische Absicht war klar: Seine Tänzer sollten Bühnenerfahrung sammeln.

1962 tanzte das Folkwang-Ballett ein Programm mit Choreographien von Lucas Hoving, Hans Züllig und Jean Cébron. Die Lokalpresse war begeistert und sprach von »neuen, erregenden Entwicklungen in der tänzerischen Ausbildung«. Im selben Jahr, im November, zeigte das Folkwang-Ballett in einer Matinee an der Essener Oper ein ähnliches Programm und, nach neun Jahren erstmals wieder, Jooss' *Grünen Tisch*. Jean Cébron tanzte den Tod, Pina Bausch die alte Mutter, die »in ihren Gesten weiche, sanfte Kurven hat«, wie es in einer Kritik hieß. Jooss präsentierte seinen Klassiker daraufhin bei vielen Gastspielen des Folkwang-Balletts in der Bundesrepublik, in den Niederlanden, in Belgien, Frankreich, Italien und England. Als erste westdeutsche Kompanie wurden die Essener 1964 in die DDR eingeladen.

Cébron fand für seine Choreographien vor allem in Pina Bausch eine ideale Partnerin. Seine Duette mit ihr wurden hoch gelobt. Eine außergewöhnliche und wichtige Rolle habe Jean Cébron in ihrem Leben gespielt, sagte Pina Bausch. Von ihm habe sie sehr viel gelernt, über Bewegung, Körperbewusstsein und Beurteilung von tänzerischer Qualität. Cébron hat dann später in Wuppertal viele Jahre lang jeden Morgen mit den Tänzern ihrer Kompanie trainiert.

Nach einem Gastspiel des Folkwang-Balletts in Hamburg 1964 schrieb Klaus Geitel in der *Welt*: »In Cébrons choreographischen Episoden reißt Pina Bausch das Interesse gleich mächtig hoch. In ihr besitzt die Truppe ihre bedeutendste Tänzerin. Die sensible Exaltiertheit der Tänzerin, ihr Feingefühl und ihre stille Kraft geben jeder Bewegung suggestive Bedeutung. Die kleinste Geste erhält Gewicht. Die Mühe versinkt, Einstudiertes wird atmend lebendig. Die Bausch tanzt nicht nur und exekutiert nicht nur choreographische Figuren. In ihr hat der ›freie Tanz‹ eine neue, bedeutende Interpretin gefunden.« Und am Ende: »Die Frage bleibt, was sie in Zukunft zu interpretieren bekommen wird.« So euphorisch Geitel die Tänzerin Pina Bausch beurteilte, so wenig konnte er damals ahnen, dass sie später als Choreographin die Tanzwelt verändern würde.

Den Anfang dazu machte sie in Essen. Für das Folkwang-Ballett entstanden 1968 *Fragmente* und 1969 *Im Wind der Zeit*. Für letzteres Stück erhielt sie bei der Kölner Sommerakademie des Tanzes im selben Jahr erste Preise für Choreographie und als Tänzerin – damit war klar, dass hier eine Doppelbegabung heranwuchs. Hartmut Regitz nannte sie in den *Düsseldorfer Nachrichten* eine der »künstlerisch versiertesten und faszinierendsten Erscheinungen der bundesrepublikanischen Tanzszene«. 1970 choreographierte Pina Bausch ihr drittes Stück: *Nachnull*. In einem Interview mit der *Westdeutschen Allgemeinen Zeitung* erklärte sie, dass sie das Publikum weder unterhalten noch schockieren wolle, aber es zum Nachdenken zwingen und aussprechen wolle, »was jeder Zuschauer selbst empfindet«.

Im Dezember 1972 findet eine weitere Premiere des Folkwang-Ballets in der Aula der Folkwangschule statt. Fünf Choreographien werden uraufgeführt. »Die beiden substanzreichsten von Pina Bausch«, so Susanne Materleitner in der *Neuen Ruhr Zeitung*: »Sie ist eine Persönlichkeit, die etwas zu sagen hat. Am eindringlichsten ihr *Wiegenlied* (*Maikäfer flieg*) für drei Paare und eine Solistin, das die Leiden der Frauen in den Schrecken des Krieges beschwört: Rohheit, Widerstand, Vergewaltigung, bis jede Individualität ausgelöscht ist, die Mädchen abgetötet wie Puppen (oder Leichen?) in den Armen der wilden Soldateska hängen.« Pina Bausch selbst, wie sollte es anders sein, tanzt den Solopart: »Die große Solo-Klage der Mutter (der Urmutter?) ist darin, trotz der faszinierenden Ausdruckskraft der Tänzerin Pina Bausch, fast zu lang, ihr Pathos fast zu übersteigert.«

Von solchen Kritiken hat sich Pina Bausch nicht beirren lassen. »Ich wollte immer tanzen. Ich musste tanzen. Das war die Sprache, in der ich mich ausdrücken konnte.« Sie hat immer wieder betont, nie im Leben daran gedacht zu haben, Choreographin zu werden; sie habe kleine Stücke gemacht, weil sie etwas zu tanzen haben wollte. »Es ging mir immer nur darum, dass ich in diesem Stück etwas tanzen konnte, was mir wichtig war.«

Auch später in Wuppertal machte sie die ersten Stücke in der Annahme, sie würde das Opfer in *Le Sacre du printemps* tanzen oder die Iphigenie in Glucks Tanzoper *Iphigenie auf Tauris*. Aber es kam anders: »Meine Liebe, die ich in mir habe, dieser große

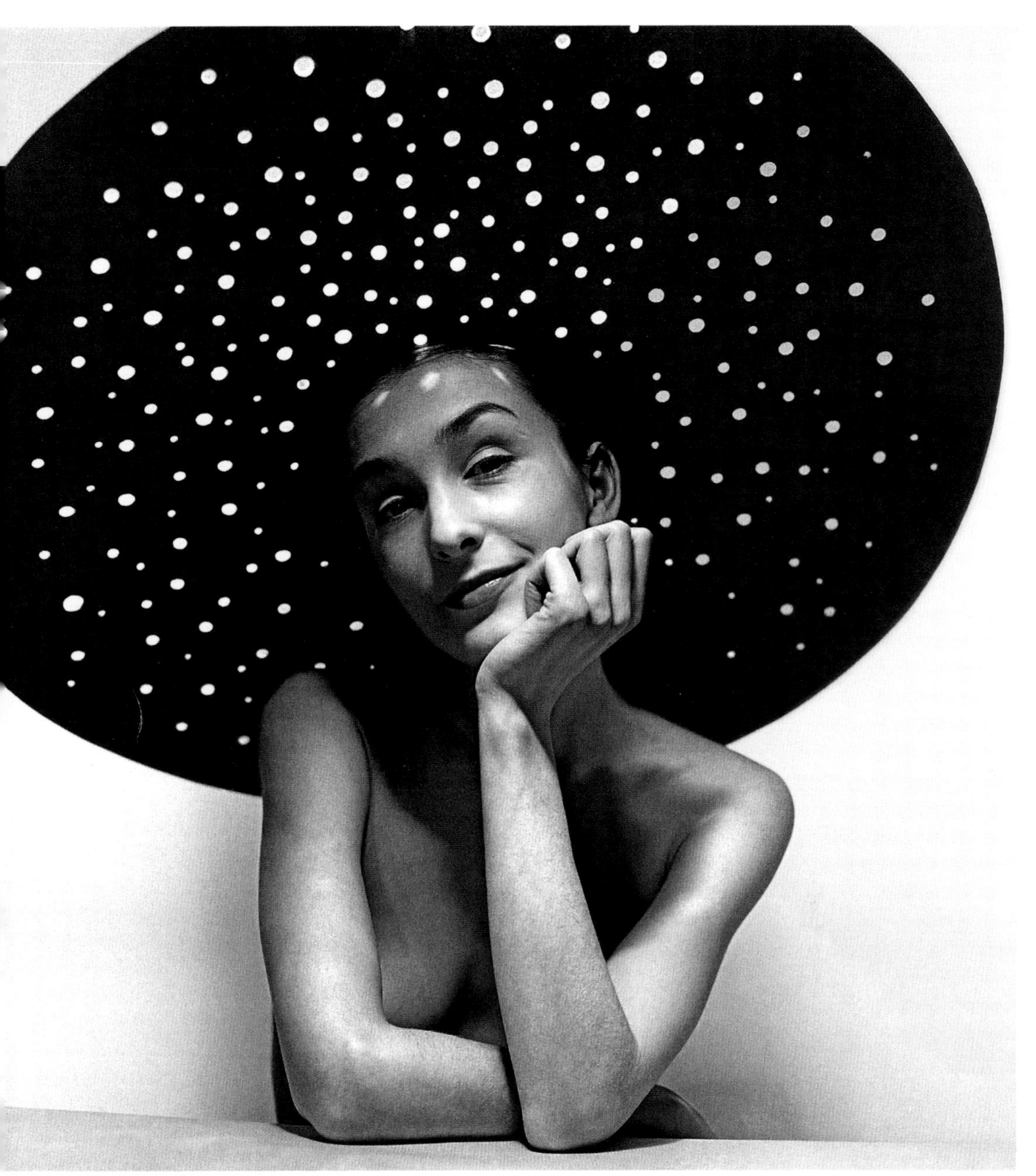

Porträt 1967

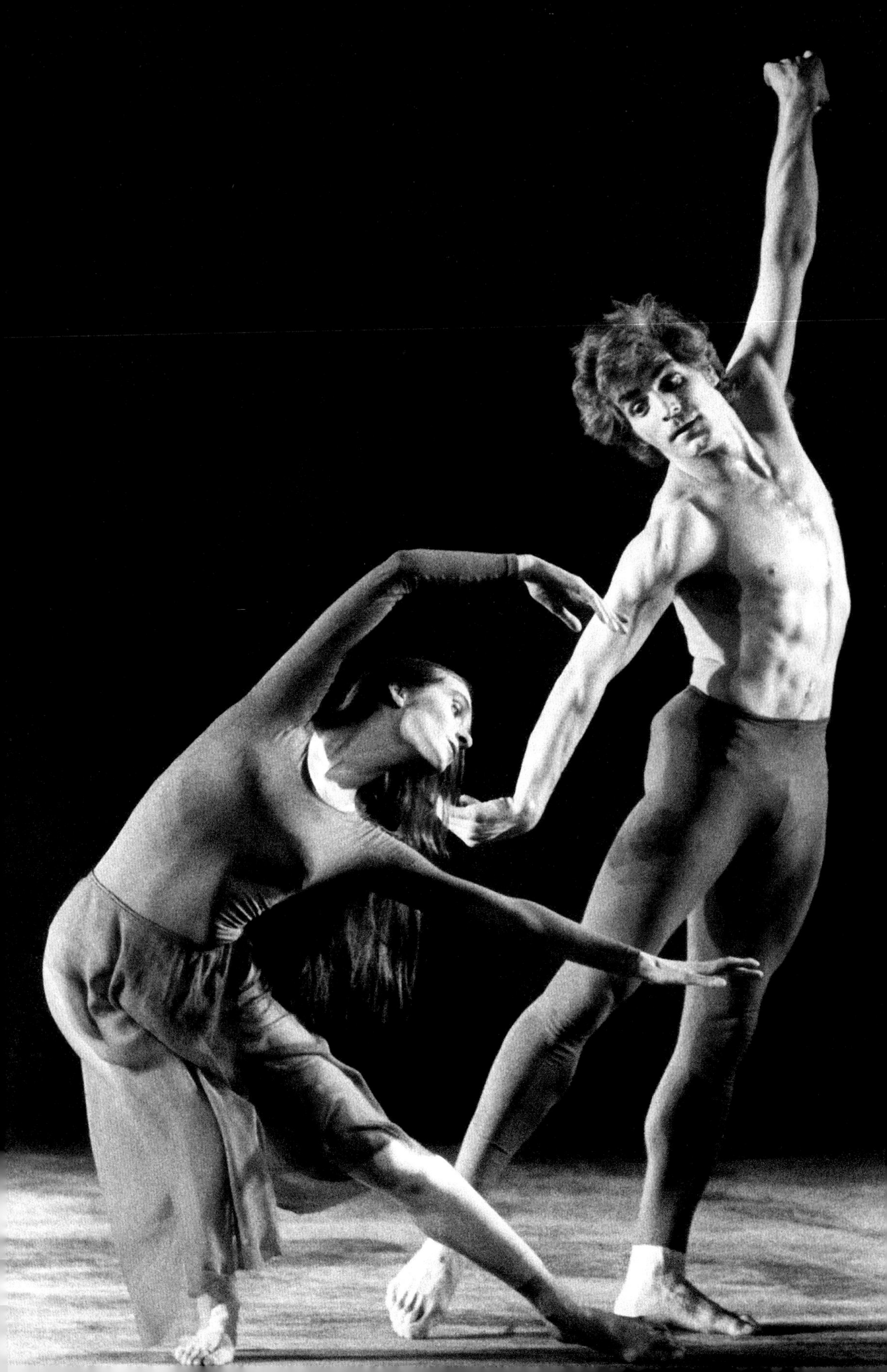

Wunsch zu tanzen, habe ich an andere weitergegeben.« Trotz aller späteren Welterfolge als Choreographin war der Verzicht auf das Tanzen ein lebenslanger Schmerz.

Während der ganzen zweiten Essener Zeit blieb Kurt Jooss der väterliche Freund von Pina Bausch. Noch aus Amerika hatte sie ihn um Rat gefragt, wenn sie sich wieder einmal einsam fühlte, an ihrer Begabung zweifelte und von ihrer großen Hoffnung sprach, dass alle ihre künstlerischen Wünsche einst in Erfüllung gehen mögen. Jooss habe ihr, so Pina Bausch, immer mit Antworten und Erklärungen versucht zu helfen. Zweifel, so Jooss, seien normal und für einen Künstler wichtig. Auch dass das Scheitern von Ideen und Versuchen zur künstlerischen Arbeit gehört, lernte Pina Bausch bei Jooss. Wieder war er es, der ihr – und den anderen Studenten – erklärte, dass Scheitern nach seinem Verständnis zur Kunst gehöre, dass Scheitern auch ein neuer Anfang sei, den man immer wieder versuchen müsse. Pina Bausch hat das Scheitern wie auch das Probieren für sich genutzt und später als Stilmittel in ihren Stücken eingesetzt.

Und die künstlerische Erfüllung? »Da hat mir Jooss erklärt, dass man niemals zur völligen Erfüllung seiner Wünsche kommen kann.« Es müsse immer noch etwas Unerfülltes geben, wonach wir streben, sonst wisse man ja nicht, wofür man leben soll. Pina Bausch hat diese Erfahrung einmal wenige Jahre vor ihrem Tod – da hatte sie bereits über 40 Stücke gemacht – in dem Satz formuliert: »Ich habe ja noch gar nicht das gemacht, was ich eigentlich machen wollte.«

t Iwan Neumann,
›ème dancé«,
ademie der Künste,
rlin, 1971

Manchmal kam Jooss in die Proben seiner Schüler, auch zu Pina Bausch. Einmal fragte er sie: »Kind, was kriechst du immer auf dem Boden herum?« Was er meinte, war: Sie solle es sich nicht so schwer machen, sie solle doch schauen, was schon da ist, was andere vor ihr gemacht haben und darauf aufbauen. Das aber wollte Pina Bausch gerade nicht. »Es war mir unmöglich, Bewegungsmaterial und Formen von anderen zu benutzen, um das auszudrücken, was mir am Herzen lag.« So brachte sie sich, wie sie sagte, »selber in Not« mit der immer selben Frage: Warum und wie kann ich etwas sagen? Diese Not sollte ihr Leben lang bleiben.

Den schönsten Vertrauensbeweis von »Papa« Jooss erhielt Pina Bausch 1969: Nachdem sein Vertrag an der Folkwangschule nicht verlängert worden war, verließ Jooss Essen und übergab seiner Schülerin die Verantwortung für die Wiedereinstudierung der *Feenkönigin* in Schwetzingen. Später übernahm sie auch die Leitung des Folkwang-Tanzstudios.

1973 kam das Angebot von Arno Wüstenhöfer, dem Wuppertaler Generalintendanten, die Leitung des Balletts an den Wuppertaler Bühnen zu übernehmen. Wüstenhöfer, der ein sicheres Gespür für Talente besaß, hatte Pina Bausch davor mit zwei Arbeiten beauftragt: der Uraufführung *Aktionen für Tänzer* (1971) und dem Bacchanal in Wagners *Tannhäuser* (1972). »Ich war zuerst einmal schockiert.« Nein, sie wollte überhaupt nicht an ein Theater, das war ihr alles zu routiniert. Sie wollte lieber frei arbeiten, das schien ihr aufregender zu sein. Aber Wüstenhöfer blieb hartnäckig; er fragte immer wieder. Und immer wieder sagte Pina Bausch nein. Weil sie Angst hatte, weil sie vorher noch nie eine so große Kompanie gehabt hatte. Doch Wüstenhöfer ließ einfach nicht locker. »Er hatte eine große Überzeugungskraft, eine Gabe, jemanden zu begeistern.« Und so sagte Pina Bausch eines Tages: »Ich kann es ja mal probieren.«

Rechte Seite: Porträt 1967

Seite 58/59: Proben, Wuppertal, 1978

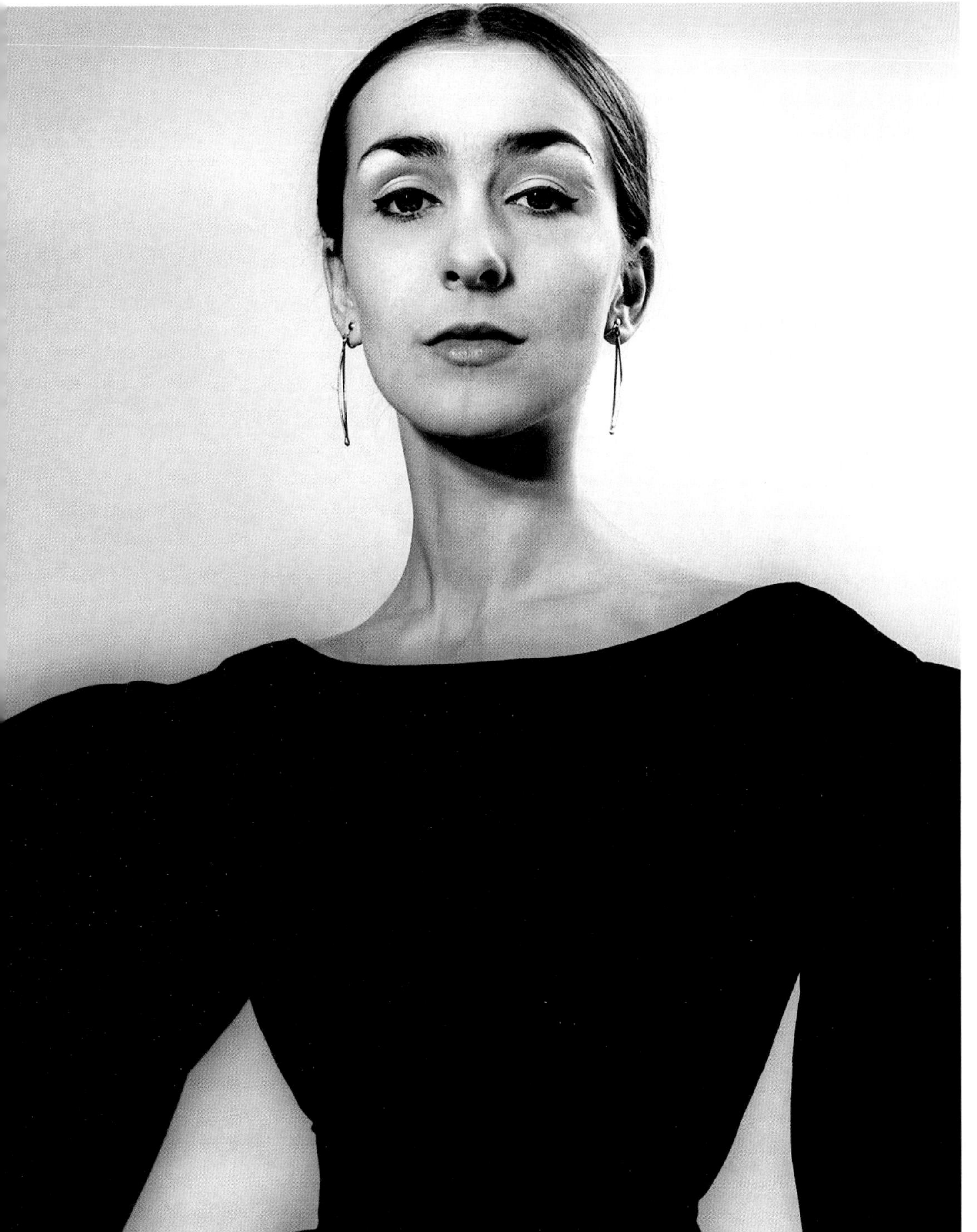

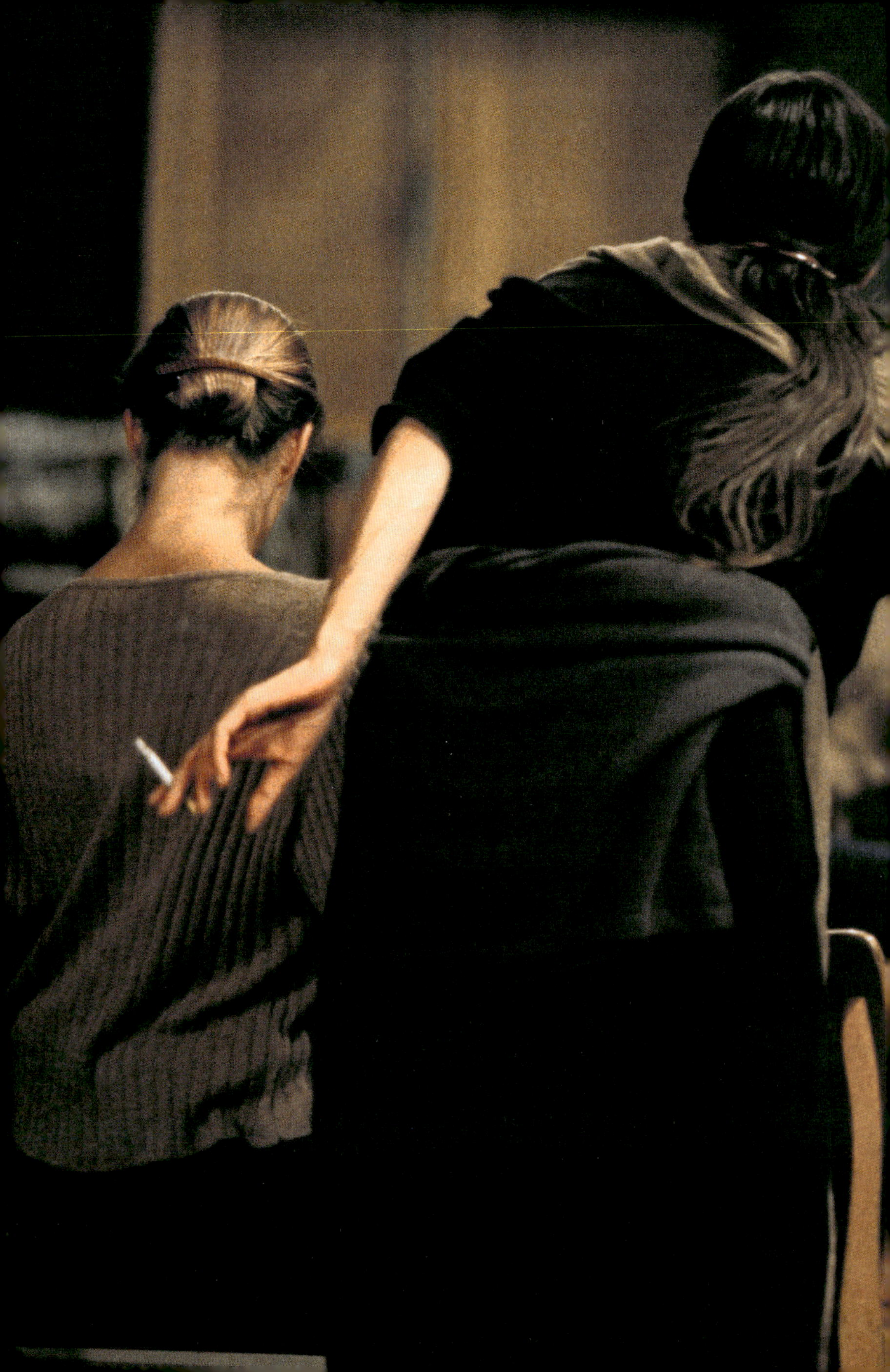

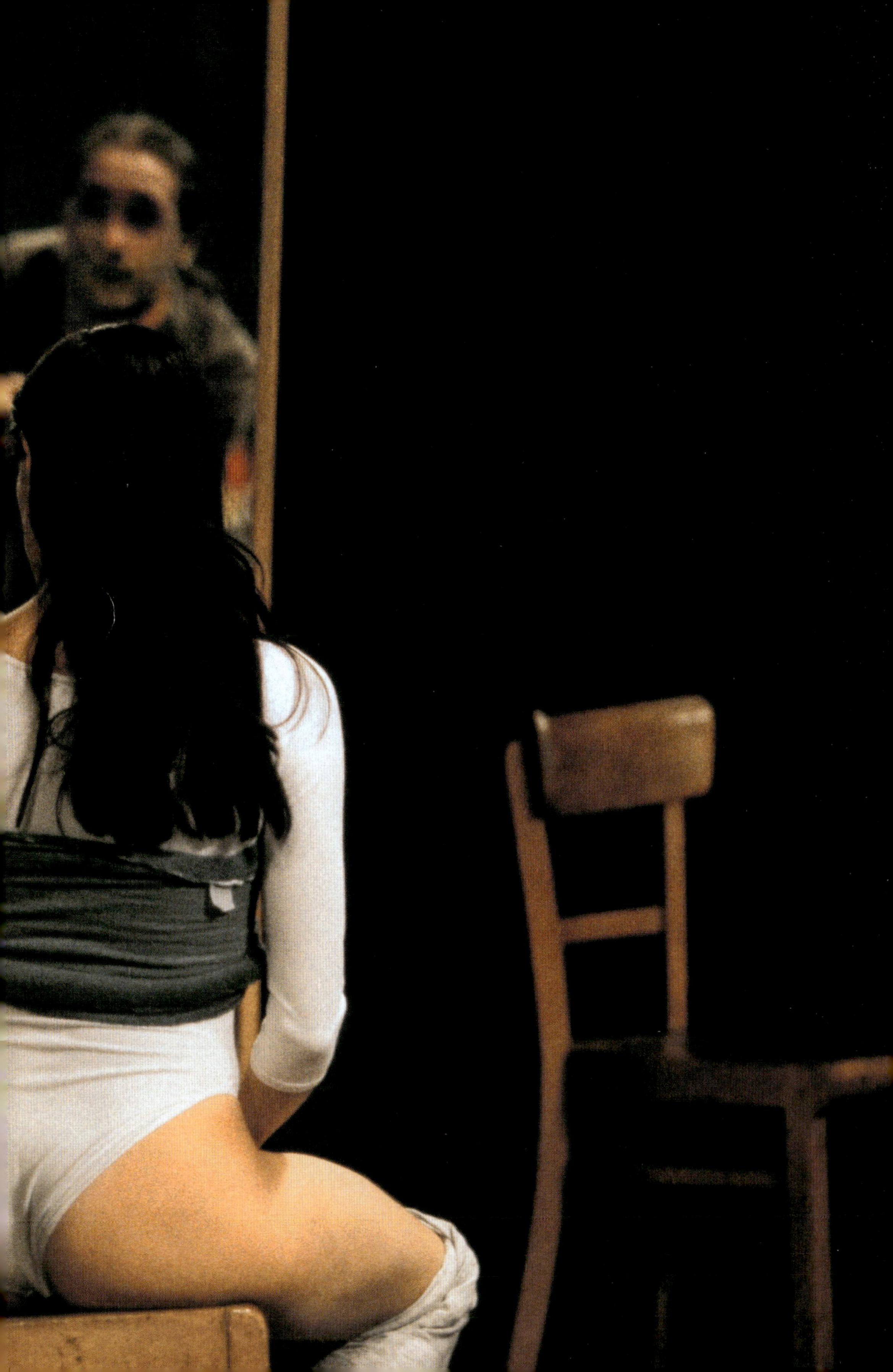

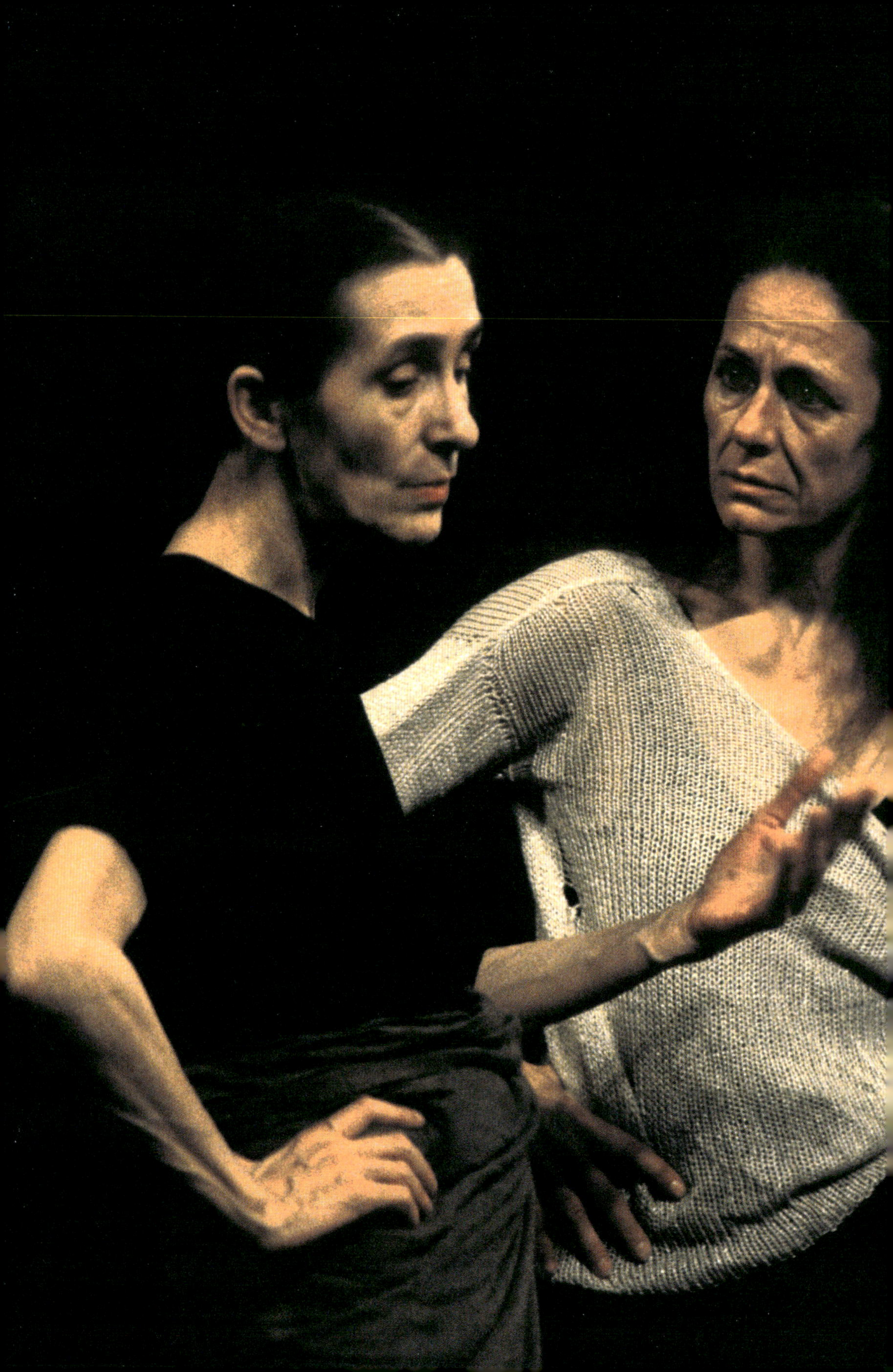

FÜNF

TANZTHEATER IN WUPPERTAL

Als Pina Bausch dem Wuppertaler Generalintendanten Arno Wüstenhöfer ihre Zusage gab, lebte sie noch in Essen. Zusammen mit Rolf Borzik, der an der Folkwang-Hochschule Grafik studierte und ihr späterer Bühnenbildner wurde, wohnte sie im ausgebauten Speicher eines alten Waisenhauses, das unter Denkmalschutz stand. Noch bevor sie ihre neue Aufgabe in Wuppertal wahrnehmen konnte, passierte etwas Unerwartetes. »Eines Tages kam völlig überraschend ein Mann die Treppe herauf: Kurt Horres, der Operndirektor der Wuppertaler Bühnen. Mich traf der Schlag: Er wollte mich überreden, bevor ich in Wuppertal irgendetwas mache, als allererstes Yvonne zu sein in der Oper *Yvonne, die Burgunderprinzessin* von Boris Blacher. Die wollte Horres uraufführen. Diese Yvonne, die stumme Prinzessin von Burgund, war eine wunderbare Rolle. Die ganze Arbeit mit Horres war eine phantastische Erfahrung, die ich niemals missen möchte.«

Horres hatte sich und den Wuppertaler Bühnen in jenen Jahren mit Ur- und Erstaufführungen einen Namen gemacht. Hanna Jordan, Wuppertaler Bühnenbildnerin von Rang, die an vielen deutschen und deutschsprachigen Bühnen mit namhaften Regisseuren gearbeitet hat, sollte das Bühnenbild zu *Yvonne* ent-

t Malou Airaudo,
ppertal, 1978

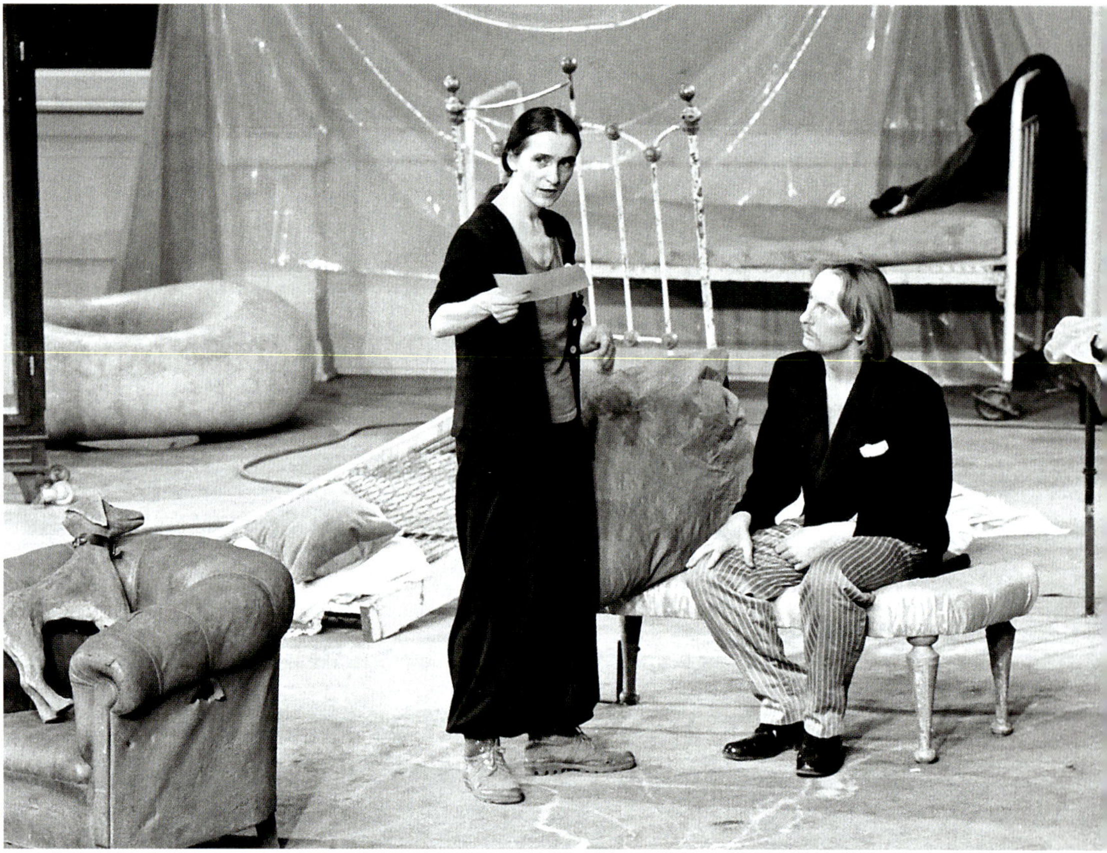

Mit Dominque Mercy, Proben zu »Er nimmt sie an der Hand …«, Bochum, 1978

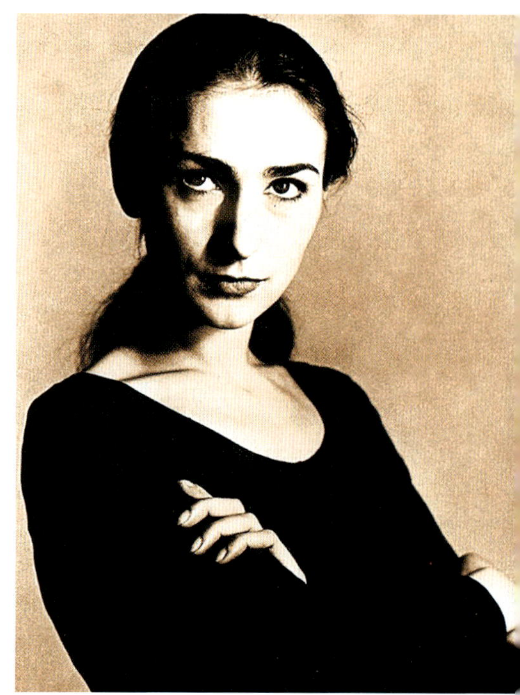

Essen, 1977

werfen. Sie sagte über die Arbeit, dass es zunächst furchtbar schwer gewesen sei, allein schon die Musik zu hören und zu verstehen. Die Sänger hätten Schwierigkeiten gehabt, den monotonen Gesang auswendig zu lernen. Eigentlich wären alle damals überzeugt gewesen, dass es nur in einer Katastrophe enden könne. Dann aber sei Pina Bausch dazu gekommen. Und dank ihrer überzeugenden Darstellung der stummen Prinzessin sei die Oper ein Riesenerfolg geworden. Sie wurden damit sogar zu den Wiesbadener Maifestspielen eingeladen.

Arno Wüstenhöfer glaubte damals, dass Hanna Jordan und Pina Bausch zusammenarbeiten könnten. Er brachte sie zu einem Gespräch zusammen. Hanna Jordan: »Es verging eine Stunde, zwei und mehrere Stunden. Ich redete, Pina Bausch hörte zu, sagte ab und zu etwas und rauchte eine Zigarette nach der anderen. Der riesengroße Aschenbecher war bald voll bis oben hin. Aber es war nichts passiert. Ich spürte, dass ich hier nicht am richtigen Platz war. Ich erkannte, dass Pina Bausch jemanden braucht, der immer da ist, der zu ihrer Truppe gehört und nichts anderes macht.« Hanna Jordan hat sich für die Arbeit von Pina Bausch immer sehr interessiert. Vor allem war sie beeindruckt von Pina Bauschs »totaler Ehrlichkeit« in ihrer Arbeit. Die Hochachtung war gegenseitig: Pina Bausch schätzte Hanna Jordan sehr, persönlich wie ihre Arbeit.

In Wuppertal entstanden ganz verschiedenartige Stücke mit unterschiedlichen Bühnenbildnern. Die erste Arbeit von Pina Bausch 1974 trägt den Titel *Fritz*. »Es hatte viel mit Phantasie zu tun. Ein kleiner Junge sah die Welt, und alles war seltsam und vergrößerte sich zu etwas Unheimlichem.« Vielleicht eine Anspielung auf das Grimm'sche Märchen *Von einem, der auszog, das Fürchten zu lernen*. Ganz bestimmt aber ein Anklang an Pina

Bauschs Kindheit. Die Rolle des Jungen wurde von einer Frau getanzt.

Diese erste Uraufführung unter der neuen Ballettchefin Pina Bausch wurde ausführlich von der Presse wahrgenommen. Gelobt wurden »enorme Einfallskraft« und »überbordende Phantasie«. Und Jens Wendland schrieb in der *Frankfurter Allgemeinen Zeitung*: »Pina Bausch bringt für ihr choreographisches Theater eine große Phantasie auf. Sie ödet einen nicht an mit den üblichen Ballett-Dutzend-Themen, aber sie muß wohl erst zurechtkommen mit solchen Inszenierungen. Aber dieses Ballett *Fritz* ist irritierend, befremdend, das heißt: Es lässt auf einen Ideen-Zuwachs fürs junge moderne Ballett in Westdeutschland hoffen.« Dem stimmte Hartmut Regitz in der *Rheinischen Post* zu: »Es scheint, als ob nicht nur die Zukunft des Wuppertaler Tanztheaters gesichert ist; es scheint auch, daß mit ihm die deutsche Ballettszene ein weiteres Zentrum des modernen Tanzes dazu gewonnen hat.«

Die letzte Feststellung war wohl richtig, die erste eher nicht. Pina Bausch und ihr Tanztheater mussten viele Jahre um die Anerkennung des Wuppertaler Publikums, um angemessene Arbeitsbedingungen (Probenräume zum Beispiel) und um Sicherheit durch die Kulturpolitik kämpfen. Der Kritiker der *Nürnberger Nachrichten* gab ihr damals mit seiner *Fritz*-Kritik einen Rat: »Ersten Reaktionen des Publikums ist zu entnehmen, dass es zweifellos überfordert ist. Pina Bausch wäre gut beraten, wenn sie künftig ihre geistige und szenische Phantasie mehr zügelte und mehr aufs Sinnfällige setzte.« Gemeint war wohl: mehr aufs Leichte zu setzen, also den Geschmack des Publikums zu bedienen.

Rechte Seite:
Mit Rolf Borzik
im Probenraum,
Bochum, um 1978

Zusammen mit *Fritz* wurde *Der grüne Tisch* von Kurt Jooss gezeigt: ein Bekenntnis von Pina Bausch zu dem Mann, bei dem sie am meisten gelernt hatte. Jooss selbst begleitete die Proben.

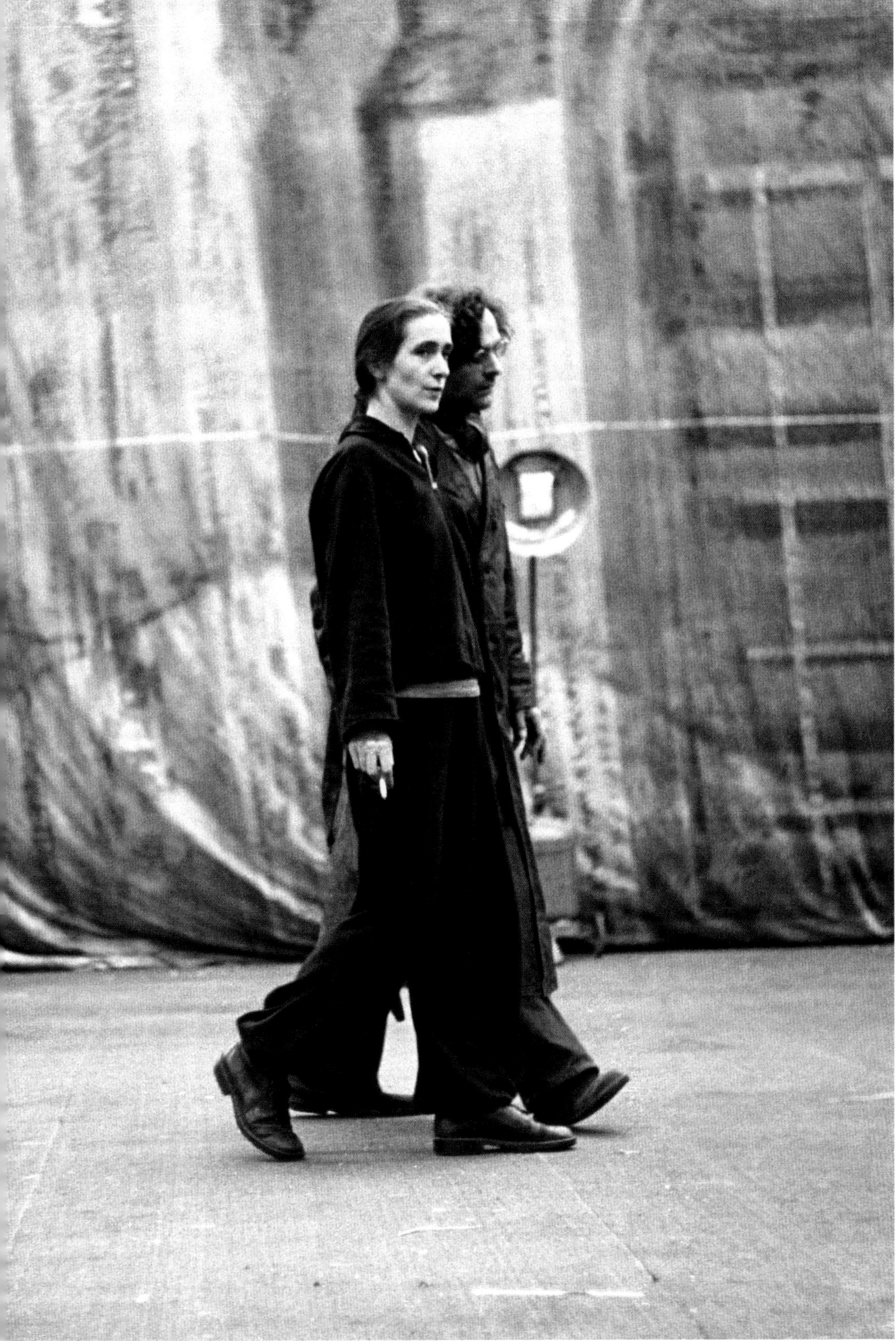

Die zweite Produktion in Wuppertal war keine Fortsetzung von *Fritz* mit neuen theatralischen Formen, sondern bewegte sich im traditionellen Rahmen des Modern Dance nach literarischen und musikalischen Vorlagen. Es war Operndirektor Kurt Horres, der Pina Bausch vorschlug, *Iphigenie auf Tauris* von Christoph Willibald Gluck zu choreographieren. Pina Bausch war wie elektrisiert: »Ich habe nur noch gedacht: Glück, Glück, Glück. Ich hatte von diesem Angebot geträumt. Denn ich liebte die Musik von Gluck. Ich habe dann so viel in dem Stoff und in der Musik gefunden, was mit mir zu tun hatte, was ich selber auch fühlte, was ich zeigen musste. Ja, da habe ich es probiert.«

Zwei Jahre später, 1975, choreographierte sie ihre zweite Gluck-Oper: *Orpheus und Eurydike*. In beiden Opern tanzte ein Paar, das sie in Amerika kennengelernt hatte: Malou Airaudo (Iphigenie und Eurydike) und Dominique Mercy (Orest und Orpheus). Pina Bausch hatte beide gleich zu Beginn ihrer Tätigkeit in Wuppertal in ihr Ensemble geholt. In Amerika, bei der Sommerakademie in Saragota, waren beide fasziniert von ihr gewesen als Tänzerin und Choreographin eines kleinen Stückes. Beide nahmen damals Unterricht bei ihr. »Ich hatte keine Ahnung von Laban, Jooss oder Cébron«, sagt Mercy heute, »aber ich spürte sofort: Das gehört zu mir.« Als dann der Brief von Pina Bausch aus Wuppertal kam, gab es keine großen Überlegungen. Er ging zu ihr, Malou Airaudo folgte ihm. Gleich bei der ersten Wiederbegegnung mit Pina Bausch, so Mercy, habe er sich »zu Hause gefühlt – als ganzer Mensch, nicht nur als Tänzer«. Dass er – zusammen mit Malou Airaudo – kurz nach *Orpheus und Eurydike* wieder aus Wuppertal und damit von Pina Bausch weggegangen ist, kann er heute kaum erklären. »Ich wollte Luft haben, eine andere Art von Leben.« Und singen wollte er lernen, nachdem er in Pina Bauschs

Schlagerballett *Ich bring dich um die Ecke* ein Jahr vor *Orpheus und Eurydike* die Freude am Singen entdeckt hatte. Aber beide sind wiedergekommen, nachdem sie *Blaubart* und den Abend »Die sieben Todsünden« gesehen hatten.

Kaum zu glauben: Nach drei Stücken – *Renate wandert aus*, *Er nimmt sie an der Hand und führt sie in das Schloss, die anderen folgen* und *Café Müller* – haben sie Wuppertal erneut verlassen. »Wir haben damals und auch später nie richtig darüber geredet«, so Mercy. Irgendwann sei ihnen beiden aber klar geworden: »Es gibt nur einen Ort und eine Person für unsere Arbeit.« Obwohl Pina Bausch sehr unglücklich über die Abschiede der beiden Tänzer war, »hat sie die Tür wieder aufgemacht«. Heute ist Dominique Mercy einer der beiden Leiter des Tanztheaters Wuppertal. Malou Airaudo lehrt seit 1984 an der Folkwang-Hochschule als Professorin für Tanz. Als Gasttänzerin kam sie immer wieder nach Wuppertal, heute ist sie unentbehrlich bei Wiederaufnahmen alter Stücke, vor allem von jenen, in denen sie getanzt hat. Beider Tochter Tusnelda, geboren 1977, gehört inzwischen auch zum Ensemble. Weggehen und wiederkommen sollten später auch noch andere Mitglieder des Tanztheaters.

Arno Wüstenhöfer spürte bald, dass Pina Bausch mit ihren wechselnden Bühnenbildnern nicht ganz glücklich war. Zugleich hatte er gesehen, dass sich Rolf Borzik, ihr Lebensgefährte seit Jahren, mit einigen originellen Kostümideen bei den ersten Stücken (*Fritz* und *Iphigenie auf Tauris*) eingebracht hatte. So wagte es Wüstenhöfer, den jungen unbekannten Mann als Bühnenbildner zu engagieren – *Orpheus und Eurydike* wurde die erste Zusammenarbeit von Pina Bausch und Borzik. »Das war ein riesiges Geschenk für uns beide. Dieses Vertrauen von Wüstenhöfer: zwei Anfängern eine Chance zu geben«, sagte Pina Bausch später.

In »E la nave va« vo
Federico Fellini, Ro
1983

Aufführung des Tanztheaters Wuppertal beim Festival »Theater der Welt«; Pina Bausch war zu diesem Zeitpunkt mit ihrem Sohn Salomon schwanger, Köln, 1981

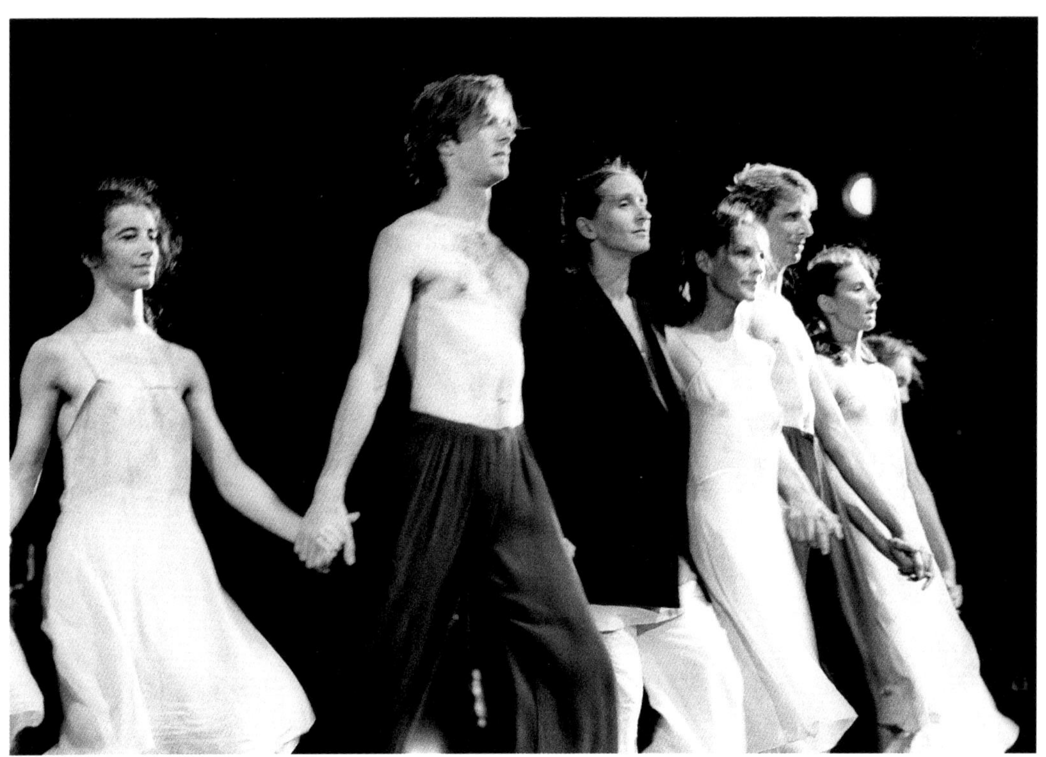

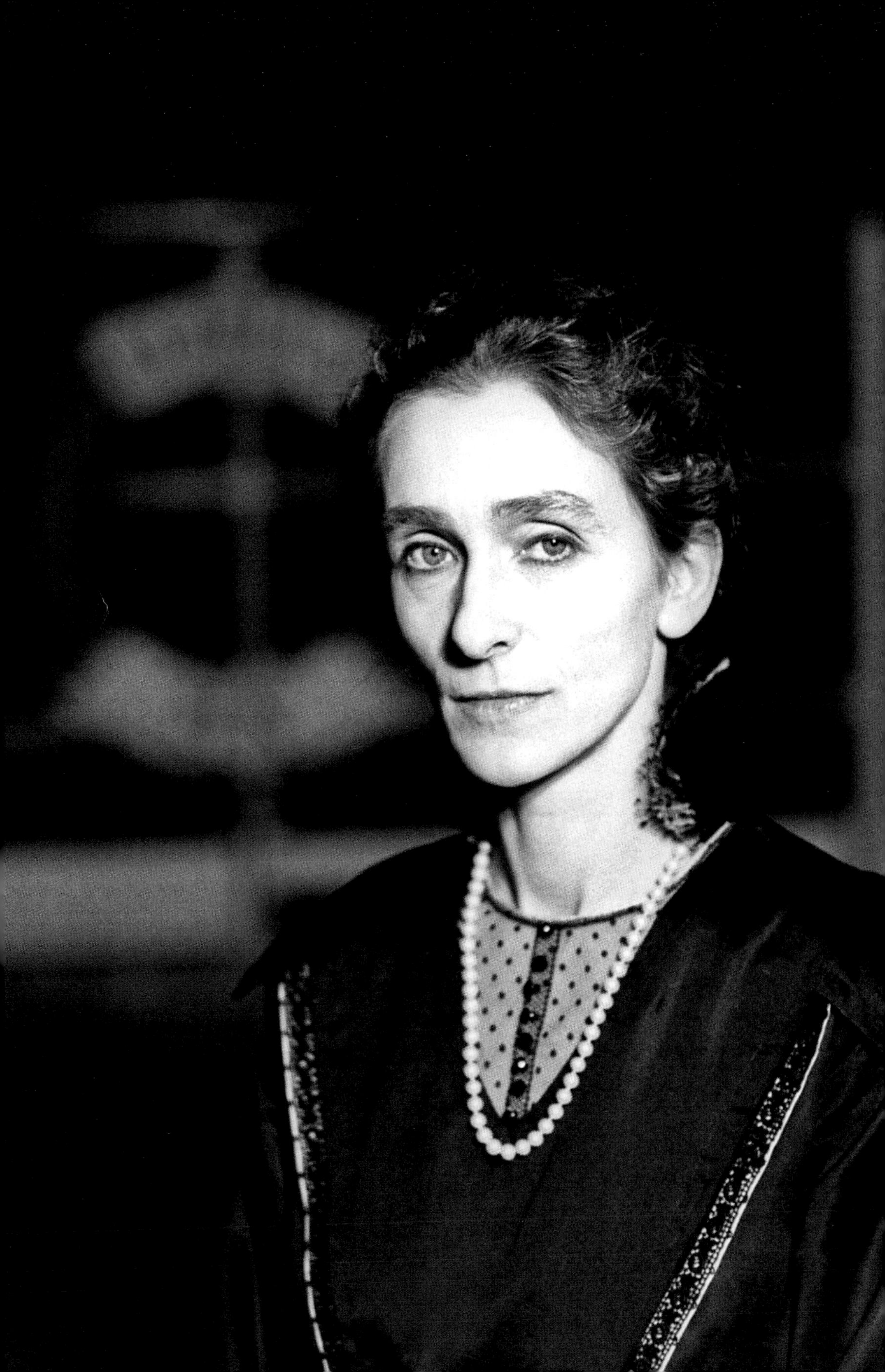

Rolf Borzik hatte Grafik in Essen studiert. Er hatte nie daran gedacht, Bühnenbildner zu werden, so wenig, wie Pina Bausch Choreographin werden wollte. Es gibt ein Foto (siehe Seite 65), das Pina Bausch und Rolf Borzik zeigt, wie sie nebeneinander gehen – an sich nichts Bemerkenswertes, doch *wie* sie gehen, das ist verblüffend: im Gleichschritt. Ein einfaches Bild von großer Aussagekraft. Zwei Menschen – ein Mann, eine Frau, er Zeichner, Fotograf, Bühnenbildner, sie Choreographin und Tänzerin, zwei eigenständige Personen – gehen nebeneinander in völliger Übereinstimmung. Es sind zwei Künstler, die zusammen arbeiten, etwas gemeinsam entwickeln, formen, versuchen – zwei Künstler, die sich gegenseitig inspirieren, die sich aufeinander verlassen können in allen künstlerischen Fragen, bei allen Versuchen, Zweifeln, vielleicht auch Verzweiflungen beim Entstehen eines neuen Stückes.

»Rolf war einfach immer da. Bei allen Proben, allen Besprechungen, immer«, so Pina Bausch. Genau so, wie Hanna Jordan es vorhergesagt hatte. »Wir haben zusammen herumgesponnen und überlegt, denn bei jedem neuen Stück gab es anfangs immer lauter verschlossene Fenster. Die hat er mit vielen Ideen aufgemacht.« Oft habe es in den Werkstätten geheißen: »Das geht doch gar nicht.« Aber der Bühnenbildner Rolf Borzik wusste immer, wie es ging.

Er war vielseitig begabt: ein Zeichner, der sein Handwerk beherrschte vom akademischen Zeichnen bis hin zur Figur- und Tierzeichnung, hingeworfen im freien Strich. Er war Fotograf, der auf Reisen oder in seiner direkten Arbeitsumgebung immer jenen richtigen Ausschnitt fand, der eine Stadt, ein Land, eine Begegnung, einen Menschen charakterisierte und lebendig machte. Er war ein Bühnenbildner, der Bühnenräume erfand von einer

Kühnheit wie bis dahin kein anderer: wild, poetisch, zart, erschreckend, verstörend. Bühnenräume für Träume und Albträume, für all die vielschichtigen, vieldeutigen und rätselhaften Bilder, die Pina Bausch mit ihren Tänzern dort entwickelte.

Rolf Borzik war ein Bühnenkünstler von einer bewundernswerten Unbedingtheit: Für den Abend »Die sieben Todsünden« ging er mit Bühnentechnikern in die Stadt, machte dort Abgüsse von Straßenprofilen, um sie so – realistisch – auf die Bühne zu bringen. Für andere Stücke holte er die Natur auf die Bühne und machte sie zur Kunst. Erde bedeckt den Bühnenboden in *Le Sacre du printemps*, Laub in *Blaubart*, Bäume, Gestrüpp, Reisig in *Komm tanz mit mir*, und in Arien ist es das Urelement Wasser. So wurde die Natur – Erde, Laub, Wasser – zum Partner des Tänzers auf der Bühne , aber auch zum Widerpart, zu einem Element der Reibung. Kraftvoll und heftig müssen sich die Tänzer mit diesen Elementen auseinandersetzen, sich gegen sie wehren – Natur als Freund und Feind zugleich, Schönheit und Bedrohung. Wie auch die Tiere, die Borzik auf die Bühne geholt hat, als selbstverständliche Gefährten des Menschen, ob Krokodil oder Nilpferd. Sie sind sanft und gefräßig – wie die Liebe, um die es in allen Stücken von Pina Bausch geht.

Am Ende sehen Borziks Bühnenräume stets anders aus als zu Beginn: wüst, leer, zerstört, aufgewühlt. Auch die Tänzer sind verändert und gezeichnet von Erde, Laub und Wasser – sie erzählen das intensiv gelebte Leben, also auch von Vergänglichkeit, Tanz als Leben, Leben als Tanz. Borzik selbst hat seine Bühnenräume »freie Aktionsräume« genannt, Räume, die »uns zu frohen und grausamen Kindern machen«.

Der Tänzer Lutz Förster erzählt: »Borzik hatte einen wunderbaren Humor und grandiose Ideen. Zum Beispiel hat er bei

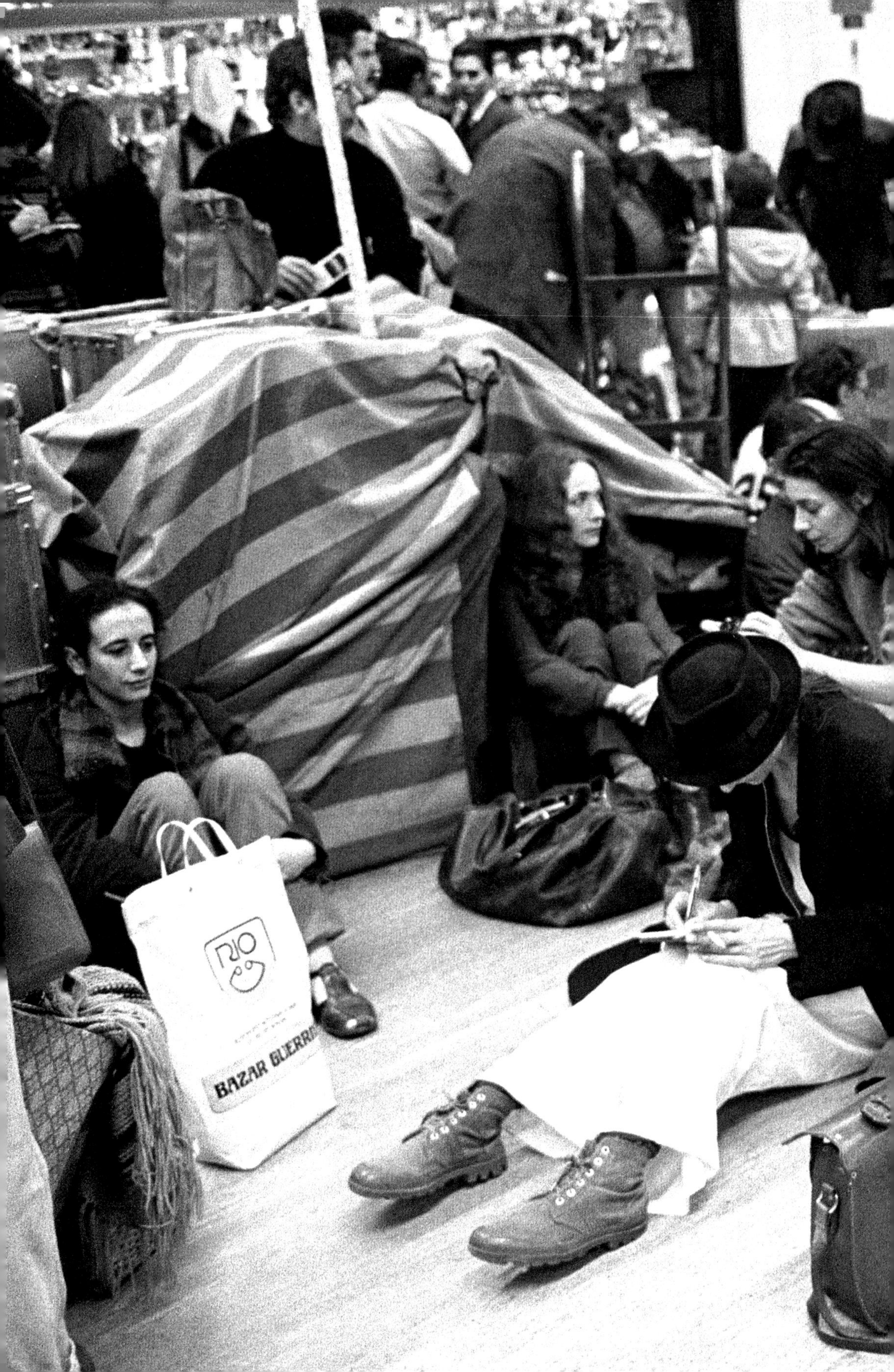
RIO
BAZAR GUERRA

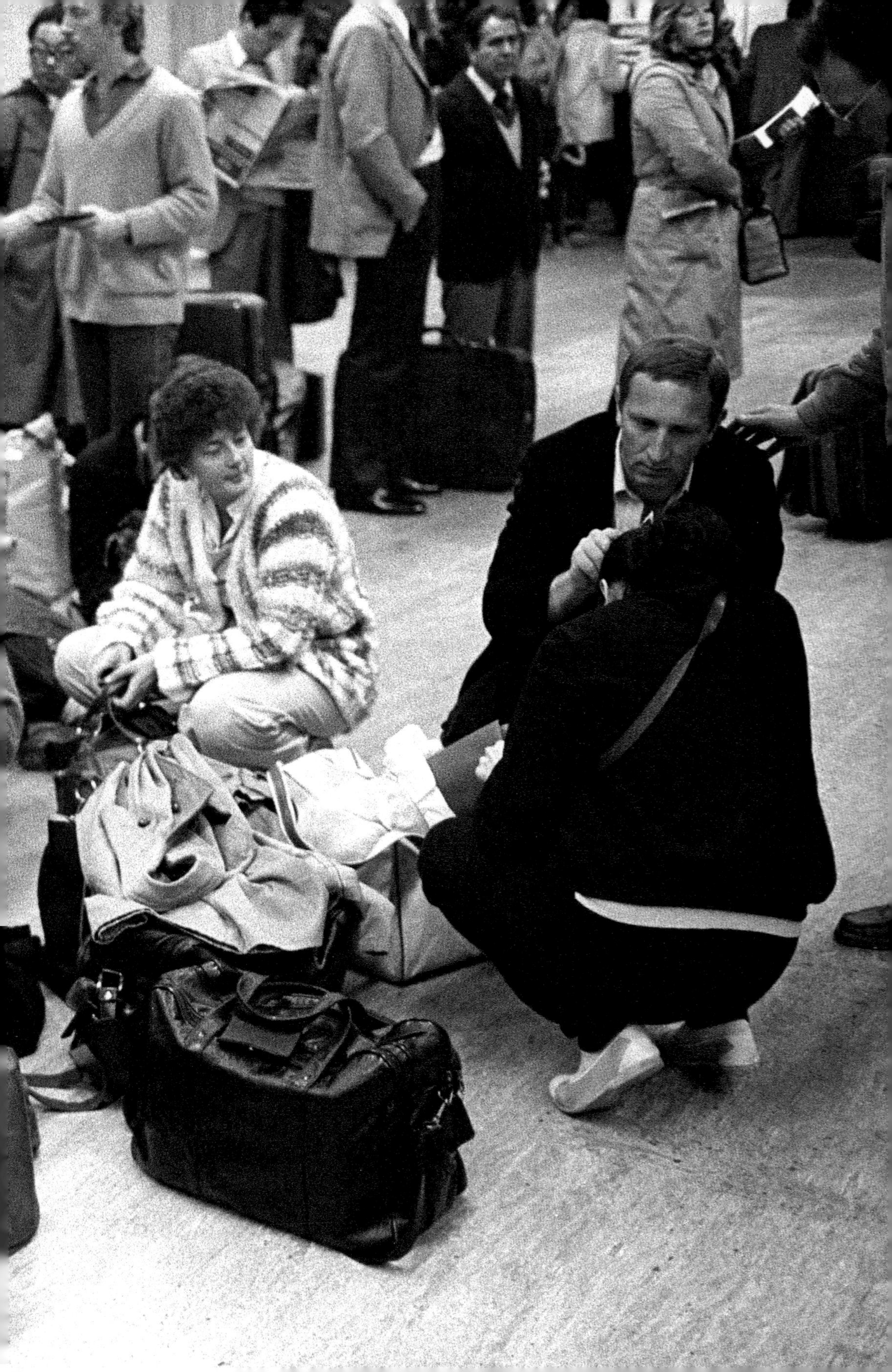

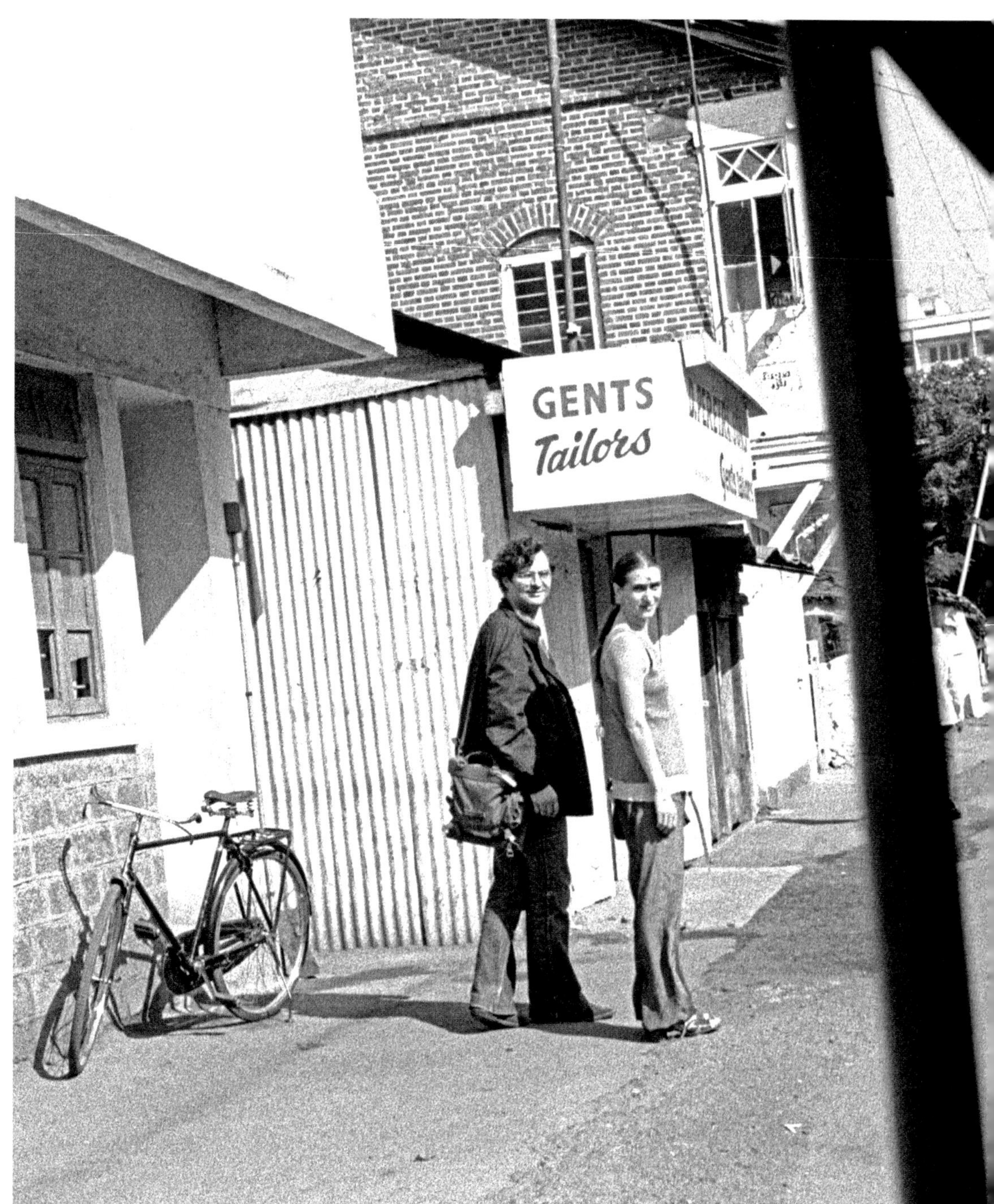
GENTS
Tailors

e 72/73:
Flughafen in
de Janeiro,
tzigerjahre

ke Seite:
Rolf Borzik
ndien, 1978

einem späten Essen, nach einer Probe, herumgezeichnet, so wie fast immer, meist auf Papierservietten. Plötzlich war da auf dem Papier ein Nilpferd. Pina: ›Rolf, ich brauche kein Nilpferd, ich brauche ein Stück.‹ Das Nilpferd (aus Pappe, mit Statisten im Inneren) spielte dann im Stück *Arien* eine wichtige Rolle.«

In diesen Anfangsjahren suchte sich Pina Bausch ihre Tänzer in aller Welt zusammen. Auch eine Schauspielerin war dabei: Mechthild Großmann. Sie lernte Pina Bausch 1975 kennen, als sie in Wuppertal als Gast die Lady Milford in Schillers *Kabale und Liebe* spielte. Man traf sich in der Kantine, sprach miteinander, Pina Bausch sah sich Mechthild Großmann auf der Bühne an, diese sah *Orpheus und Eurydike* – und war »völlig mit den Nerven runter«. So etwas hatte sie noch nie gesehen. Und dann lud Pina Bausch sie zum Vorsingen ins Opernhaus ein. Die Choreographin plante einen Brecht/Weill-Abend und brauchte neben Tänzern Schauspieler und Sänger. Mechthild Großmann hatte noch nie gesungen. Aber sie ging tapfer ins Opernhaus, um den Song »Surabaya-Johnny« aus *Happy End* vorzutragen, schrecklich nervös, »vor lauter Verkrampftheit hatte ich ein Bein angezogen wie ein Flamingo«. Und das Gesicht verdeckte sie während des Vorsingens mit dem hochgezogenen Notenständer. Vor ihr saßen Pina Bausch und Rolf Borzik. (Er hat dieses merkwürdige Vorsingen zeichnend festgehalten.) Am Ende eine lächelnde Pina Bausch: »Wollen wir es zusammen versuchen?«

Die Proben zum Brecht/Weill-Abend »Die sieben Todsünden« begannen. Mechthild Großmann kam »in eine andere Welt«. Die Zusammenarbeit als Schauspielerin mit den Tänzern, die besondere, sehr persönliche, quasi umarmende Form der Probenarbeit mit Pina Bausch – Mechthild Großmann spürte: Da war eine Suche nach Wahrhaftigkeit, die sie bisher nicht erlebt hatte.

Und eine Choreographin, die jeden einzelnen in seiner Eigenheit und Eigenständigkeit ernst nahm und förderte. Und ein Bühnenbildner, »der uns Flügel verleihen konnte. Er war ein Zauberer.«

Vier Lieder sang Mechthild Großmann in *Fürchtet Euch nicht*, dem zweiten Stück des Abends. Nach der Premiere »haben Pina und Rolf mich angestrahlt – da war etwas ganz Tolles passiert«. Anschließend ging Mechthild Großmann zum Tanztheater Wuppertal, zuerst als Gast, dann als Ensemblemitglied für mehr als 30 Jahre. Mit ihrer ungewöhnlich tiefen, rauen, verführerischen Stimme, die zum Markenzeichen wurde, und mit ihrer Begabung für Burschikosität, Frechheit, Frivolität, Boshaftigkeit sollte sie viele Stücke prägen.

Den Anfang machte ein Stück, das Pina Bausch als Wendepunkt in ihrer Arbeit bezeichnete. Es war im sechsten Wuppertaler Jahr, 1978. Die Deutsche Shakespeare-Gesellschaft bat Pina Bausch, ein Stück von Shakespeare in Bochum zu inszenieren. Vermittelt hatte das der Regisseur Peter Zadek, der in Bochum mehrere Jahre Intendant war und mit einigen Shakespeare-Inszenierungen für Furore gesorgt hatte. Pina Bausch aber war keine Sprechtheater-Spezialistin – sie musste sich etwas anderes einfallen lassen. Sie entschied sich für *Macbeth*, aber mit der Idee, »ein freies Stück zu machen auf der Basis des *Macbeth*-Dramas«.

Hier, so sagte Pina Bausch später, habe ihre Arbeitsweise begonnen, die sie bis zuletzt beibehalten hat. Ihr Ensemble bestand aus vier Tänzern, vier Schauspielern, einer Sängerin und einem Assistenten, der, ursprünglich Konditor, dann Schauspieler wurde und von Claus Peymann ans Wiener Burgtheater engagiert wurde, an dem er heute noch spielt.

Bisher hatte Pina Bausch bei ihren Choreographien Pläne entworfen, hatte die Bewegungen selbst ausprobiert und sie dann

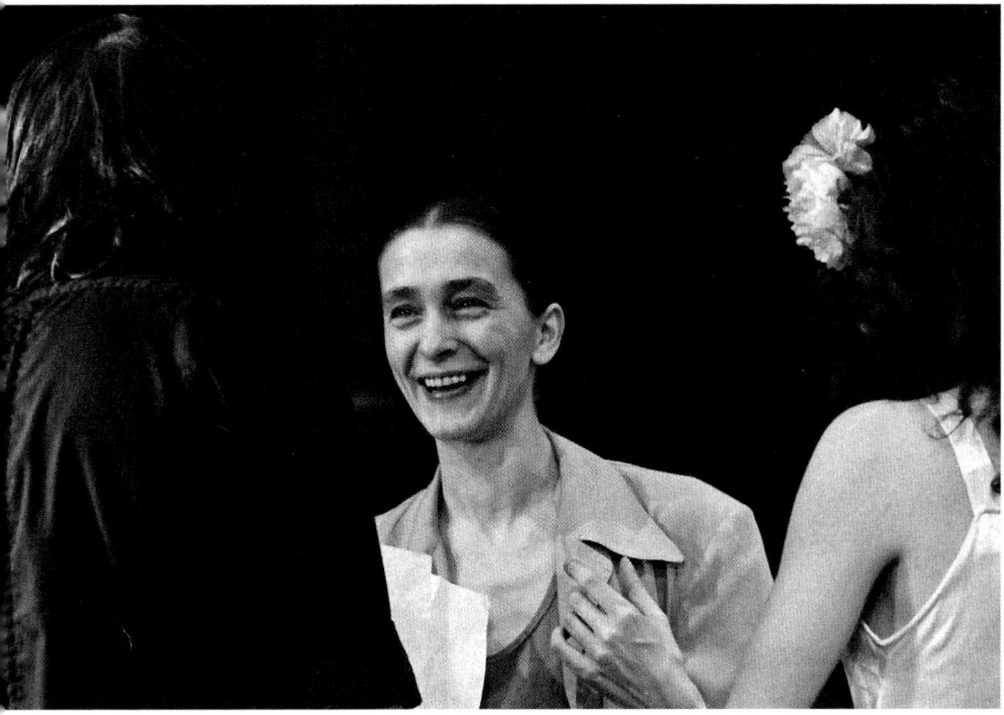

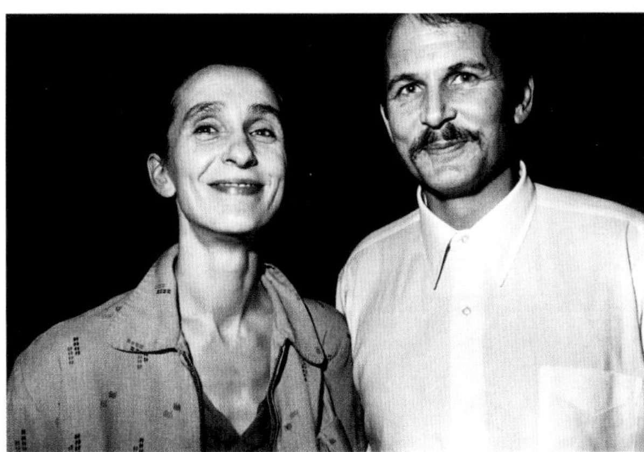

Mit Ronald Kay, »Festival of Arts«,
Adelaide, 1982

den Tänzern gezeigt. Bei *Macbeth* ging das nicht mehr. »Ich musste mir etwas anderes ausdenken. So begann ich, Fragen zu stellen.« Es waren die Fragen, die sie an sich selbst hatte. »So ist diese offene und doch ganz genaue Arbeitsweise aus einer Not heraus entstanden.«

Allerdings hatte Pina Bausch schon bei den Proben zu ihren früheren Choreographien Dinge gesehen, die ihre Phantasie angeregt hatten. Sie entdeckte bei ihren Tänzern unterschiedliche Qualitäten. »Jeder hatte etwas Besonderes. Und jeder regte meine Phantasie auf besondere Weise an.« So spürte sie den Wunsch, dass diese speziellen Qualitäten in die Stücke einfließen sollten. »Ich wusste, dass ich Stücke machen musste, in denen es nicht nur ein oder zwei Hauptrollen gab und die anderen spielen Gruppe. Denn ich fand alle meine Tänzerinnen und Tänzer wichtig in ihrer Unterschiedlichkeit.«

Das *Macbeth*-Stück wies ihr den Weg, wie sie ihre zukünftige Arbeit entwickeln sollte. Es hieß nicht *Macbeth*, sondern wurde genannt *Er nimmt sie an der Hand und führt sie in das Schloss, die anderen folgen* – nach einer Regieanweisung von Shakespeare. Wie der Titel andeutet, handelt es sich um eine *Macbeth*-Paraphrase. Es gibt keinen Handlungsablauf mehr, sondern Motive aus *Macbeth* wurden in Alltagssituationen übersetzt, komisch und tragisch, von den Akteuren weiterphantasiert, mit wenigen Shakespeare-Zitaten und allen Mitteln der Körpersprache. *Macbeth* – ein Familiendrama von heute. Die Bühne – ein Schlachtfeld der Gefühle.

Mechthild Großmann erinnert sich: »Man wusste am Anfang gar nicht, wo das hinging oder was man machte, weil man Situationen aus *Macbeth* für sich neu erfand. Gar nicht der Versuch, das Stück nachzuspielen, sondern die Situationen: Schlaflosigkeit, Angst, Händewaschen, die merkwürdige Liebe von Lady Macbeth zu Herrn Macbeth, Mann, Frau, Unschuld, Schuld, Verzweiflung – alle Männer waren irgendwie Macbeth, alle Frauen waren irgendwie Lady Macbeth, nur zu verschiedenen Situationen.« Sie selbst, eine lustvolle Kindfrau, erzählt auf der Bühne die Geschichte vom Ritter M., eine Mischung aus Kinderaufsatz, *Bildzeitung* und Klatschblättern. Diese kindliche Nacherzählung begleitete sie mit zarten, aggressiven, obszönen Bewegungen. Wie alle anderen Akteure rennt, schreit sie, ist laut und wild, aber auch klein und schutzbedürftig. Am Ende sitzt sie tränenüberströmt, mit verschmiertem Gesicht, fast 20 Minuten in einem Sessel.

Die Bochumer Premiere: ein Riesenskandal. Zwischenrufe, Türknallen, Schreien, Toben – die Professoren der Shakespeare-Gesellschaft fühlten sich angegriffen und provoziert. Mechthild Großmann: »Einer von der Gesellschaft kam später zu mir und sagte, er fände mich ja ganz toll als Schauspielerin – wie ich so etwas mit so einer Person machen könnte.«

Auch Jo Ann Endicott erinnert sich noch heute mit Schrecken an diese Premiere: »In der Anfangsszene liegen wir alle stumm auf der Bühne. Nach etwa zehn Minuten begannen Leute im Publikum zu schreien: ›Geht nach Hause.‹ – ›Aufhören.‹ Ich lag vorn auf der Bühne. Und dann hat es mir gereicht. Ich bin aufgestanden und habe mit meinem schlechten Deutsch mit ganz zittriger Stimme gesagt: ›Geht ihr doch nach Hause, lasst uns hier in Ruhe und lasst uns unser Stück spielen – geht doch einfach nach Hause zu eurem Fernsehen.‹ Dann bin ich abgegangen. Nach kurzer Zeit bin ich wiedergekommen, habe mich auf meinen Platz gelegt, und mein nächster Text war: ›Helft mir fort.‹ Ja, dann war Ruhe.«

Pina Bausch hatte die Tänzerin Jo Ann Endicott 1973 kennengelernt. Die Australierin war gerade aus ihrer Heimat nach

London »geflohen«, weil sie für das dortige Ballettensemble zu dick geworden war. In London hatte sie verschiedene Jobs, um Geld zu verdienen, trainierte jedoch weiter. Pina Bausch sah das pummelige junge Mädchen: eine Tänzerin, die so gar nicht dem asketischen Bild einer Ballerina entsprach, aber eine besondere Ausstrahlung hatte. Pina Bausch engagierte sie sofort. Jo Ann Endicott erinnert sich an ein prägendes Erlebnis in Wuppertal: Sie spielte im frühen Stück *Wind von West*, einem Teil des Abends »Frühlingsopfer« (1975). Ihr Kostüm: ein durchsichtiges grünes Chiffonkleid. »Es war sehr durchsichtig. Ich war pummelig in diesem Kleid. Ein Kollege sagte zu mir: ›Jo, vielleicht ist es besser, du könntest unter dem Kleid Schattierungen mit dunkler Schminke machen, das wäre vorteilhafter für dich.‹ Pina sagte: ›Was, spinnst du? Du musst so bleiben, wie du bist, du bist doch wunderschön, so, wie du bist.‹ Ich lag am Anfang auf der Bühne, eine ganze Zeit. Dann stand dieses Mädchen im grünen Chiffonkleid auf und fing an, wunderschön zu tanzen. Da konnte das Publikum vielleicht verstehen, was Pina in mir gesehen hat, dieses Tanzen, dieses Reine. Klar, ich war nicht wie andere Tänzerinnen, hatte auch ein dickes Gesicht – aber ich konnte tanzen, und ich konnte mich zeigen, so, wie ich bin. Und Pina mochte mich, so, wie ich war, wie ich bin.«

Jo Ann Endicott wurde in den folgenden Jahren zu einer der wichtigsten Darstellerin des Tanztheaters Wuppertal. Auch sie ging von Wuppertal weg, um sich anderswo auszuprobieren. Aber sie kam immer wieder und wurde schließlich Assistentin und Probenleiterin von Pina Bausch.

Lutz Förster studierte noch an der Folkwang-Hochschule Tanz, als ihn Pina Bausch einsetzte. »Den großen Tänzer mit der großen Nase und der schönen zweiten Position«, den wollte sie haben. So tanzte er als Gast zum ersten Mal 1975 in der Kompanie, in *Le Sacre du printemps*, und studierte bis zum Examen weitere drei Jahre in Essen.

Nach einer Vorstellung 1978 bat er Pina Bausch um ein Gespräch. »Ja gern«, war die Antwort, »gleich beim Spanier.« Aber im Restaurant waren viele Menschen, ein persönliches Gespräch war nicht möglich. Um zwei Uhr morgens bestellte Pina Bausch ein Taxi. Das Auto war noch nicht losgefahren, da drehte sie sich zu ihm um und fragte, worüber er denn mit ihr reden wolle. Er würde gern Mitglied des Tanztheaters werden, jetzt, nach seinem Abschluss. Darauf Pina Bausch: »Das will ich doch auch. Worüber sollen wir denn noch reden?«

Die folgenden zwei Jahre waren, so Förster, eine »unglaublich intensive Zeit«. Die Kompanie war fast rund um die Uhr mit Pina Bausch und Rolf Borzik zusammen. Nach der Vorstellung wurde diskutiert bis in die späte Nacht, in einem kleinen Café im Barmer Bahnhof, unweit des Opernhauses, oder in einem kleinen Restaurant in der Nähe des Probenraums. »Es ging fast immer um die Arbeit, um das jeweilige Stück, weniger um einen selbst.« Es war die Zeit, in der sich Neues Schritt für Schritt entwickelte. Die Stücke erzählten nicht mehr *eine* Geschichte, sondern viele kleine Geschichten von Liebe und Zärtlichkeit und der Angst davor, aber auch der Sehnsucht danach. Von Einsamkeit und Unglück, Macht, vor allem der Männer über die Frauen, Kampf, vor allem der Geschlechter. Dabei ging es Pina Bausch nicht um die Emanzipation der Frau, sondern des Menschen – Feministin war sie nie.

Die Geschichten wurden keineswegs nur tanzend erzählt – im Gegenteil, es wurde lange Zeit immer weniger getanzt –, stattdessen rannten die Tänzer über die Bühne, sprangen an den Wänden hoch, schrien, lachten, weinten, erzählten Witze, absurde

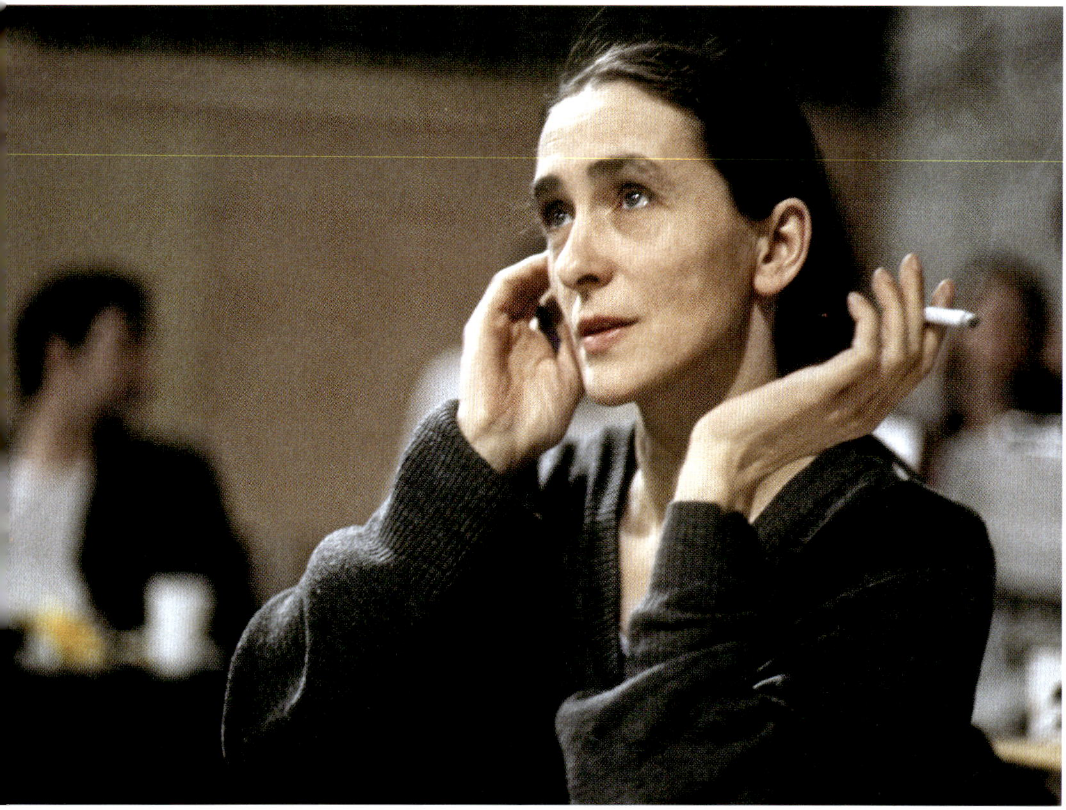

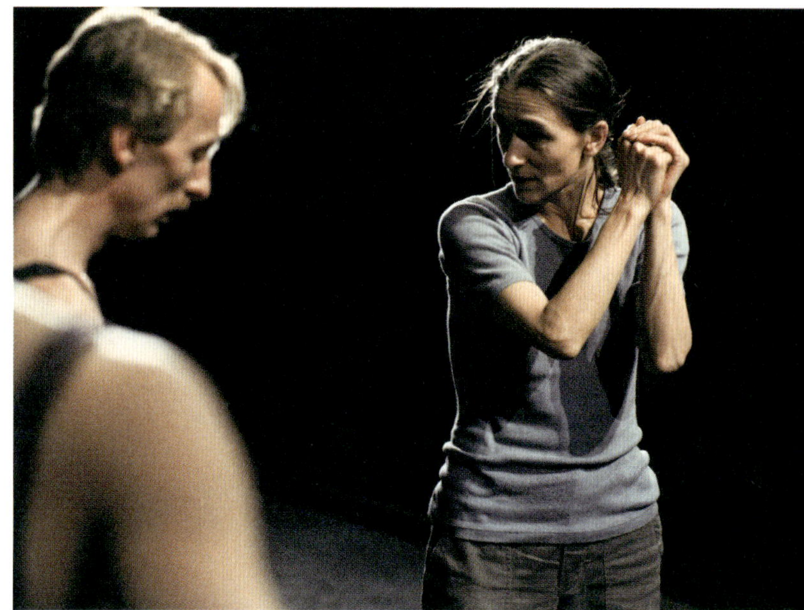

Bei den Proben von »Auf dem Gebirge hat man ein Geschrei gehört«, Wuppertal, 1984

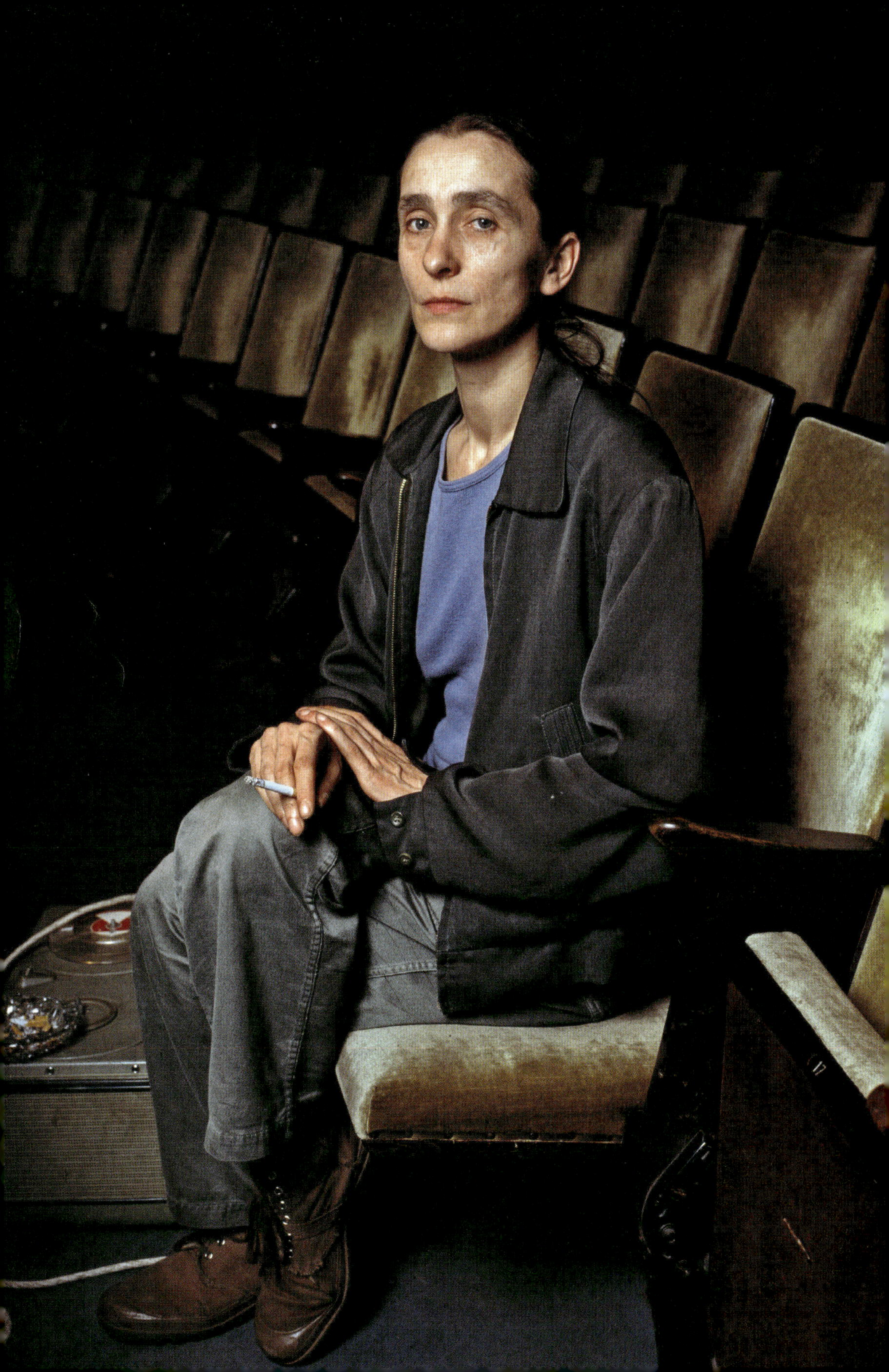

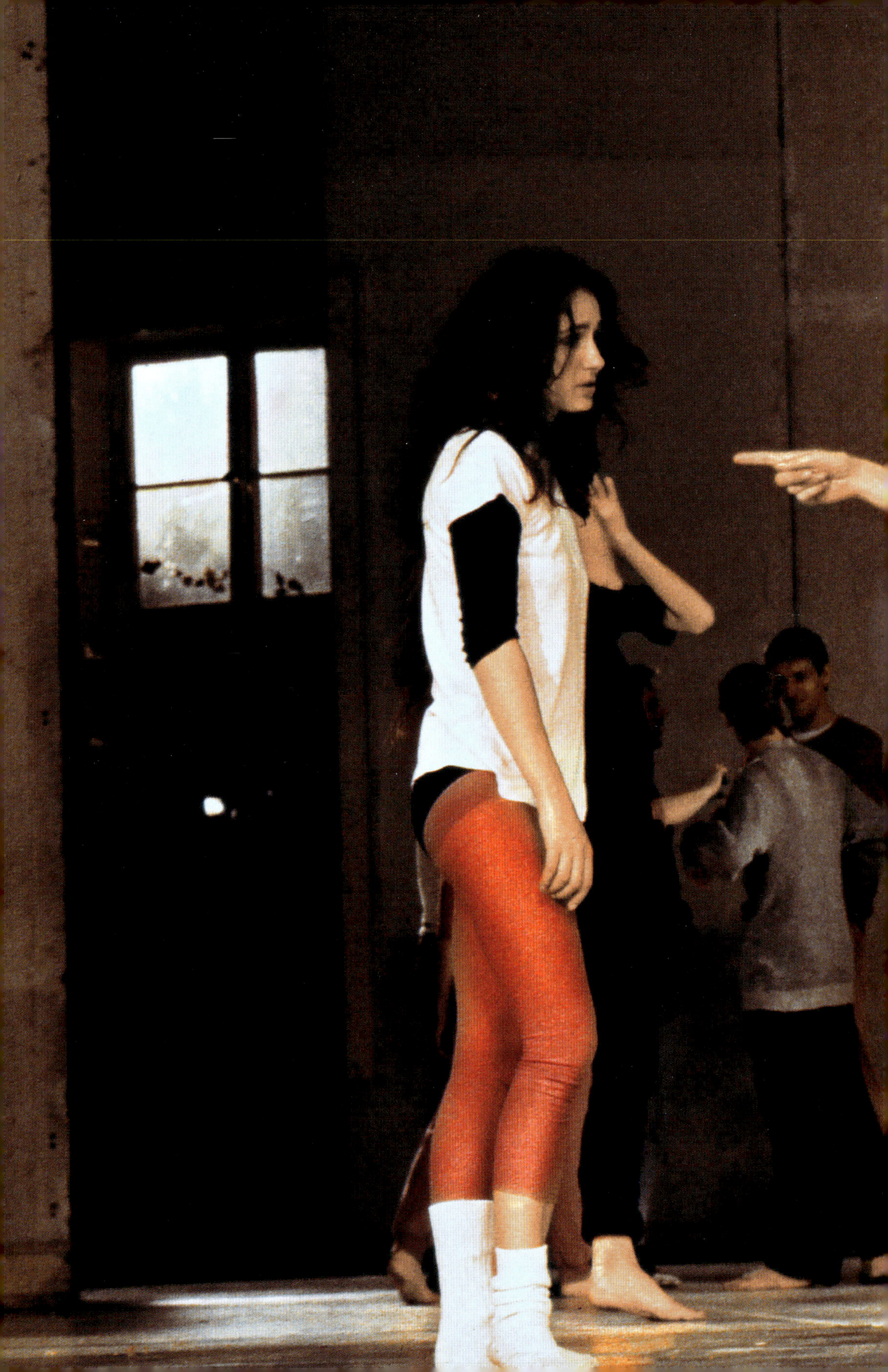

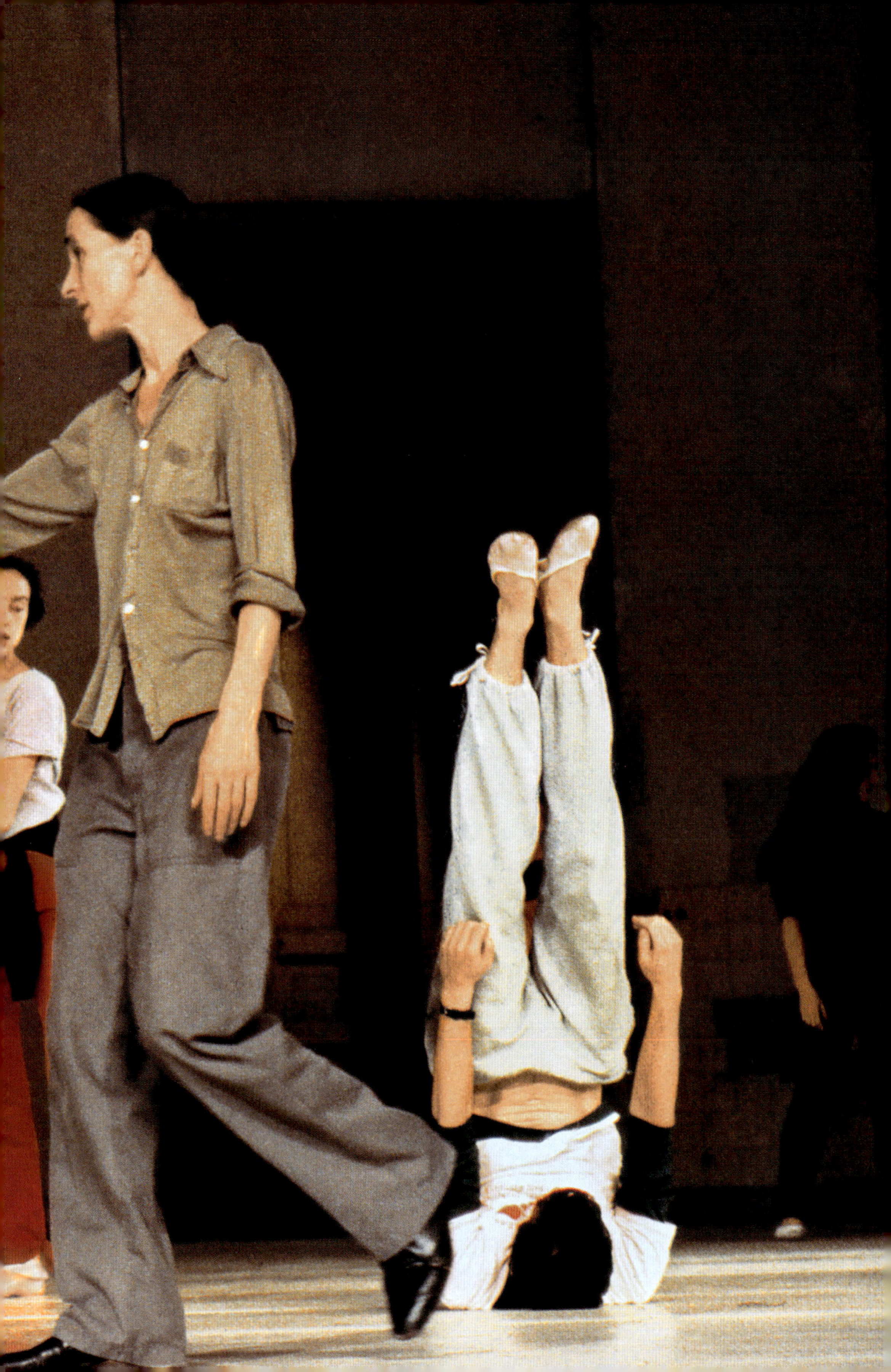

Seite 84/85:
Mit Mechthild Großmann, Probe zu »Blaubart« im Hamburger Schauspielhaus, »Tanztheaterwochen«, Hamburg, 1983

Geschichten, stellten Fragen. Bestimmte Strukturprinzipien – Collage und Montage, Wiederholungen, simultane Handlungen, szenische Zuspitzungen, Brechungen von ernsten und heiteren Situationen – unterstützten eine ungewöhnliche, eigenständige Körpersprache, die vor allem auf Schauspielregisseure großen Einfluss hatte. So entstand eine neue Bühnenästhetik: ein Theater aus Tanz, Sprache, Gesang, Musik, genannt Tanztheater. Dass sich in Wuppertal aufregend Neues ereignete, hatte sich in der deutschen Theaterszene bald herumgesprochen. Regisseure, Tänzer, Schauspieler von nah und fern pilgerten zu Pina Bausch. Der Dramatiker Heiner Müller – dessen Stücke im nahen Bochum von Claus Peymann (ur)aufgeführt wurden – sagte später, er könne eigentlich nicht im Theater weinen, aber bei Pina Bausch habe er geweint. Dieses Tanztheater sei so, wie man früher eingekauft habe: ohne Verpackung, »ein Theater ohne Plastiktüten«.

Das frühe Publikum wusste diese neue, antinarrative Erfahrung zunächst nicht einzuschätzen. Wie in Bochum, so pöbelte auch das Publikum in Wuppertal. Das Unverständnis artete lange Zeit sogar in Aggression aus. Empörte Zuschauer rannten türenknallend aus der Vorstellung, störten durch Zwischenrufe, die manchmal zu tumultartigen Szenen im Zuschauerraum führten. Es gab böse anonyme Anrufe bei Pina Bausch zu Hause oder im Probenraum, so konnte etwa jemand kurz vor einer Tournee in den Hörer rufen: »Ich hoffe, ihr stürzt ab.« Pina Bausch ging zeitweise aus Angst nur in Begleitung ins Theater. Und wenn ein Tänzer eine Wohnung in Wuppertal suchte, verschwieg er, dass er bei Pina Bausch tanzte. Einmal empfahl ein Rezensent seinen Lesern: »Die Musik ist sehr schön. Sie können ja die Augen schließen.«

Pina Bausch gab zu, dass das schon wehgetan habe und nicht einfach so an ihr abgeglitten sei. »Aber ich bin ja kein

Mensch, der einfach aufgibt. Ich laufe nicht weg, wenn eine Situation schwierig ist.« Ihr war jedoch bewusst, dass die Abkehr vom Ballett, wie es vor ihr in Wuppertal zu sehen war, sehr krass gewesen ist. Das Wuppertaler Publikum habe sein Ballett sehr geliebt. Dass es auch eine andere Art von Schönheit geben könne, eine Schönheit, zu der auch Schrägheit, Rauheit, Sprödigkeit, Schrecken gehöre, das habe man nicht verstanden. Das Publikum habe sich provoziert gefühlt. »Ich wollte aber nicht provozieren. Das war nie meine Absicht.« Sie habe nur versucht, etwas so ehrlich zu zeigen, wie sie es für richtig hielt. »Ein großer Teil des Publikums hat nicht verstanden, worüber ich zu sprechen versuchte.« Diese schwierige Zeit habe aber nicht nur Kraft gekostet, sondern auch Kraft gegeben.

Es hat einige Jahre gedauert, bis Pina Bausch verstanden und geliebt wurde (und jeder Wuppertaler Vermieter stolz war, einen Bausch-Tänzer zu beherbergen). Denn Pina Bausch hat bis zu ihrem Tod über das Leben gesprochen – und damit nicht nur über sich, sondern auch über die Menschen, die im Publikum saßen, über deren Ängste, Träume, Freuden, Hoffnungen. »Mich interessiert nicht, wie die Menschen sich bewegen, sondern was sie bewegt.« Dieser viel zitierte Satz blieb bis zuletzt gültig.

Aber nicht nur ein Teil des Publikums hat sich verweigert. Auch der Opernchor und das Orchester wollten nicht mit Pina Bausch auf eine andere als die gewohnte Weise zusammenarbeiten. Diese Haltung hat Pina Bausch gezwungen, Neues auszuprobieren. In den Gluck-Opern hatte sich der Chor allen Ideen verweigert. Bei *Orpheus und Eurydike* sollten alle auf hohen Stühlen auf der Bühne sitzen. »Aber sie stellten sich stur – nein.« Am Ende hat Pina Bausch die Chorsänger aus dem Publikum heraus singen lassen.

»Als wir den Brecht/Weill-Abend machten, meinte das Orchester: ›Das ist doch keine Musik.‹« Das hat natürlich auch sehr geschmerzt. Als sie *Le Sacre du printemps* choreographierte, war die Besetzung des Orchesters so groß, dass es nicht in den Orchestergraben passte. »Also haben wir *Sacre* mit Tonband gemacht. Mit einer wunderbaren Einspielung von Pierre Boulez.«

Bei *Blaubart* (nach Béla Bartóks Oper *Herzog Blaubarts Burg*) konnte Pina Bausch ihre ursprüngliche Idee nicht verwirklichen, weil der ihr zur Verfügung gestellt Sänger einfach kein Blaubart war. »In meiner Not überlegte ich mit Rolf Borzik eine ganz andere Interpretation.« Borzik konstruierte einen Wagen, auf dem ein Tonbandgerät montiert wurde; das lange Kabel war an der Decke des Raumes befestigt. Diesen Wagen konnte Blaubart – in der Uraufführung von dem Tänzer Jan Minařík gespielt – schieben und mit ihm laufen, wohin er wollte. Er konnte die Musik zurückspulen, ganze Sequenzen oder Sätze wiederholen. »Durch das Vor- und Zurückspulen konnte er sein Leben untersuchen.« Manche Kritiker allerdings empfanden die zerhackte Musik als Vergehen an Bartók. Der in Prag geborene Jan Minařík war »ein ganz wichtiger Darsteller und Mitarbeiter des Tanztheaters« (Pina Bausch). Er prägte viele Bausch-Stücke mit seinen unverwechselbaren erfundenen, kleinen, absurden Geschichten.

Um die Probleme mit Chor und Orchester zu umgehen, benutzte Pina Bausch beim nächsten Stück *Komm tanz mit mir* ausschließlich alte Volkslieder, die je eine Tänzerin selbst sang, begleitet von einer Laute. Auch beim folgenden Stück *Renate wandert aus* kam die Musik nur noch vom Band – lediglich in einer einzigen Szene spielte ein Pianist im Hintergrund.

So hat Pina Bausch zusammen mit Rolf Borzik aus der Not eine Tugend gemacht. Aus den Verweigerungen wuchsen neue Ideen. Damals sei ihnen das gar nicht bewusst geworden, aber im Rückblick, so Pina Bausch, sei da doch etwas sehr Schönes entstanden. Ganz nebenbei, aber nicht unwichtig: Die Musik vom Band war eine große Hilfe bei Gastspielen. Mit einem Orchester konnte man auch damals nicht in alle Welt fahren – aus Kostengründen. Aber es gab überraschende Erlebnisse: In den Niederlanden und Belgien wie auch in New York gab das Tanztheater Wuppertal *Le Sacre du printemps* und den Abend »Die sieben Todsünden« mit Orchester. Pina Bausch: »Das war wie ein Traum.«

Auch die Tänzer hatten zu Beginn der neuen Arbeit mit den Fragen, mit dem Ausprobieren ihre Schwierigkeiten. Sie wollten sich ja als Tänzer zeigen, wollten das, was sie gelernt hatten, auf der Bühne vorführen. Bei der neuen Arbeitsweise von Pina Bausch hatten sie Angst, dass das Tanzen ganz aufhört. »Da musste ich oft viel Geduld haben. Das waren richtige Kämpfe mit Verletzungen.«

Auch in dieser Zeit hat Rolf Borzik geholfen, die Steine wegzuräumen, die ihnen in den Weg gelegt wurden: »Er hat mich immer unterstützt und beschützt.« Sein letztes Bühnenbild machte Borzik für das Stück *Keuschheitslegende*. Da wusste er schon, dass er nicht mehr lange leben würde. Pina Bausch: »Am Ende wurde es für Rolf Borzik immer wichtiger, etwas richtig zu machen und nicht bloß irgendetwas zu machen. Wenn jemand ernsthaft krank ist, geht es nicht mehr um Spielchen.«

»Diese *Keuschheitslegende* ist kein tragisches, trauriges Stück, sondern ein eher heiteres, fröhliches, mit einem Gefühl von Lust zum Leben und zur Liebe. Rolf Borzik wollte es so.« Lutz Förster erinnert sich an die Proben: Pina Bausch stellte das Thema »Überlebensmaßnahmen«. Förster erfand eine kleine Geschichte, wie man Regenwürmer einsammelt und dann isst. Nach einer Probe kam Borzik zu ihm und sagte: »Du hast den besten Satz soeben ausgelassen.« – »Welchen?« – »Wenn man die Regenwürmer vorher nicht in Wasser legt, dann knirscht es so zwischen den Zähnen.« Oder die Geschichte mit den Geldmünzen: Die Männer ließen Münzen fallen, sammelten sie auf, um gleichzeitig den Frauen unter die Röcke zu gucken. Förster: Auch das war Borziks Idee. Mechthild Großmann spielte in *Keuschheitslegende* zehn verschiedene Rollen. Als kleines Mädchen sagte sie »versaute« Kindersprüche auf oder las Liebestexte vor, sexuelle Anweisungen von Ovid, die die Kompanie in grotesken Stellungen und Verrenkungen nachmachen musste. Die Komik blieb unvergesslich.

Im Januar 1980 starb Rolf Borzik nach langer Krankheit. Er wurde 35 Jahre alt. Pina Bausch wusste sofort, dass sie nicht in Trauer versinken dürfte. »Dieses Wissen gab mir Kraft.« Es sei im Sinne von Rolf Borzik gewesen, dass sie weiterarbeitete. »Ich hatte das Gefühl, wenn ich jetzt nichts mache, dann werde ich nie wieder etwas machen.« Sie wusste auch, dass sie ihrer Trauer eine Form geben musste – »indem ich ein neues Stück machte«. Dieses Stück hieß *1980*. Peter Pabst entwarf das Bühnenbild.

Mechthild Großmann: »Wir haben ein paar Tage nach der Premiere mit den Proben angefangen und in kürzester Zeit, wie ich finde, eines der schönsten Stücke von Pina gemacht. Und es war klar, dass es irgendwie ein Stück von und für Rolf war.« Die Proben seien auch deshalb so besonders gewesen, weil sie plötzlich von Pina Sätze gehört hätte, die sonst Rolf gesagt habe. Lutz Förster: »Wir haben versucht, Pina mit witzigen Einfällen aufzumuntern.« Zum Beispiel mit dem Versuch, tanzend zu kochen: eine seiner Ideen, die in *1980* einging.

Mechthild Großmann erinnert sich: »Es gibt sehr schöne Soloszenen. Die entstanden unter Pinas Stichwort ›Angst im Dunkeln‹. Da kommt Meryl Tankart auf die Bühne und erzählt, dass sie nie Angst im Dunkeln habe, aber sie guckt schon immer unter ihr Bett und sie guckt auch in ihr Bett, ob da jemand drin ist. Dann kommt Lutz Förster und erzählt, dass er nie Angst gehabt habe im Dunkeln, wenn er früher allein vom Bus nach Hause gegangen ist. Und ich erzähle, dass ich nie ohne Kerzen reiste, weil ich immer Angst hätte, wenn mal die Elektrizität ausfällt. Nach und nach kommen alle auf die Bühne, und jeder erzählt, und zuerst hört man noch solistisch, dann hört man Teile, Fragmente, und dann ein Riesendurcheinander, da reden 20 Leute, dass sie nie Angst im Dunkeln hätten, nie. Das ist auf der einen Seite sehr komisch, und auf der anderen Seite erzählt es genau von dieser Angst. Angst im Dunkeln ist ja auch die Angst vorm Sarg. Und durch die vielen Varianten – weil jeder es anders empfindet und sagt – erlebt man die ganze Palette von Angst – im Dunkeln.«

Das Stück geht alle Stationen eines Menschenlebens durch von der Kindheit mit ihren Kinderspielen bis zum Alter und dem Tod. Der Tanzpublizist Norbert Servos über *1980*: »Wenn ein Tänzer dasitzt und in der Erinnerung noch mal durchgeht, wie er gefüttert wurde und wie er ermuntert wurde ›Ein Löffel für Mama, ein Löffel für Papa‹ – das sind Erinnerungen an eine Kindheit als Heimat. Und in der Heimat ist man geborgen. Und das ist ein Moment, der Kraft gibt. Das ist eine wichtige Quelle, um überhaupt solche Abgründe von Trauer überstehen zu können. Es gibt gleichzeitig einen fein dosierten Humor, der auch mit Trauer umzugehen hilft. Und das ist es, was man nicht nur in *1980*, sondern in allen Stücken von Pina Bausch sieht: Sie sind ungeheuer reich, es sind wahnsinnig viele Facetten, und all diese Facetten legen einem nahe, wie man mit schweren Momenten im Leben umgehen kann.«

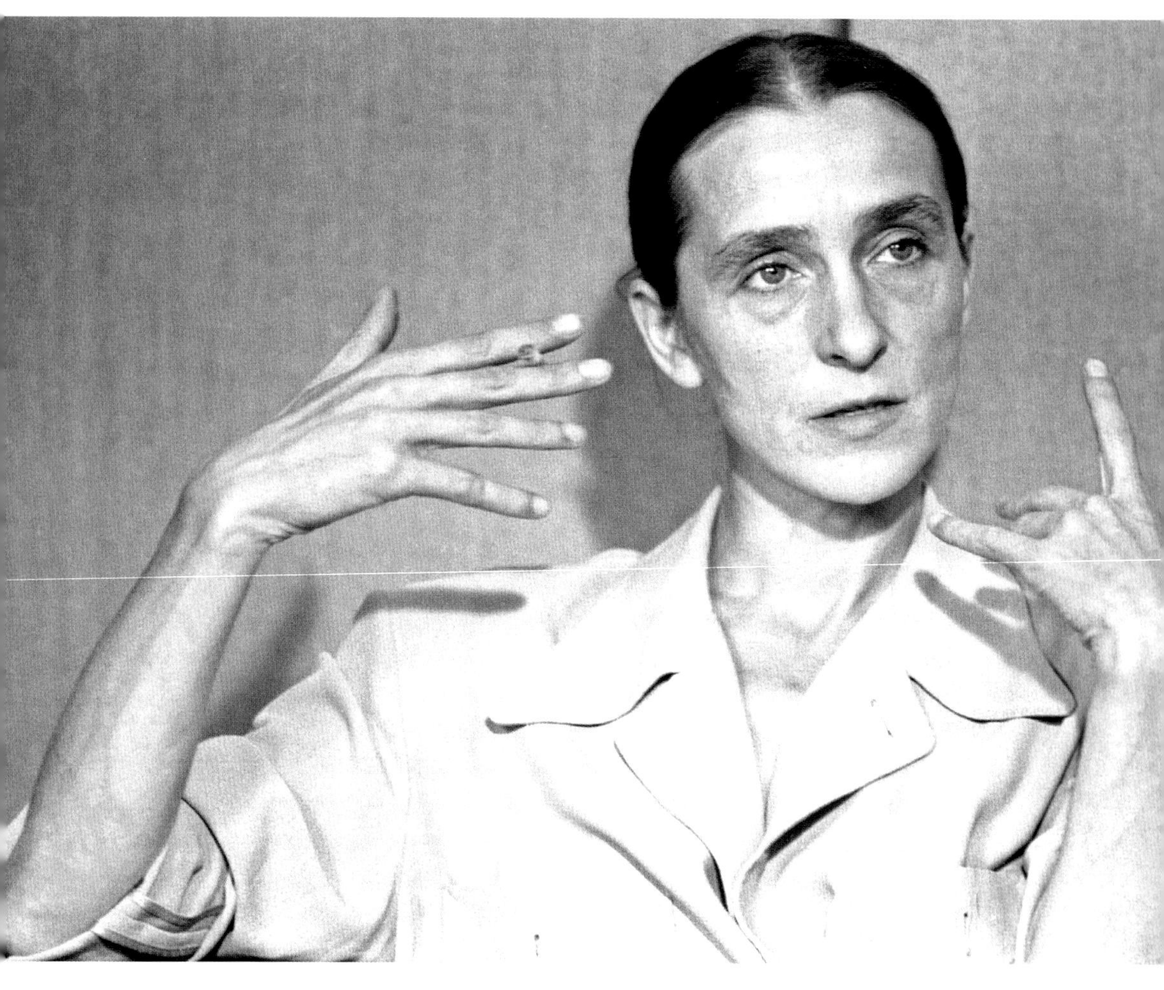

Im Gespräch, Wuppertal, 1983

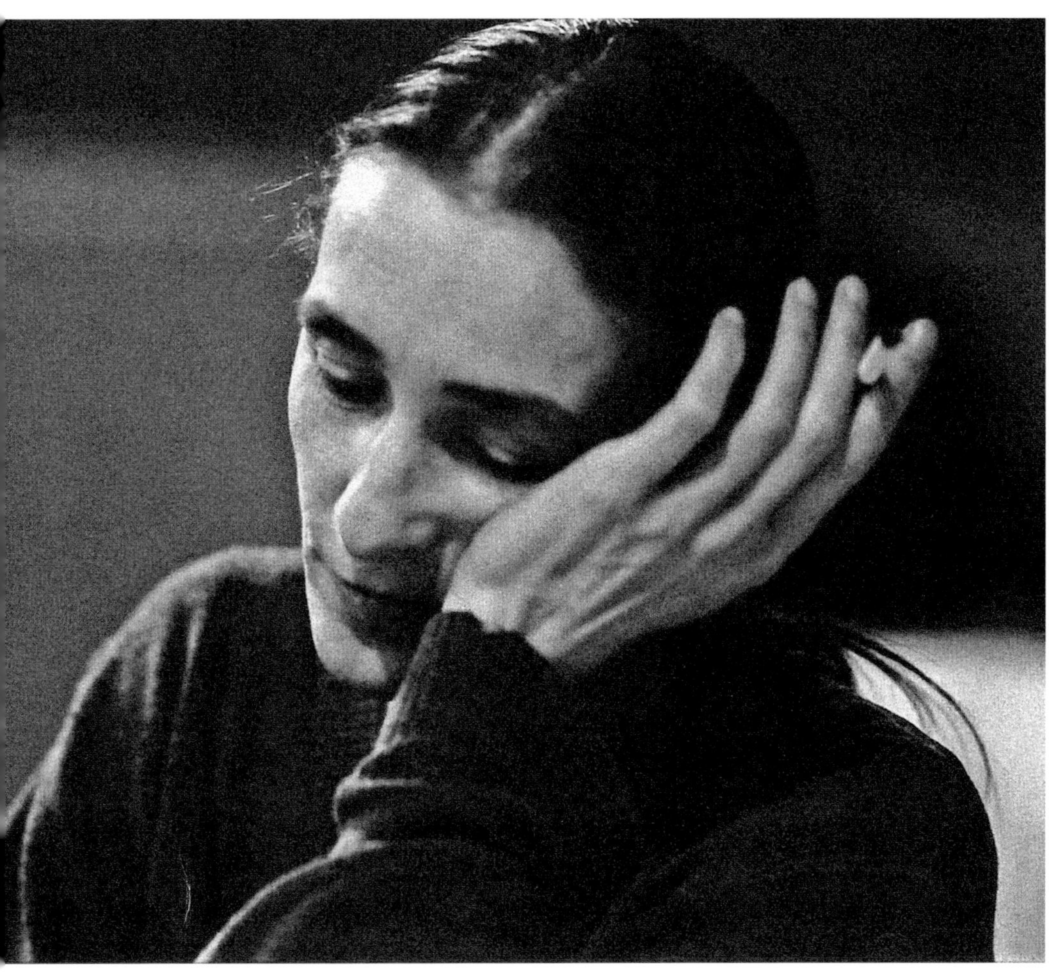

Porträt während der Proben in der »Lichtburg«, Wuppertal, 1984

SECHS

BÜHNENBILDNER PETER PABST

Die Arbeit mit der Choreographin sei anders als die mit Schauspiel- oder Opernregisseuren, sagt Peter Pabst. Der wesentliche Unterschied bestehe darin, dass Pina Bausch kein fertiges Thema wie im Schauspiel, keine Musik wie in der Oper, keinen Text, keine Basis für eine Bildidee, keine durchgehende, zusammenfassende Idee habe. Pina Bausch entwickelt ihre Stücke bekanntlich mit den Tänzern, ganz langsam; sie stellt Fragen, gibt Stichworte, sieht den szenischen Vorschlägen der Tänzer zu, schreibt auf, sammelt Material, fügt zusammen. Die Entscheidung, wie das Bühnenbild auszusehen hat, fällt im Probenprozess extrem spät, oft erst kurz vor der Uraufführung. Für Pabst beginnt dann ein »irrsinniges Rennen«, die Werkstätten müssten »Wunder vollbringen«. Diese Arbeitsweise bedeute zwar »eine viel größere Freiheit« als in der Oper oder im Schauspiel, doch gebe es »viel größere Schwierigkeiten, eine Lösung zu finden«. »Die Zustände, ja die Agonie, durch die man da durchgeht, weil man nicht weiß, was man machen soll oder wo man hin soll, die sind schon gewaltig.« Auch nach den langen Jahren der Zusammenarbeit würden die quälenden und schwierigen Arbeitsphasen nicht weniger. Der Lohn aber sei, dass er jedes Mal merke, dass ihn die größere Freiheit auch zu ausgefalleneren Lösungen führe.

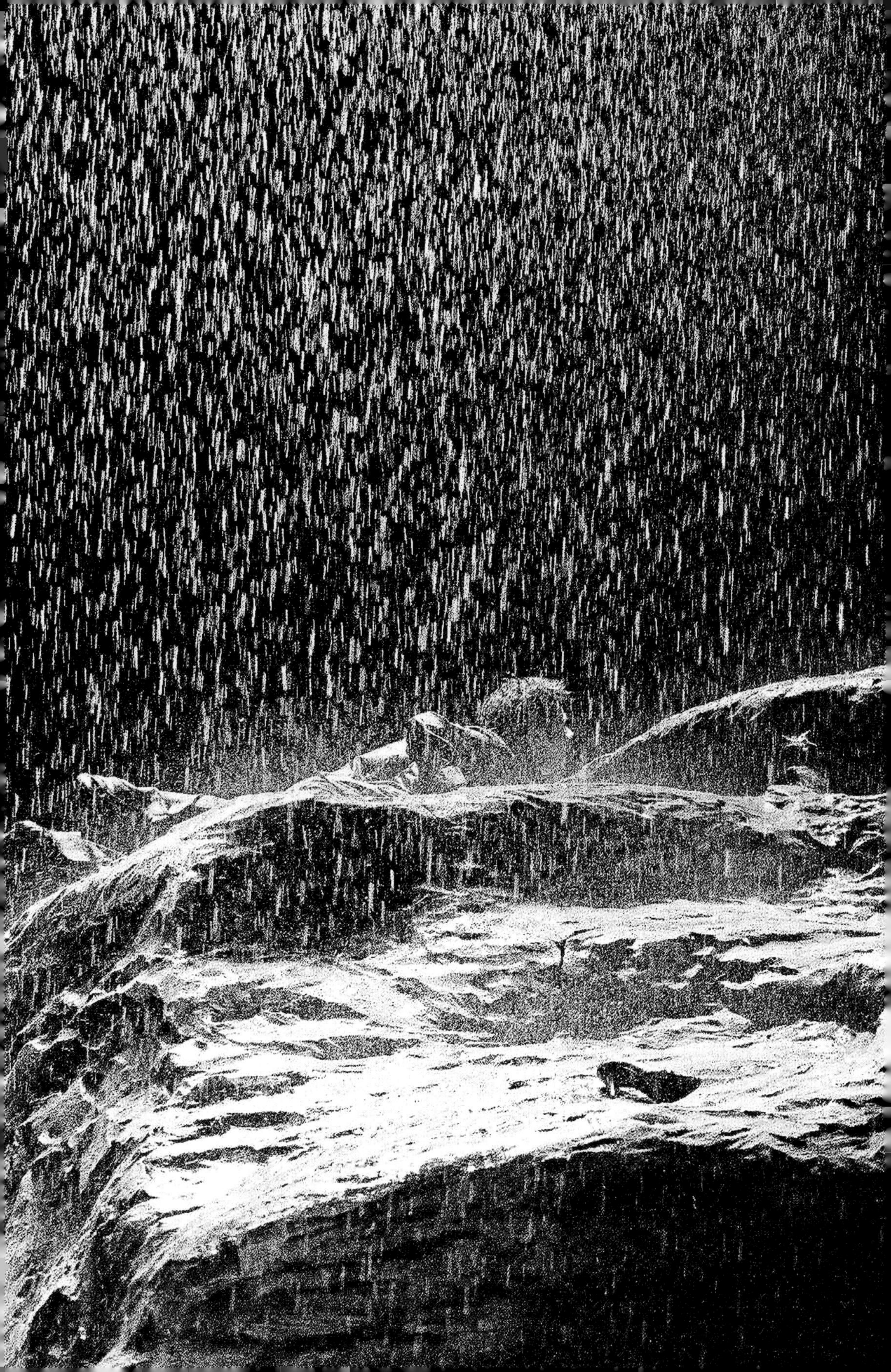

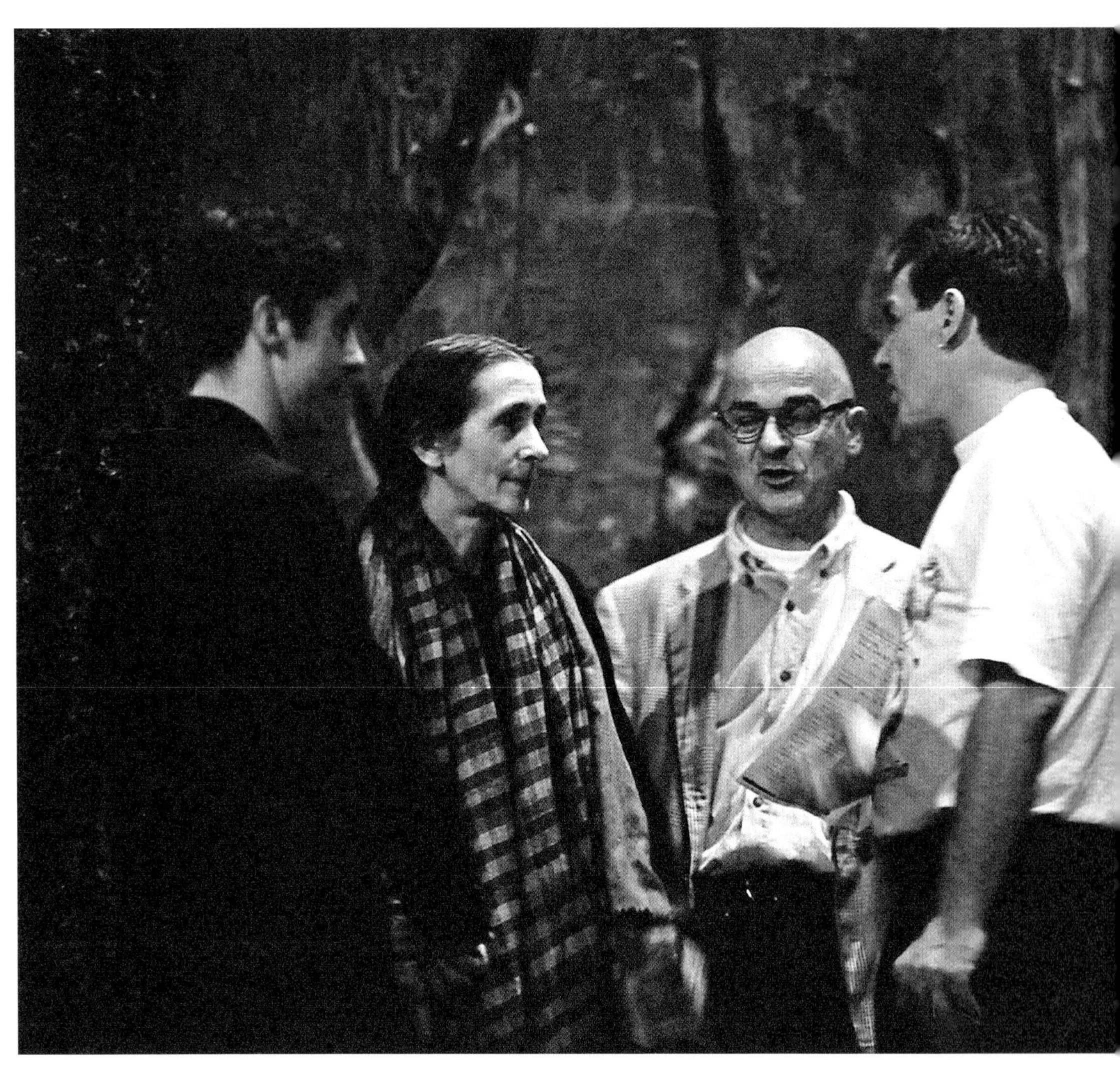

:e 95:
ınenbild
Vollmond«,
ppertal, 2006

ke Seite:
: Peter Papst
·. links), Probe
»Nur Du«,
ppertal, 1996

Für viele dieser Lösungen hat er die Natur auf die Bühne geholt. Er ließ den Bühnenboden bedecken mit Erde, Gras oder Wasser; er hat eine Schneelandschaft aus zehn Tonnen Salz aufschütten, Erdwälle aufschaufeln, eine Quelle sprudeln und versiegen lassen; er ließ Nebel und rasende Wolken über die Bühne jagen, hat Tannen und Kirschbäume aufstellen lassen; er ließ Sand regnen, Schnee und Kirschblüten fallen und Gewitterregen prasseln. Für den Bühnenbildner ist die Spannung zwischen Natur und dem Kunstraum Theater ungeheuer stark, die Reibung und die Kraft, die dabei entstehen. Außerdem habe die Natur mit ihren unendlichen Variationen etwas Unverbrauchtes. »Nirgendwo sonst ist die Anregung so ergiebig«, sagt Pabst. Aber ganz gleich, mit welchen Ideen der Bühnenraum gestaltet wird: Ein Bühnenbildner muss gleichzeitig kreativ und technisch-organisatorisch begabt sein. Das sei, so Pabst, die Voraussetzung für diesen Beruf. Man könne nicht nur schöne Bilder im Kopf und auf dem Papier haben, man müsse auch wissen, wie sie zu verwirklichen sind, also den Handwerkern in den Werkstätten sagen, wie es geht. Das, gibt er lachend zu, mache ihn eigentlich »zu einem Hochstapler«, sobald er einen Vertrag unterschreibe. Denn er wisse ja zu dem Zeitpunkt noch gar nicht, ob seine Ideen technisch umzusetzen seien.

Peter Pabst, 1944 in der heute zu Polen gehörenden Kleinstadt Grätz geboren und in Ost-Berlin aufgewachsen, hat an den Kölner Werkschulen studiert. 1973 erhielt er sein erstes Engagement am Bochumer Schauspielhaus, das damals von Peter Zadek geleitet wurde. Sechs Jahre blieb er dort; es waren Lehrjahre, die ihn für die Zusammenarbeit mit Pina Bausch auf ideale Weise vorbereiteten. Die Arbeit mit Zadek in Bochum, erinnert er sich, sei immer gleich verlaufen. Wenn ein neues Stück geplant war, dann »haben wir uns vier Tage eingeschlossen, geredet, Bilder geguckt, laut gedacht«. Eins war am Ende der Klausur klar: Alles, was man besprochen hatte, wurde schließlich anders gemacht. Man ging in die erste Probe, »ohne etwas zu wissen«. Zadeks wichtigster Lehrsatz hieß: »Wenn du weißt, wie etwas gehen soll, kannst du gleich aufhören, dann wird es langweilig.« Das eigentliche Abenteuer begann dann bei den Proben mit den Schauspielern: »Zadek liebt Schauspieler abgöttisch – und ich auch.« Gelernt habe er vor allem von Zadek, sich nie auf den Einfall des ersten Augenblicks zu verlassen, sich nicht mit der ersten Idee zufriedenzugeben, »sondern weiter zu kratzen, weiter neugierig zu bleiben, zu gucken, gibt es denn da noch mehr Reichtum in einem Thema«.

Bis heute bleibt für den Bühnenbildner Pabst der Schauspieler (Sänger/Tänzer) die wichtigste Person auf dem Theater. »Für ihn schaffe ich mit meinem Bühnenbild physische und optische Bedingungen. Ein Bühnenbild kann nie allein glänzen, sondern nur durch den Schauspieler.« Oder anders: Nicht das Bühnenbild soll die Geschichte(n) auf der Bühne erzählen, sondern der Schauspieler. So drängen sich die Bühnenbilder von Peter Pabst nie vor, sie sind Teil der Kunstproduktion »Theaterabend«. »Theater«, so Pabst, »entsteht aus der Auseinandersetzung mit unterschiedlichen Talenten.« Für ihn sei es jedes Mal eine glückhafte Überraschung, mit welch unglaublicher Courage die Tänzer sich auf das Bühnenbild einlassen.

Hat er je versucht, Pina Bausch von einer seiner Ideen zu überzeugen? »Nein, nie.« Er stelle sein Modell hin, »und wenn dann nach drei Minuten keine Antwort gekommen ist, räume ich es wieder weg.« Oft sei das allerdings nicht passiert. »Pina hat eine unglaubliche Fähigkeit gehabt, schnell zu kapieren und zu verstehen, was die Möglichkeiten des Bühnenbilds sind. Sie hat immer gefragt: Kann das noch was? Dann habe ich immer die Neigung

hur Rosenfeld, Lutz
ster, Pina Bausch,
rion Cito (von li.), bei
ben in der »Lichtburg«,
ppertal, 1984

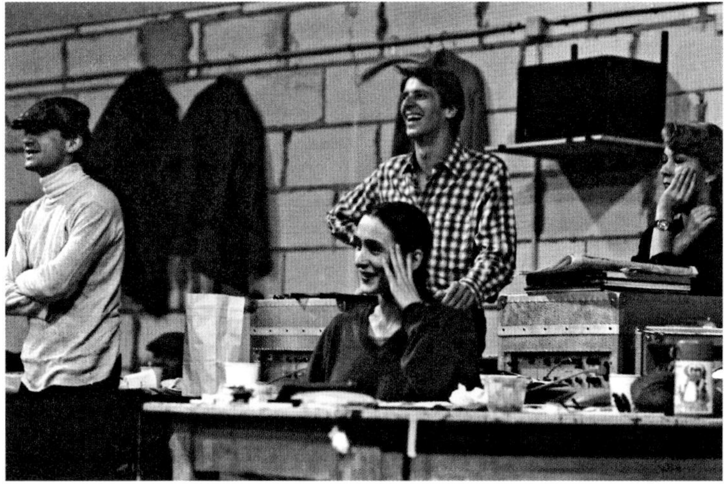

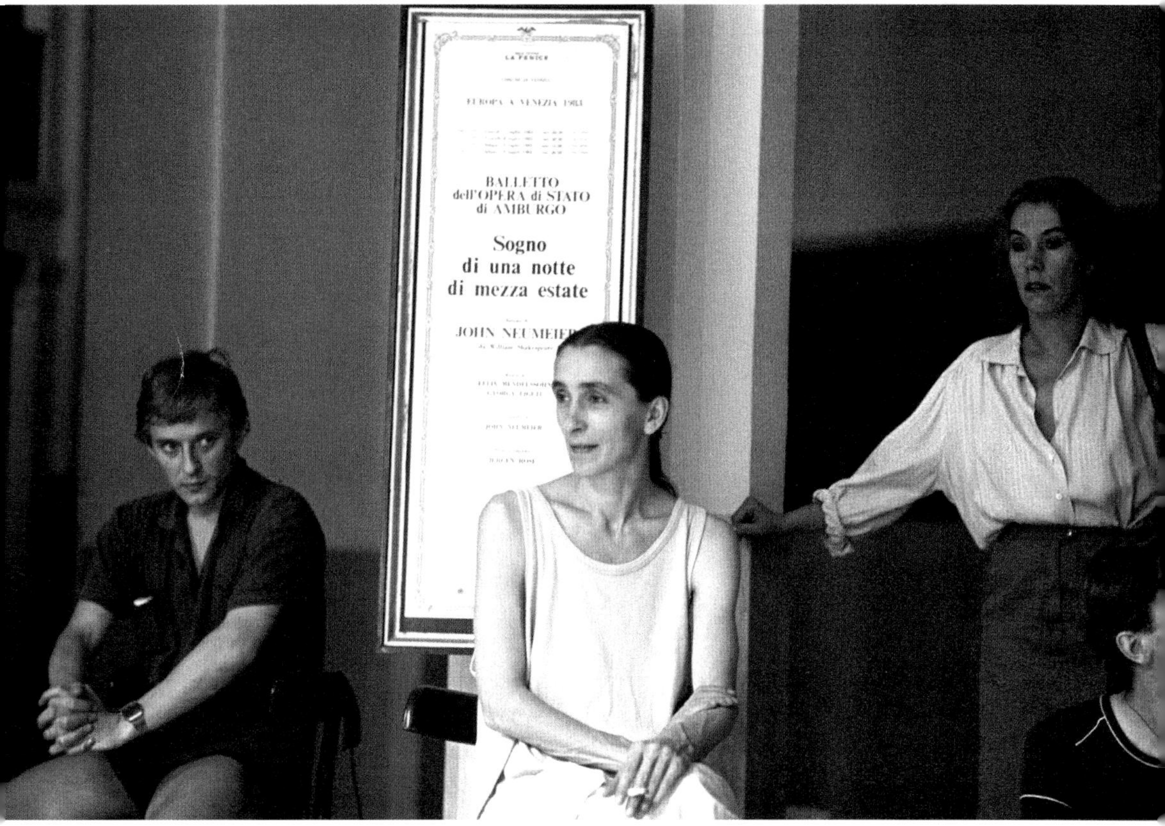

usz Subicz, Pina Bausch, Marion Cito
Teatro La Fenice, Venedig, 1986

gehabt, ihr das Blaue vom Himmel zu versprechen. Aber das musste ich dann auch einhalten. Da war zum Beispiel das *Wiesenland*. Bei der Frage, ob das noch was kann, hat es sich um eine fünfeinhalb Tonnen schwere, dreizehn mal zehn Meter hohe Felswand gehandelt, die vollkommen zugewachsen war mit Moos und auf der überall wie glitzernde Perlenschnüre kleine Wasserfäden raustropften und winzige, kaum hörbare Geräusche machten. Das war ein Monster, das Ding. Und bei Pinas Frage, ob das noch etwas könne, habe ich gesagt: Das können wir auch umlegen. Was dann schon ein großes Problem war.«

Haben seine Bilder eine bestimmte Bedeutung? Pabst verneint kategorisch. Jede aktuelle Deutung sei falsch. Hat er manchmal Ängste, dass ihm nichts mehr einfalle? Pabst lacht: »Von diesen Ängsten war ich immer beherrscht.« Diese Ängste seien so groß, dass »es eine der größten Leistungen ist, mit ihnen überhaupt fertig zu werden«.

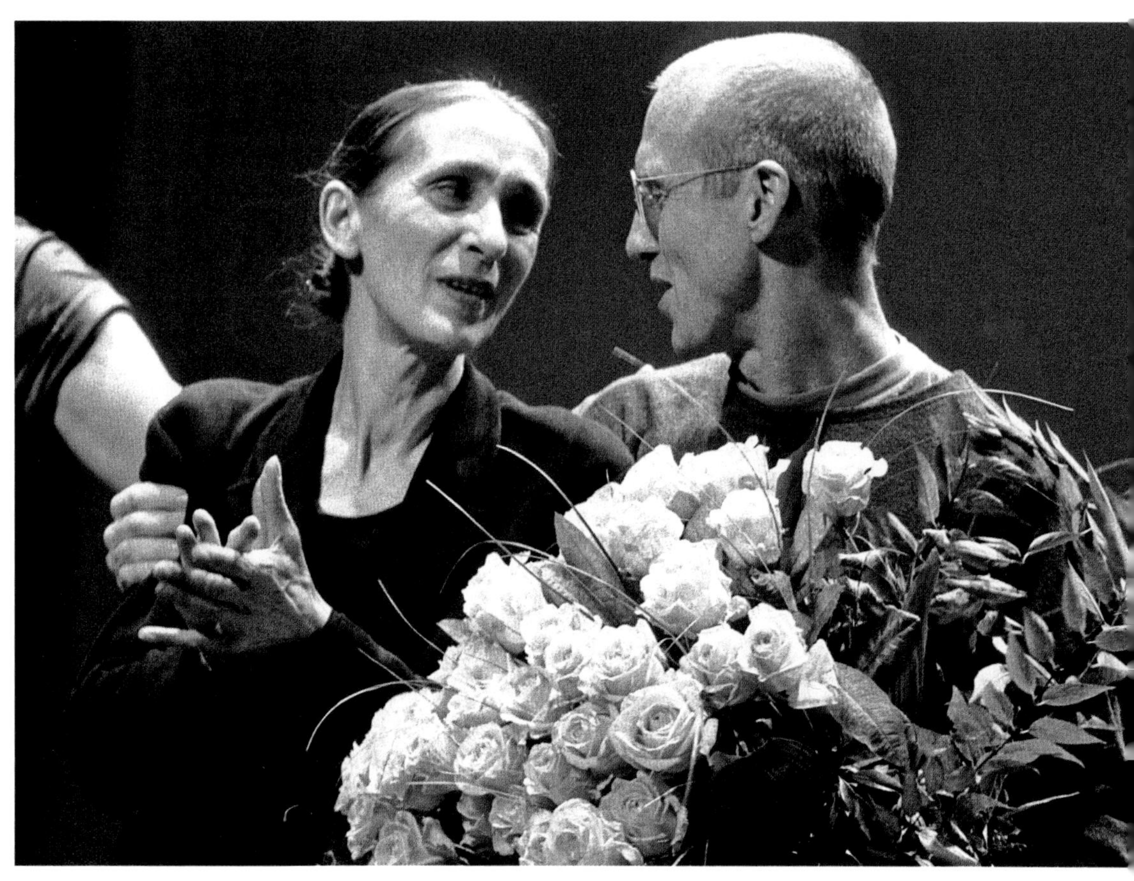

Mit William Forsythe, »25 Jahre Tanztheater Wuppertal«, 1998

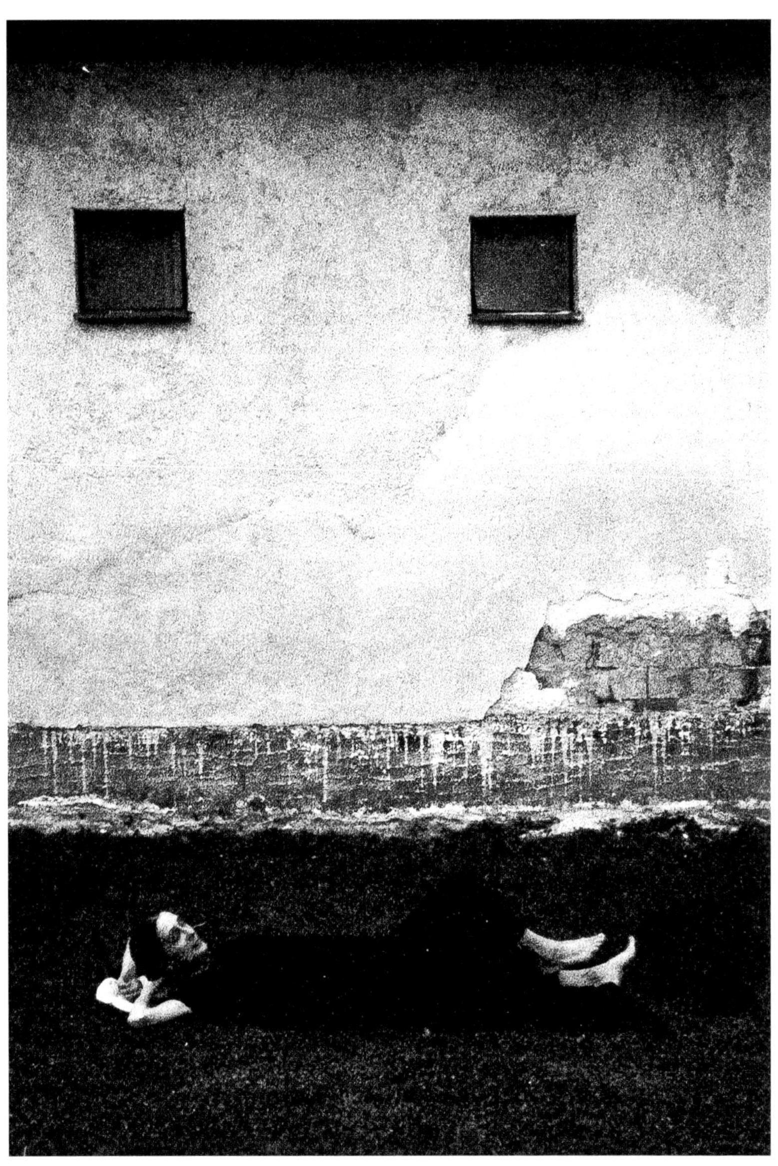

Während der Studien zu »Wiesenland«,
Budapest, 1999

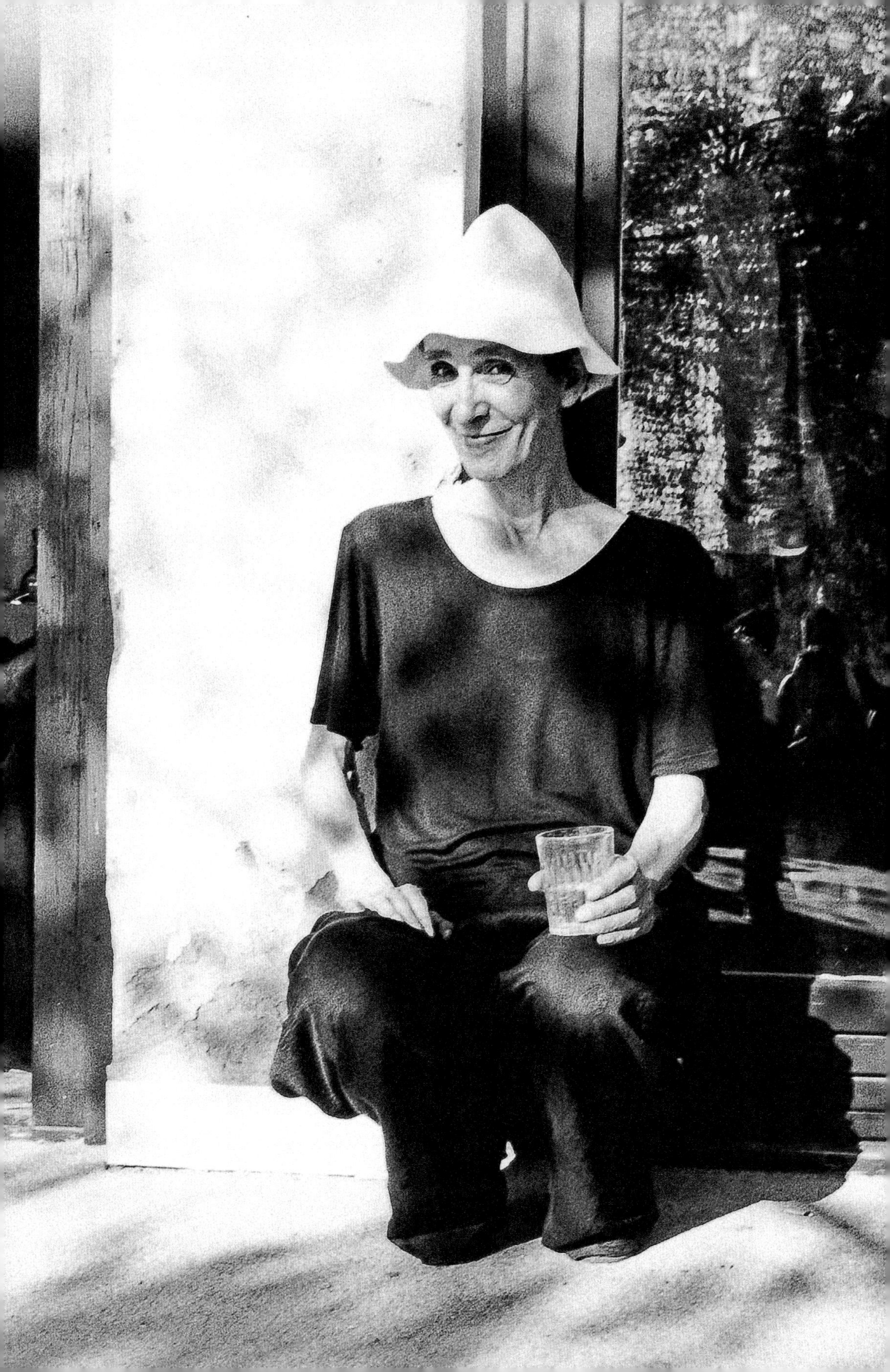

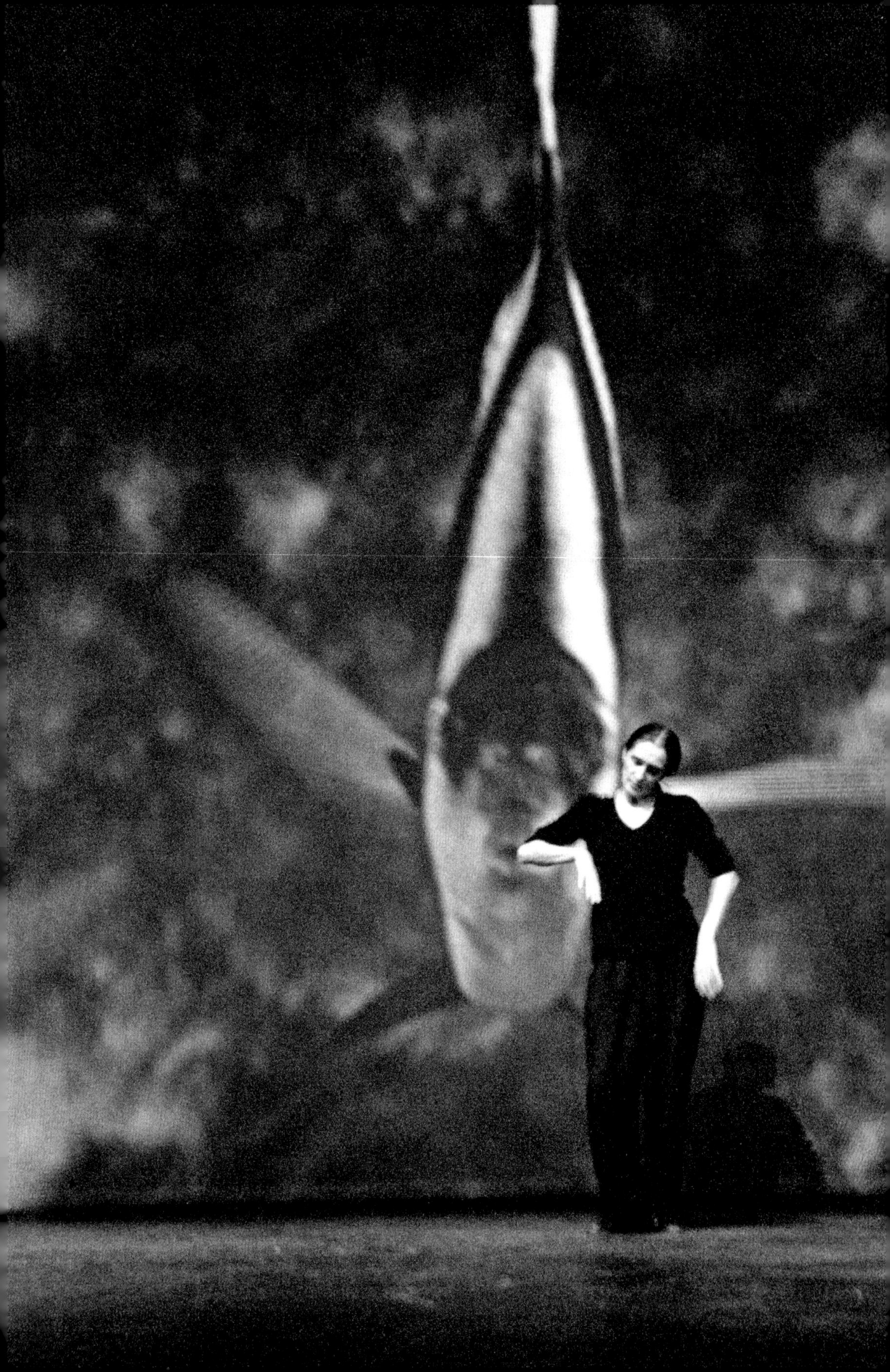

KOSTÜMBILDNERIN
MARION CITO

Marion Cito machte ihre erste Karriere als Tänzerin. 1938 in Berlin geboren, absolvierte sie eine Tanzausbildung und wurde an die Deutsche Oper engagiert. Als Erste Solotänzerin blieb sie dort bis 1972. Dann ging sie mit dem Tänzer und Choreographen Gerhard Bohner nach Darmstadt. Vier Jahre später holte Pina Bausch sie als Assistentin ans Tanztheater Wuppertal, mit der Bitte, auch als Tänzerin aufzutreten. So tanzte sie etwa in den Stücken *Blaubart*, *Komm tanz mit mir* und *Renate wandert aus*. Nach dem Tod von Rolf Borzik fragte Pina Bausch, »ob ich es nicht mit den Kostümen versuchen wolle«. Sie glaubte zunächst an einen Scherz, aber Pina Bausch meinte es ernst. Marion Cito zögerte, obwohl sie sich schon vorher für Kostüme interessiert und Rolf Borzik oft in die Werkstätten begleitet hatte. Aber sie hatte niemals daran gedacht, einen Beruf aus ihrem Hobby zu machen. Zudem war es noch die Zeit, als das Tanztheater um Anerkennung kämpfen musste. Die Ablehnung von Pina Bauschs Arbeit hat die Kostümbildnerin Marion Cito hautnah miterlebt: »Ganze Familien stritten sich laut im Zuschauerraum, es war furchtbar. Das ging viele Jahre so.« Die Aggressionen und Vorbehalte gegen das Tanztheater habe man auch in den Werkstätten gespürt.

»Danzón«,
is, 1995

Schließlich überwand Marion Cito ihre Ängste und sagte Pina Bausch zu. *1980* war ihr erstes Stück als Kostümbildnerin. Auch sie arbeitet anders als Kollegen im Schauspiel oder in der Oper, die genaue Vorgaben für ihre Entwürfe haben. Ähnlich wie ihr Bühnenbild-Kollege Pabst lernte sie, die Proben zu neuen Stücken mit großem Gespür und vorausahnend zu begleiten, um dann oftmals spät oder gar in letzter Minute die passenden Kostüme in den Werkstätten nähen zu lassen. Im Lauf der Jahre hat sich Marion Cito einen großen Fundus an Stoffen zugelegt. Viele Jahre hat sie überall auf der Welt während der Gastspiele Stoffe eingekauft.

Beim Entwerfen eines Kostüms ist vieles zu beachten: Es muss zur Person des Tänzers oder der Tänzerin vor allem farblich passen, jeder muss sich im Anzug und im Kleid wohlfühlen; das Kostüm sollte bei Kooperationen das jeweilige Land anklingen lassen, ohne vordergründig folkloristisch zu sein, und es muss zum Teil extreme tänzerische Bewegungen, aber auch Wasser, Erde, Steine und andere Dinge aushalten können, ohne kaputtzugehen. Seit über 30 Jahren arbeitet Marion Cito als Kostümbildnerin beim Tanztheater Wuppertal mit perfektem Geschmack für Farben und Schnitte. Sie weiß: Kostüme stehen nicht für sich allein, sie sind Teil eines Ganzen, Teil einer Inszenierung.

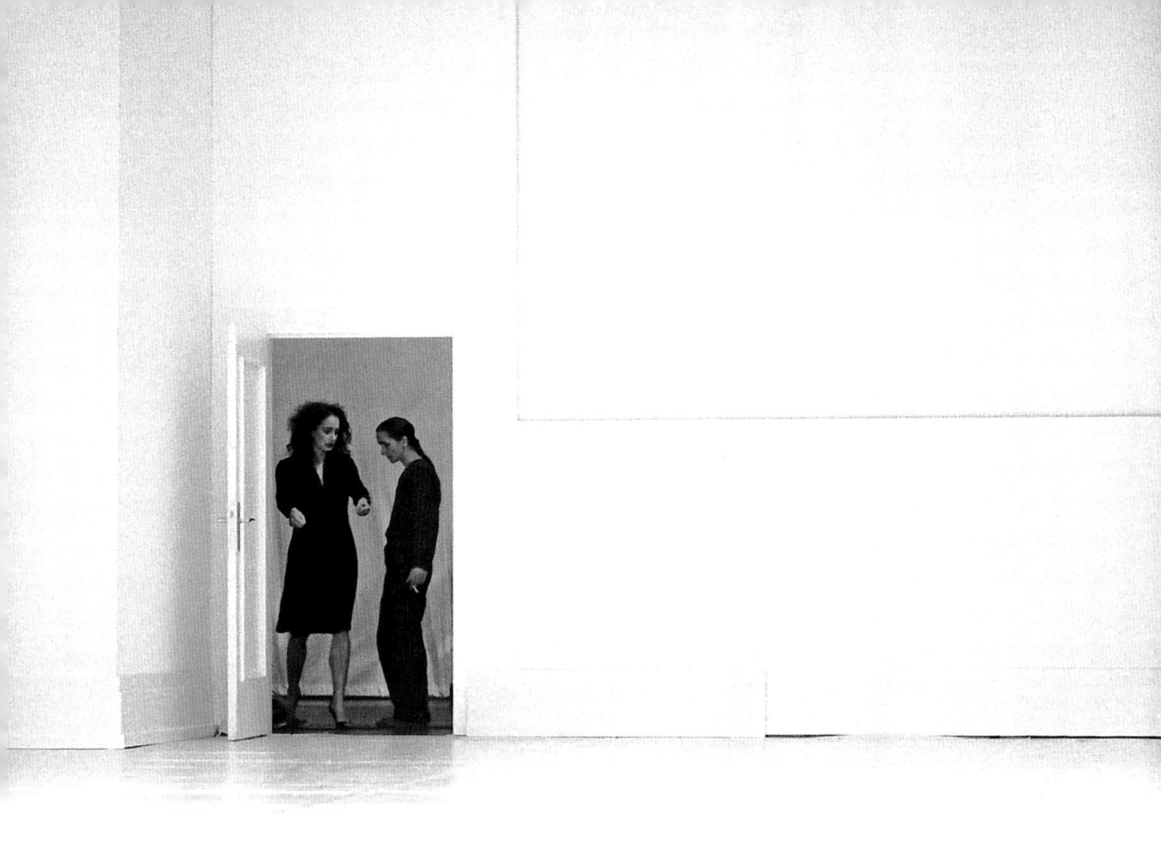

Mit Mechthild Großmann, Proben zu
»Two Cigarettes in the Dark«, Wuppertal, 1985

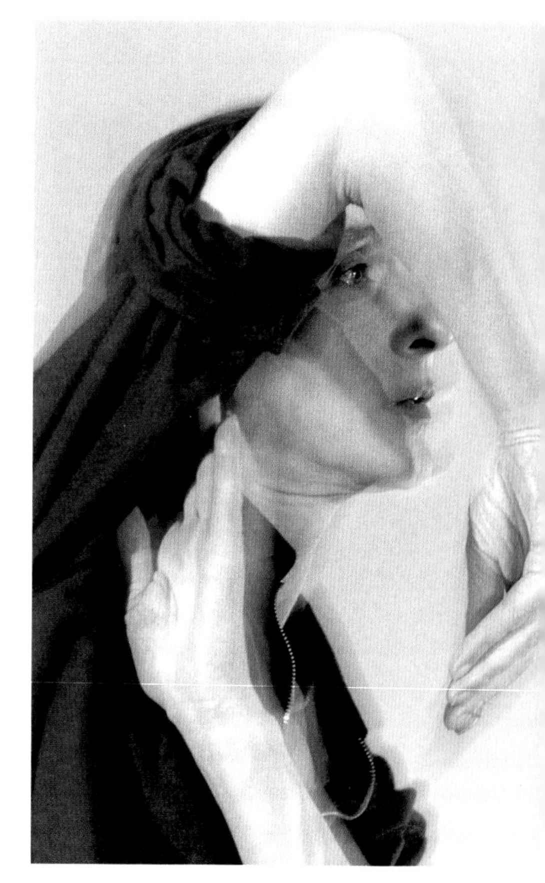

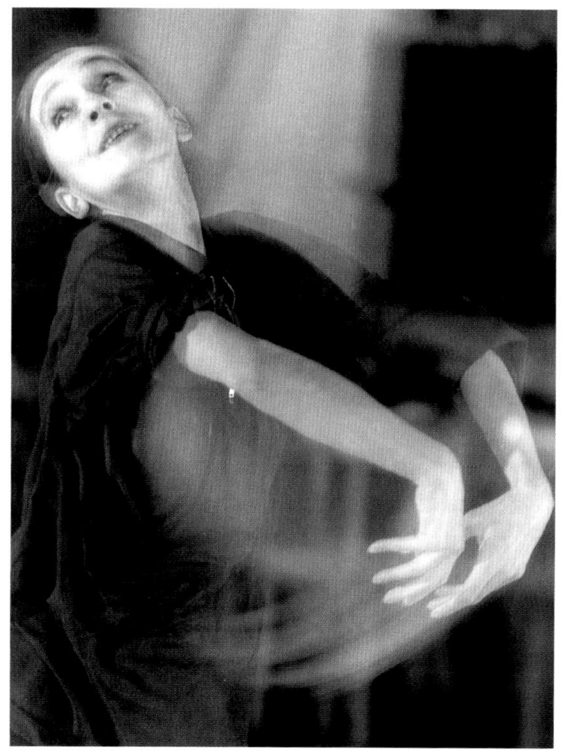

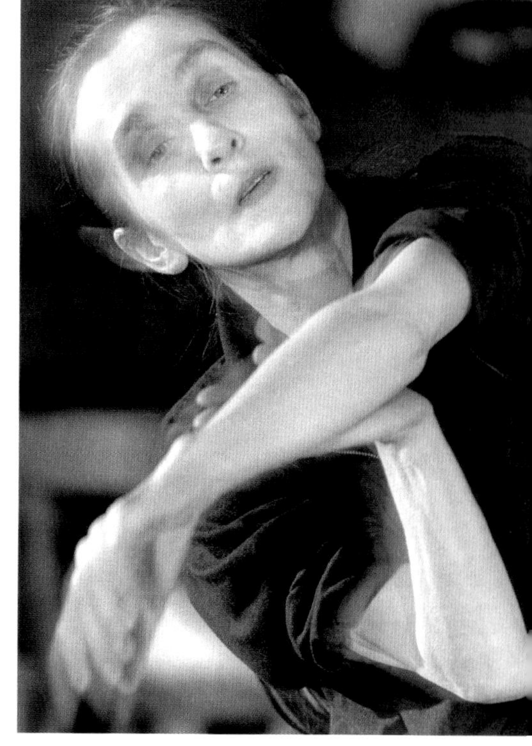

Armstudien,
Wuppertal, 1989

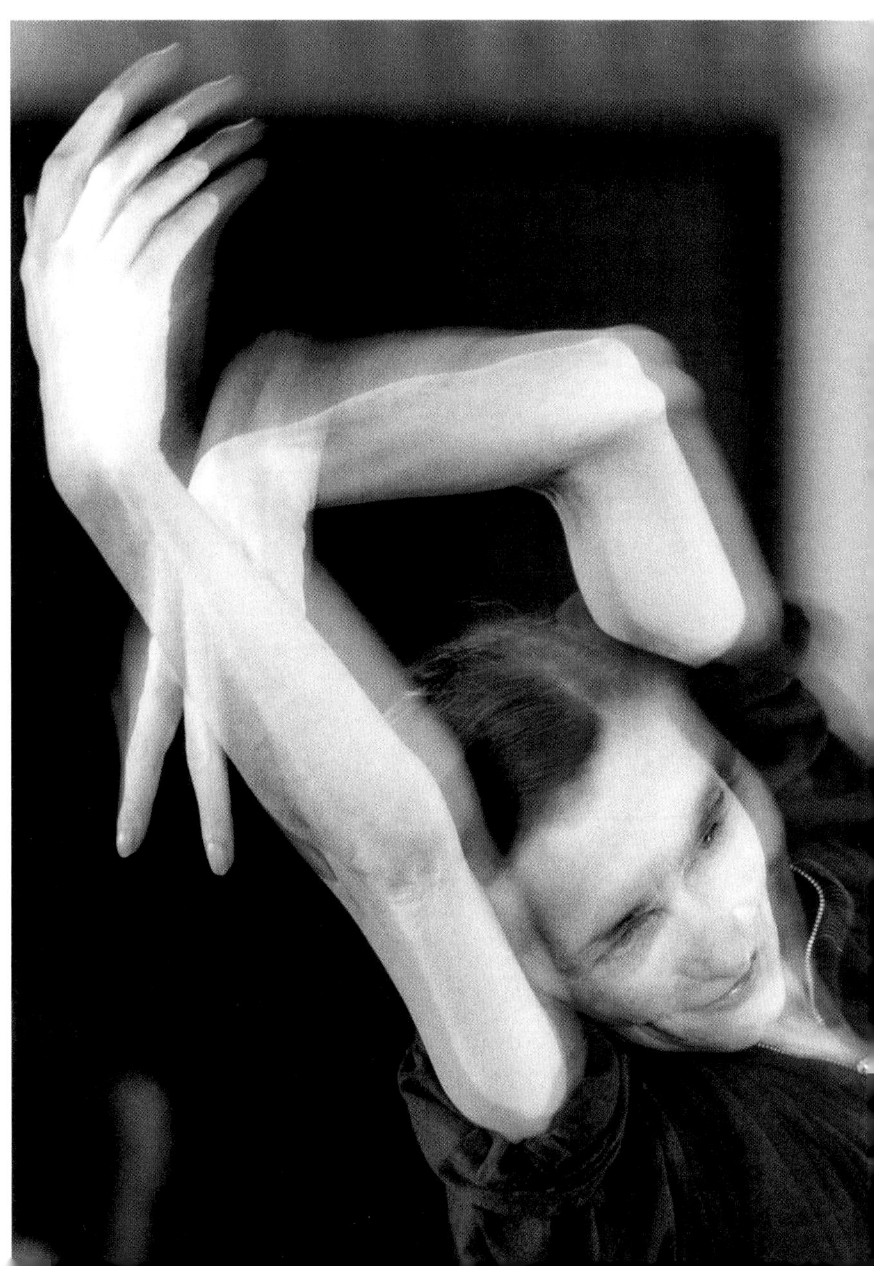

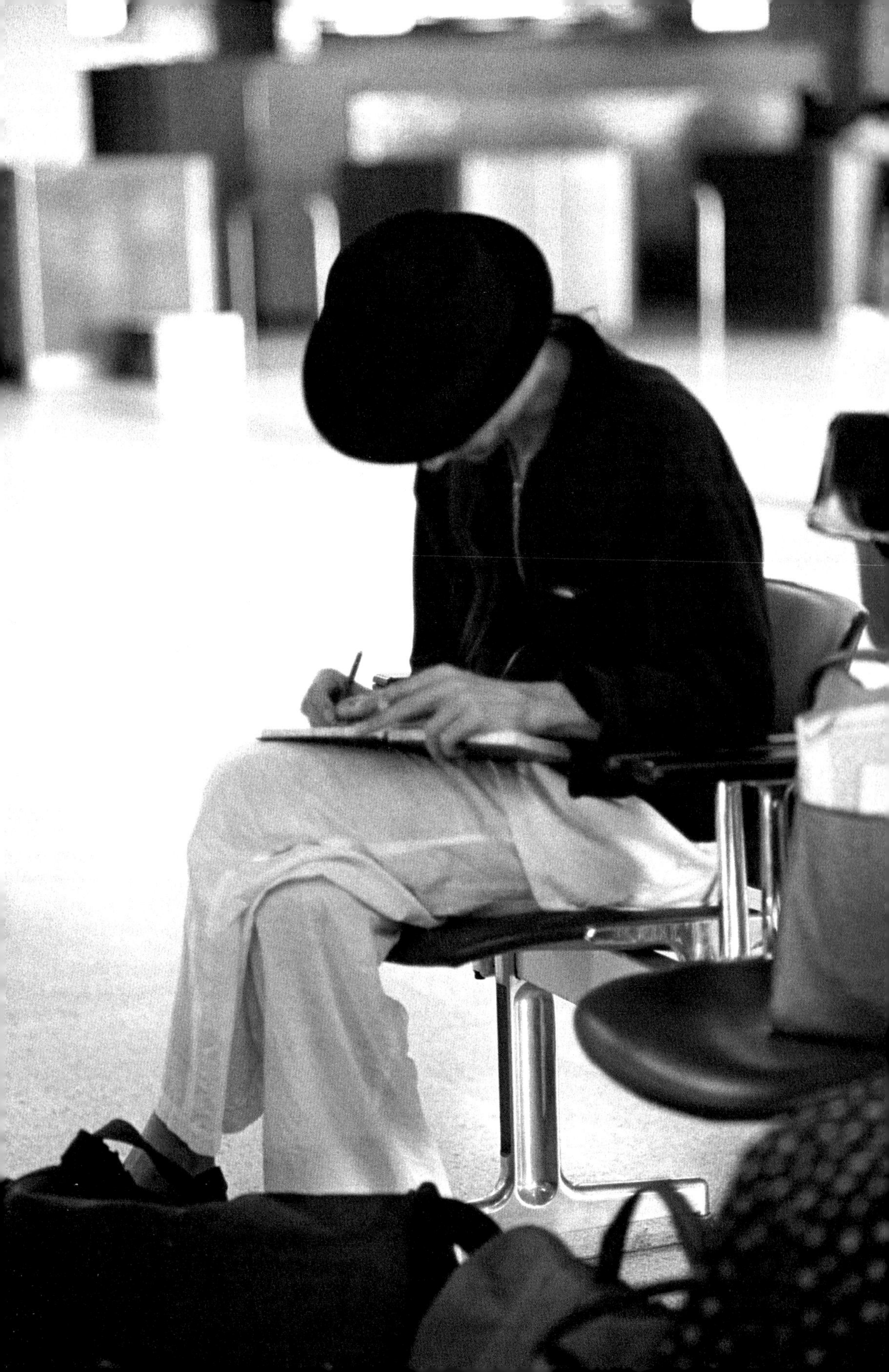

SIEBEN

ERFOLG IN ROM

Ab den späten Siebzigerjahren erhielt das Tanztheater Wuppertal immer mehr Einladungen in alle Welt. Die Gastspiele begannen mit großen Tourneen durch Asien, Südamerika, Amerika.

1981 gastierte die Kompanie mit den Stücken *Le Sacre du printemps* und *Der zweite Frühling* aus dem Abend »Frühlingsopfer« in Israel. Nach einer Probe versammelte Pina Bausch die Tänzer um sich und teilte ihnen mit: »Ich werde ein Kind bekommen.« Pina und schwanger – hatte sie nicht früher immer gesagt, wenn eine Tänzerin Mutter werde, dann sei es mit der Karriere vorbei? Die Reaktionen der Kompaniemitglieder waren unterschiedlich. Da habe es manche Merkwürdigkeiten gegeben, erinnert sich Lutz Förster. Viele hätten sich gefreut, andere hätten wie kleine Kinder, die ein Geschwister bekommen, mit Eifersucht reagiert. Pina Bausch war zu diesem Zeitpunkt 40 Jahre alt. Die Zeit der Schwangerschaft, so Förster, sei eine schöne Zeit gewesen. Er habe Pina selten so glücklich gesehen und nie so strahlend.

Pina Bausch hatte Ronald Kay, den Vater ihres Kindes, bei einer Südamerikatournee in Chile kennengelernt. Kay war Professor für Literatur an der Universität in Santiago de Chile und Schriftsteller. Nach der Geburt des gemeinsamen Sohnes Rolf Sa-

Flughafen
io de Janeiro,
tzigerjahre

lomon lebten sie in Wuppertal zusammen. »Nachdem ich erleben musste, wie ein Mensch stirbt, habe ich auch erleben dürfen, wie ein Mensch geboren wird. Und wie sich dadurch die Sicht auf die Welt verändert. Wie ein Kind die Dinge erlebt. Wie vorurteilslos es alles betrachtet. Welches selbstverständliche Vertrauen es in einen setzt. Überhaupt zu begreifen: Ein Mensch wird geboren. Unabhängig davon zu erleben, wie und was alles im eigenen Körper passiert, wie es sich verändert. Und wie all dieses auch wieder in meine Stücke und meine Arbeit einfließt.«

Die Geburt des Sohnes habe auch, so Förster, das Leben in und mit der Kompanie verändert. Pina Bausch habe zum ersten Mal nicht nur für das Tanztheater Verantwortung gehabt, sondern auch für ihr Kind. Rolf Salomon wurde in seinen ersten Lebensjahren überall hin mitgenommen, auch auf die Tourneen. Pina Bausch wollte ihren Sohn so lange wie möglich stillen.

Später hat dann der Vater die Erziehung übernommen. Er arbeitete als Schriftsteller zu Hause und konnte sich um den Sohn kümmern – ein »großes Vertrauen«, das Pina Bausch ihm da entgegengebracht habe, »ein Geschenk«, so Ronald Kay. Pina Bausch antwortete stets auf die Frage, wie ihr Sohn erzogen werde: »Wir haben ihm immer vertraut.«

Was die Karriere einer Tänzerin betrifft, die Mutter wird: Im Tanztheater Wuppertal haben mehrere Tänzerinnen in den letzten Jahren Kinder bekommen – und tanzen heute noch.

1986 war ein besonderes Jahr: Pina Bausch und ihre Kompanie wurden nach Rom eingeladen, um dort in Zusammenarbeit mit dem Teatro Argentina für ein neues Stück zu recherchieren. Es war die erste Kooperation mit einem anderen Land, einer anderen Stadt. Vier Wochen hielten sich die Tänzer in Rom auf, dann fuhren sie mit ihren Eindrücken nach Wuppertal zurück und probten für das neue Stück. *Viktor*, so der Titel, hatte im Mai 1986 in Wuppertal seine Uraufführung. Die atomare Katastrophe von Tschernobyl lag gerade 14 Tage zurück. Die Bühne von Peter Pabst war karg und düster: Riesige Erdwälle türmten sich am seitlichen Bühnenrand und im Hintergrund. Im Lauf des Abends schaufelte ein Tänzer wie ein Totengräber immer wieder Erde auf den Bühnenboden: »Tanz bis ins Grab«, »Die Welt ist ein großes Grab« – so titelten die Zeitungen über Pina Bauschs »bisher vollkommenstes Stück«. Zu sehen waren viele kleine Katastrophen: Endspiele, eingebettet in assoziationsreiche Szenen, die an römisches Leben erinnerten. »Viktor« heißt im Lateinischen »Sieger«. Pina Bausch zeigte vom Überlebenskampf beschädigte, verlorene Sieger. In einer Kritik hieß es: »Nicht nur Könige hießen Viktor, auch Märtyrer erhielten in früheren Zeiten diesen Beinamen.« Im Oktober 1986 wurde *Viktor* in Rom aufgeführt. Jubel auch hier, die Zeitungen überschlugen sich mit Lob.

Auch Federico Fellini sah *Viktor* in Rom. Nach einer Vorstellung sprach er lange mit Pina Bausch: »Er hat mir gesagt, dass ich nie aufhören sollte, Stücke zu machen, viele Stücke. Das sei sehr wichtig. Ich habe ihm geantwortet: ›Es ist so schwer.‹ Das Schwere gehöre dazu, ich solle dennoch nie aufgeben, immer weiter arbeiten.«

Viele Jahre später sagte Pina Bausch einmal: »Ich denke jedes Mal, wenn ich ein Stück mache, ich möchte nie wieder eines machen. Wirklich. Schon seit vielen Jahren. Warum mache ich das nur? Es ist eigentlich ziemlich grausam. Und wenn es dann raus ist, bin ich schon wieder bei den nächsten Plänen.«

Bei der *Viktor*-Premiere kannte Fellini Pina Bausch bereits: Er hatte sie 1983 eingeladen, in seinem Film *E la nave va (Schiff der Träume)* die Rolle einer blinden Prinzessin zu übernehmen.

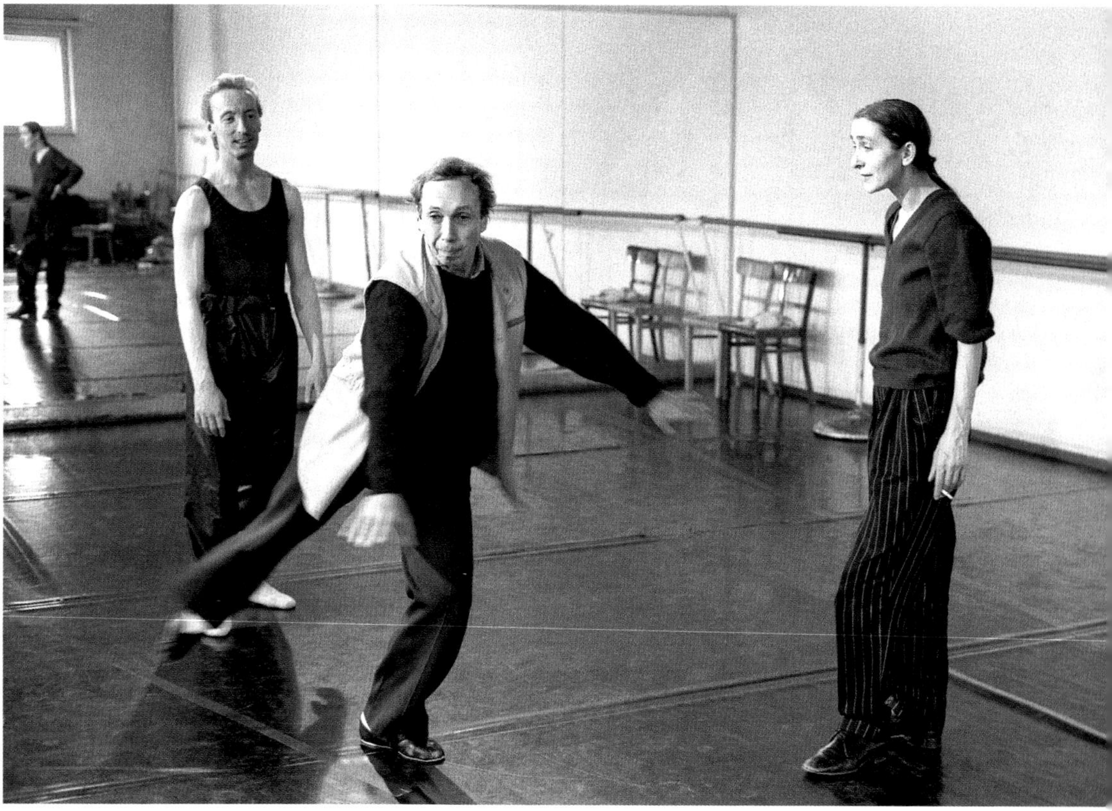

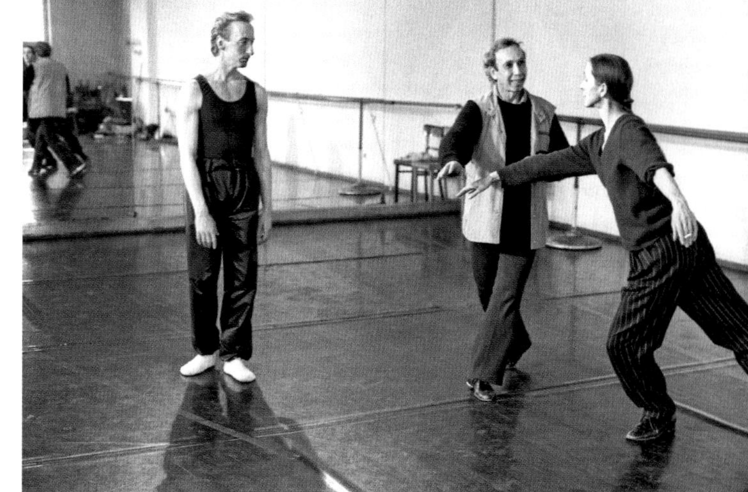

Dominique Mercy, Jean Cébron, Pina Bausch (von li.), bei Proben in Wuppertal, 1989

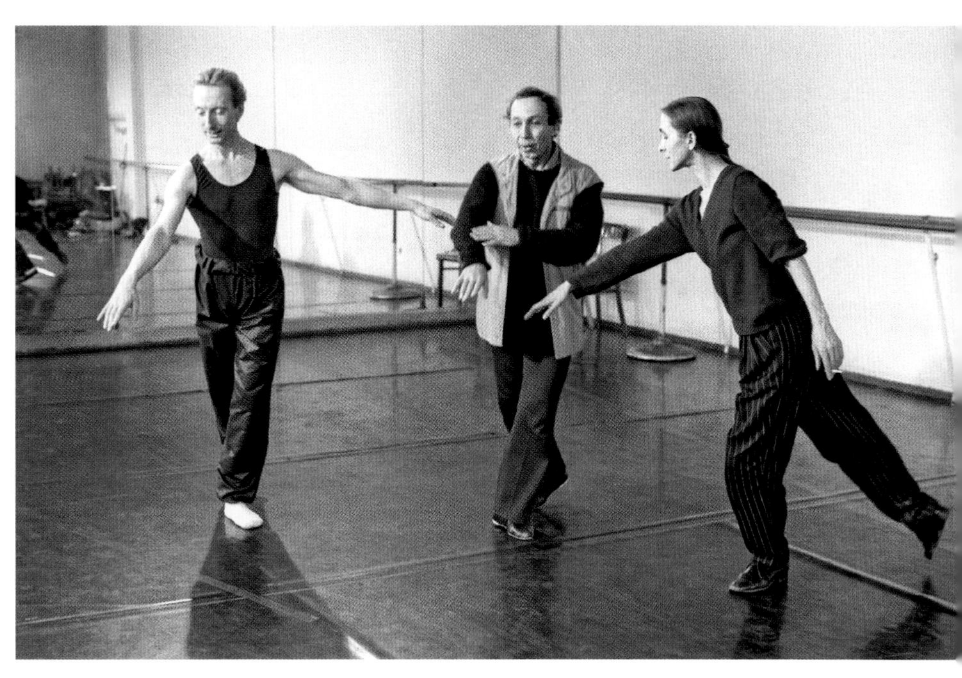

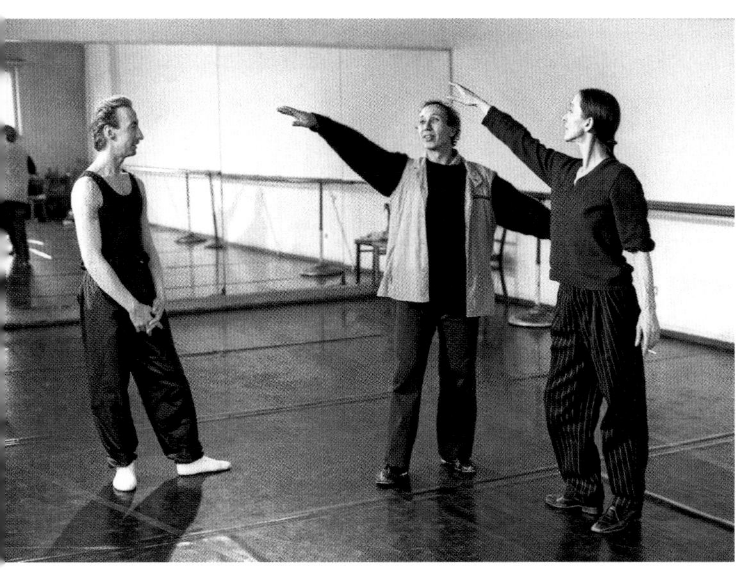

Damals habe sie sich immer wieder gefragt, so Pina Bausch, warum er gerade sie hatte haben wollen. Die Antwort erhielt sie Jahre später: Fellini schenkte ihr ein paar von seinen Zeichnungen, die er vor jedem neuen Film anfertigte. Da sah Pina Bausch eine Person und erkannte sich selbst – sie habe sofort verstanden: »Er hat mich gezeichnet, bevor er mich gesehen hatte. Und als er mich sah, war ich die Person, die er gezeichnet hatte. Deswegen wollte er mich haben.«

Drei Jahre nach *Viktor* ging Pina Bausch mit ihren Tänzern wieder nach Italien. In Palermo recherchierte sie für ein neues Stück, eine Zusammenarbeit mit dem Teatro Biondo. Es habe sie immer schon in den Süden gezogen, sagte Pina Bausch später, und Palermo, wie überhaupt Sizilien, sei für die ganze Kompanie »eine Liebesgeschichte« gewesen. »Da gab es so viel zu erfahren, zu lernen, zu fühlen mit den vielen Kulturen in diesem Land.«

Die Uraufführung von *Palermo Palermo* fand am 17. Dezember 1989 im Wuppertaler Opernhaus statt. Die Zuschauer sahen zu Beginn auf eine fast zugemauerte Bühne. Wenige Minuten später brach diese Mauer geräuschvoll zusammen, Steine zerbarsten zu Geröll, andere blieben unbeschädigt auf dem Bühnenboden liegen, Staub wirbelte auf. Der spontane Applaus sollte zeigen: Wir haben verstanden! Wenige Wochen vorher war die Berliner Mauer gefallen. Aber so einfach war es nicht: Die Idee zu diesem Mauerbild war schon »ein paar Tage älter« gewesen (Peter Pabst) als der Mauerfall in Berlin. So, wie in *Viktor* das große Bühnengrab keine Anspielung auf Tschernobyl war, so hatte dieser Bühnenmauerfall keinen aktuellen politischen Hintergrund. – diese Art der Aktualität war Pina Bauschs und Peter Pabsts Sache nicht. Für sie war es immer wichtig, dass »die Bilder offen sind« für viele Möglichkeiten der Interpretation.

Die erste Kooperation mit Rom 1986 war für Pina Bausch und ihre Arbeitsweise »von entscheidender, ja schicksalhafter Bedeutung«. In den folgenden Jahren wurde sie immer wieder eingeladen, sich an fremden Orten inspirieren zu lassen: Madrid, Wien, Lissabon, Budapest, Istanbul, Kalkutta, Rio de Janeiro, Seoul, Hongkong, Kalifornien. In der Fremde das Neue suchen, aber auch Gemeinsamkeiten zu entdecken, so, wie es die Maler zu Beginn des 20. Jahrhunderts taten: für Pina Bausch und ihr Ensemble war das »ein großes Glück«. »Das Kennenlernen mir vollkommen fremder Gebräuche, Musiken, Gewohnheiten hat dazu geführt, in den Tanz das zu übersetzen, was uns unbekannt ist und dennoch allen gehören sollte.« Sie sei immer mit einer absoluten Naivität in die Fremde gefahren, sagte sie, sonst hätte sie kein Stück machen können. Bei den mehrwöchigen Reisen besichtigten Pina Bausch und die Tänzer keine touristischen Attraktionen, keine Ruinen und Denkmäler – »Architektur können wir nicht tanzen« –, sondern wie immer und überall versuchten sie, die Menschen zu erleben, den Alltag zu erspüren mit all seinen Schönheiten und seinem Schrecken.

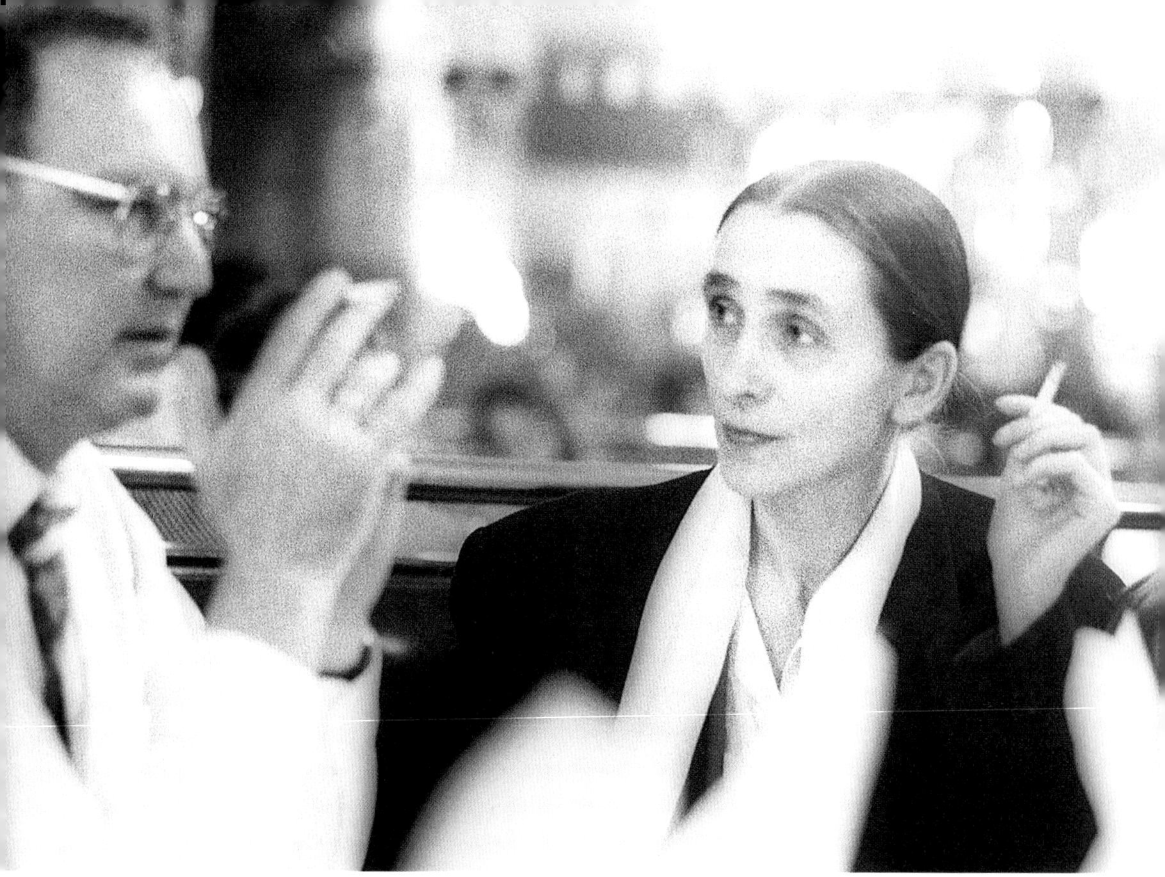

Mit Dr. Schneider, dem früheren Osteopathen von Maria Callas, Paris, 1986

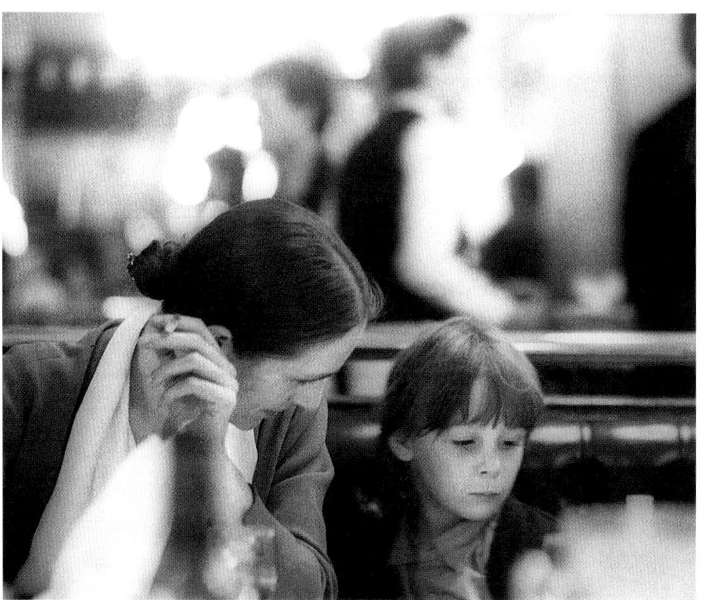

Mit ihrem Sohn Rolf Salomon, Paris, 1986

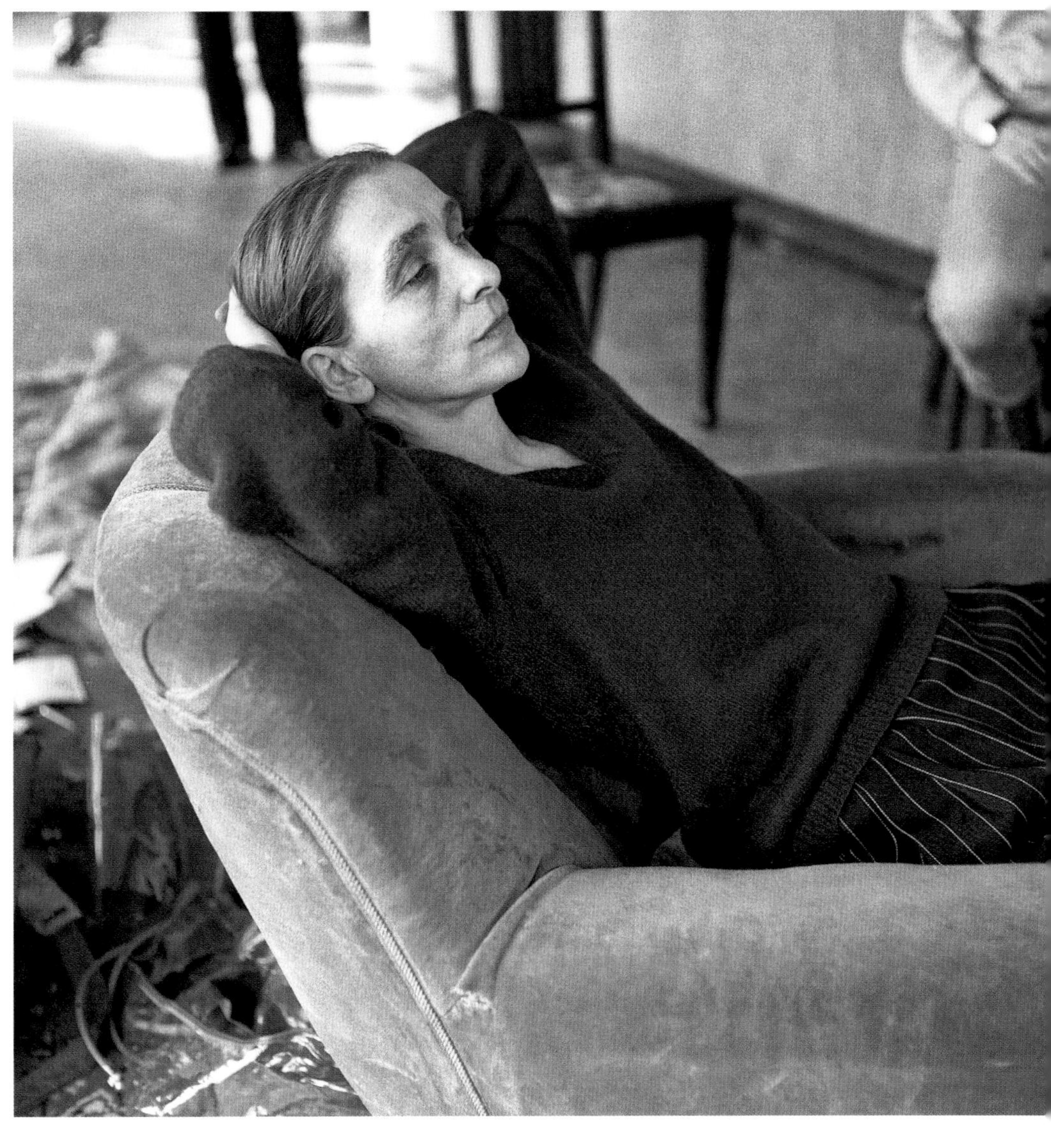

Während der Dreharbeiten für
»Die Klage der Kaiserin«, Wuppertal, 1989

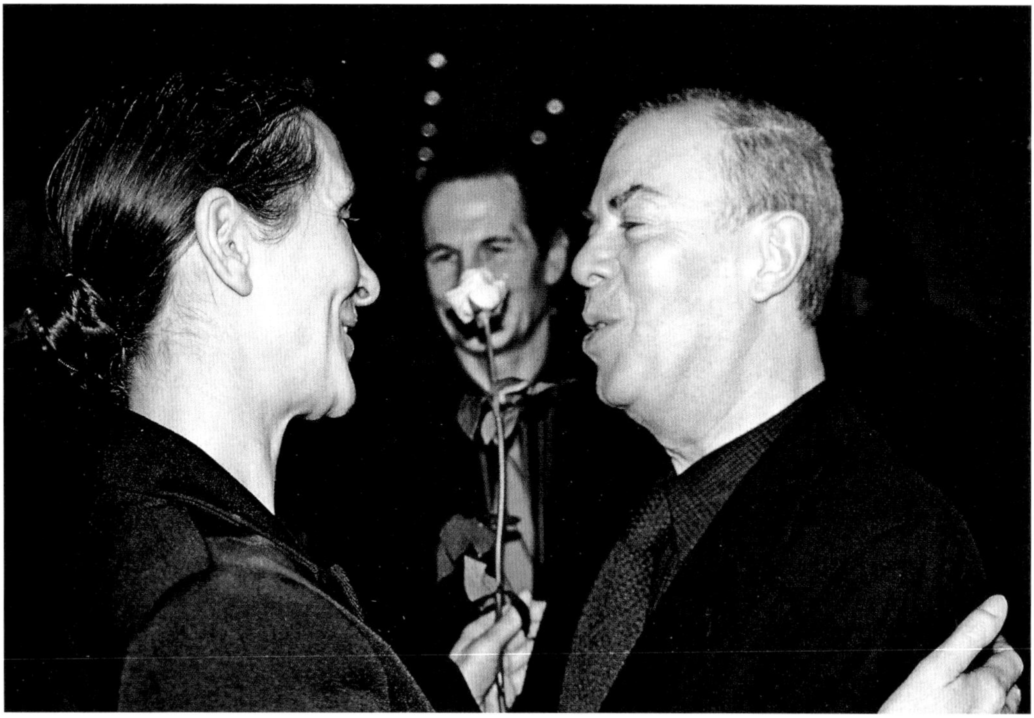

Mit Hans van Manen, Deutscher Tanzpreis, Aalto-Theater, Essen, 1995

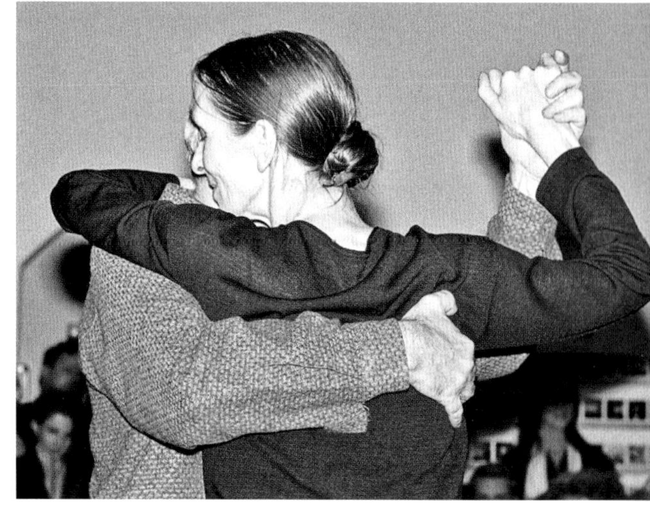

Beim Tango, Wuppertal, 1995

Pina Bausch mit Yoh
Yamamoto, Wuppert
1998

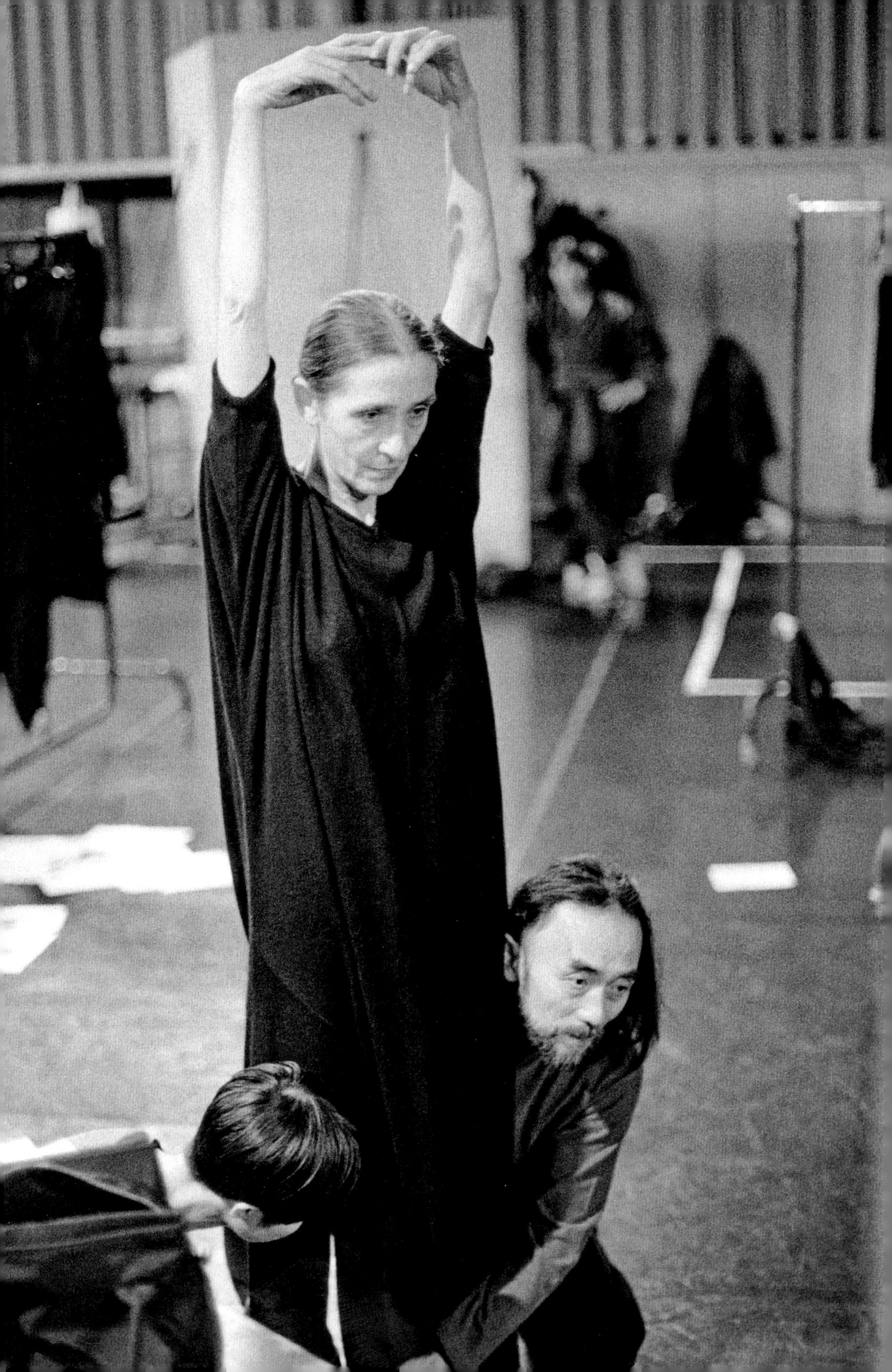

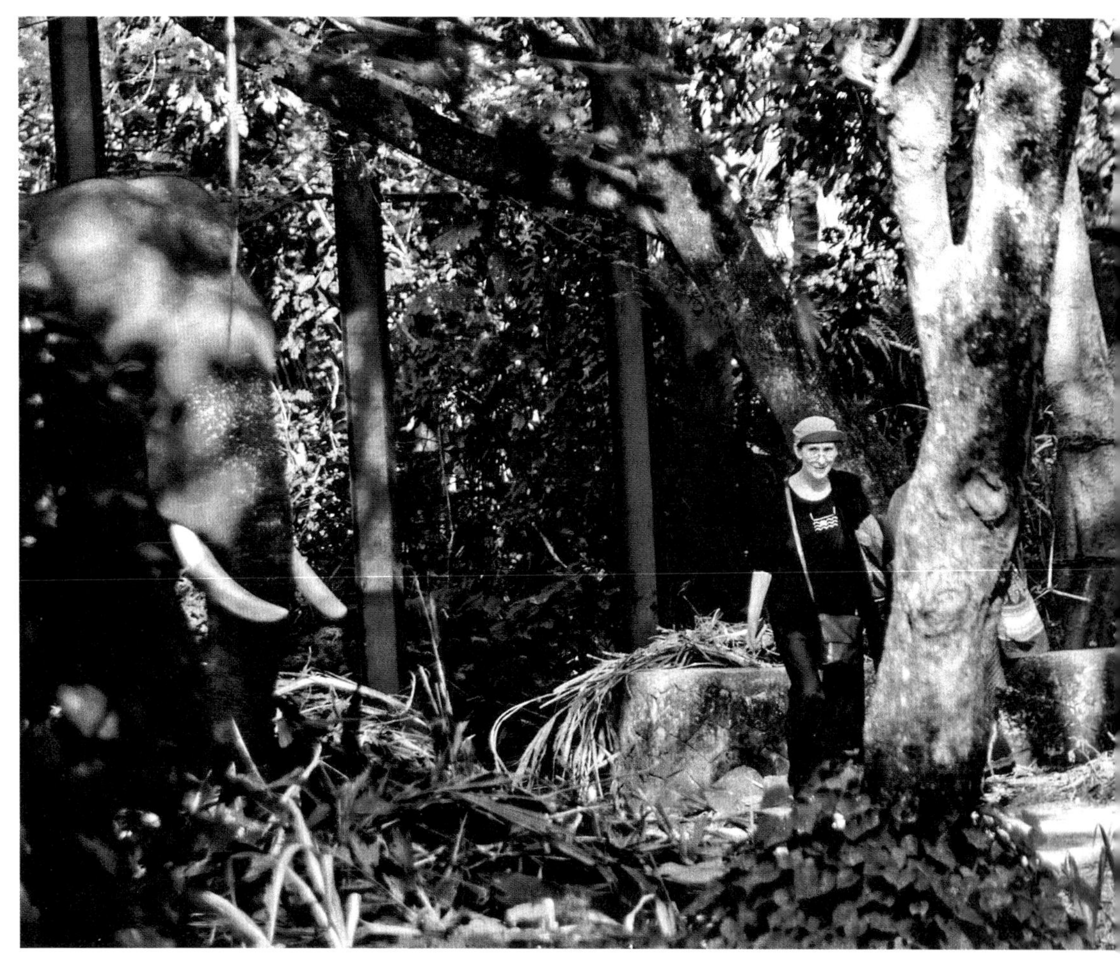

ACHT

TOURNEE DURCH INDIEN

November 2006, Kalkutta: Pina Bausch war mit 16 Tänzern auf Einladung der Goethe-Institute zu Recherchezwecken nach Indien gefahren. Die Mitarbeiter vor Ort unter Leitung von Martin Wälde hatten ein Programm nach dem Geschmack von Pina Bausch zusammengestellt: Es begann auf dem Blumenmarkt um fünf Uhr in der Früh, bei Sonnenaufgang, gefolgt vom »Coffeehouse« im Universitätszentrum. Die Stoffgeschäfte im Zentrum der Stadt. Ein »Lachclub« in einem Park: Morgens um sechs Uhr treffen sich dort Menschen, um lachend »die Seele zu befreien«. Ein Call-Center. Nimtala, das Krematorium von Kalkutta. Das Leben auf den Straßen und Bürgersteigen: Menschen sammeln Holz, waschen sich, waschen Wäsche, kochen, essen, spülen. Eine Tanztherapie in einem Heim für Prostituierte – im Anschluss haben die Wuppertaler Tänzer mit den jungen Frauen getanzt. Dann noch einige Tage nach Kerala: Ein nächtliches Tempelfest, verschiedene Tanzschulen, ein Waisenhaus für Elefanten.

Zurück in Wuppertal, begannen die Proben. Alle Tänzer hatten ein Tagebuch geführt, wie immer bei einer Recherche. Und wie immer stellte Pina Bausch Fragen: »Ganges Bewegung«, »Angst, etwas nicht zu schaffen«, »Bewegung Elefant«, »Schwingende

lienreise,
lkutta, 2006

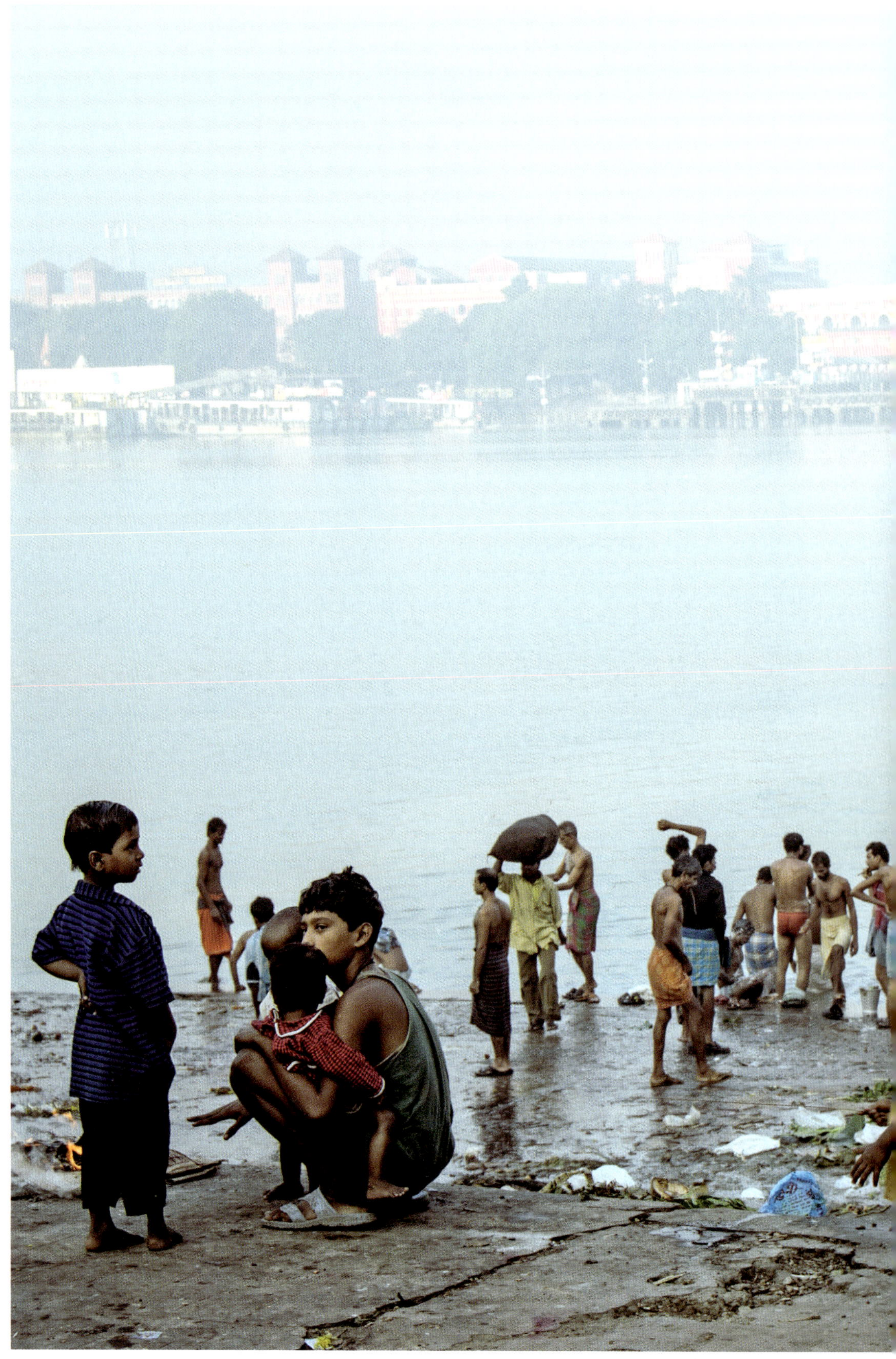

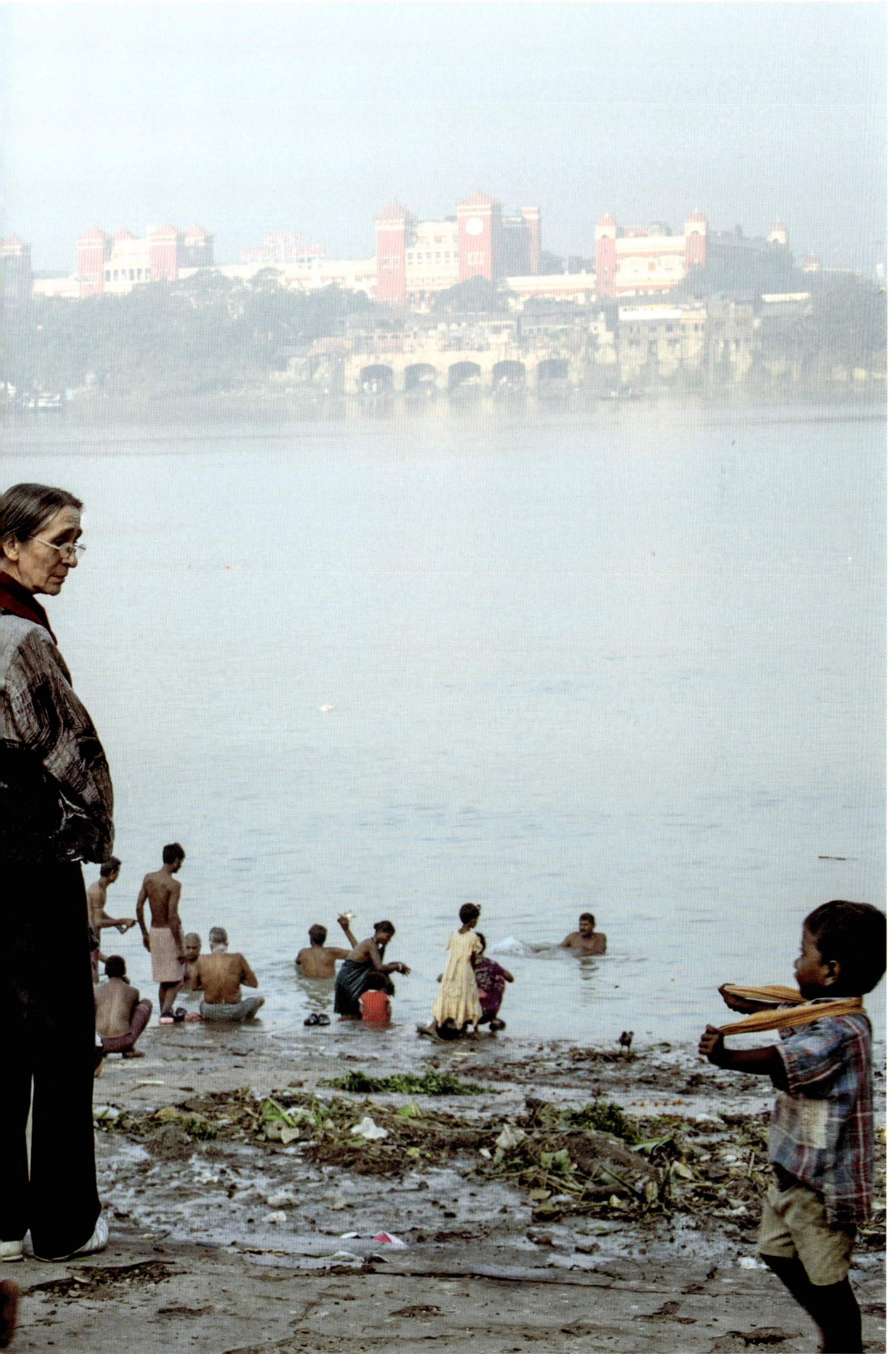

Seite 124/125: Indienreise, Kalkutta, 2006

Pflanzen im Fluss«, »Sich nicht stoppen lassen«, »Verzweiflung«, »Bollywood«, »Morgens am Fluss«, »Riskant« – das waren einige der Fragen, mit denen sich die Tänzer auseinandersetzten.

Die Uraufführung des Indien-Stücks *Bamboo Blues* im Mai 2007 wurde von der deutschen Presse freundlich, aber nicht euphorisch aufgenommen. Man fühlte sich zu wenig an Indien erinnert. Was allerdings auch daran gelegen haben mag, dass in den Köpfen mancher Kritiker mehr Klischees denn Wissen über Indien herumgeisterte. Anders dagegen bei den Aufführungen im Januar 2008 im Gastland, in Neu-Delhi, Mumbai (Bombay) und Kalkutta. Die meisten großen Theater waren bis auf den letzten Platz besetzt, die Zeitungen berichteten groß und sehr positiv, in einzelnen Gesprächen lobten Zuschauer die »wunderbaren Abstraktionen«, die »romantische Indien-Sicht» Pina Bauschs wie auch die Szenen mit den »dunklen und traurigen Seiten des Landes«.

Bei überfüllten Pressekonferenzen hatte Pina Bausch vorher über ihre Liebe zu Indien gesprochen. Die hatte 1979 mit einem Eklat begonnen. Pina Bausch und das Tanztheater Wuppertal befanden sich auf ihrer ersten großen Asientournee. Sechs Wochen reisten sie durch sechs Länder und besuchten 14 Städte. Im Gepäck zwei Stücke: *Die sieben Todsünden der Kleinbürger* und *Le Sacre du printemps*. Erste Aufregung: Das Brecht/Weill-Stück wurde nach zwei Aufführungen von der deutschen Botschaft abgesetzt. Begründung: Es sei nicht repräsentativ für die deutsche Kultur. Dann kam Indien. Nach Delhi und Bombay war Kalkutta die dritte Station. Man hatte schon vorher von politischen Unruhen und Protesten gegen westliche Einflüsse gehört, war also gewarnt. Dennoch sollte die Aufführung von *Sacre* stattfinden. Als dann aber der Ministerpräsident von Bengalen mitten in der Aufführung den Zuschauerraum verließ, begann auch die Mehrheit des

Publikums, massiv zu stören, sich über die Musik und die spärliche Bekleidung der Tänzer zu empören. Es gab Tumulte, irgendjemand sah Funken auf der Bühne, man sprach sogar von Schüssen – Pina Bausch brach die Vorstellung ab. Zum ersten und einzigen Mal tat sie so etwas. Aber die Liebe zum Land des Göttertanzes war dennoch geweckt.

15 Jahre später: In Neu-Delhi hatte Georg Lechner die Leitung des Goethe-Instituts übernommen; er war ein Kenner der indischen Kultur, vor allem des indischen Tanzes, und ein glühender Verehrer von Pina Bausch und des Tanztheaters Wuppertal. Eines seiner wichtigsten Projekte sollte ein Gastspiel in Indien sein. Gegen manche Widerstände organisierte er das nötige Geld und lud Pina Bausch im Mai 1994 nach Indien ein. Mit *Nelken* gastierte die Kompanie in Delhi, Kalkutta, Madras und Bombay. Die Zeit war auch in Indien nicht stehen geblieben: Pina Bauschs Ruf als wichtige europäische Choreographin und Erneuerin des Tanzes war längst bis Indien gedrungen. Ausführliche Vorberichte in den großen Zeitungen des Landes stimmten auf das Ereignis ein. Und jede Station wurde von zahlreichen Medien kenntnisreich begleitet.

Einige Tänzer der Kompanie bezweifelten, ob es angesichts des Elends und der Armut, die sie täglich auf den Straßen erlebten, richtig sei, mit europäischer Kunst nach Indien zu kommen. Pina Bausch wehrte diesen Kleinmut ab. Es sei wichtig, gerade in solchen Situationen zu fragen, ob man das, was man mache, wenigstens gut mache. Anders gesagt: Man müsse seine Sache, solle sie gut werden, immer mit dem vollen Einsatz seines Lebens machen – sozusagen auf Leben und Tod.

Nelken in Indien: Die deutschen Bühnentechniker waren Tag und Nacht im Einsatz, waren oft verzweifelt, mussten improvisieren, Gerüste neu aufbauen, immer wieder neue künstliche Nelken aus Bangkok besorgen lassen. 8.000 davon mussten Tag für Tag mit der Hand auf den Bühnenboden gesteckt werden. *Schön ist die Welt, wenn das Glück dir ein Märchen erzählt* – schweigend hören die Tänzer auf der Bühne diesem Schlager am Anfang des Stückes zu. Am Ende ist die rosafarbene Nelkenpracht zertreten. Problematisch war auch die Frage, ob die Tänzerin Julie Stanzak in knappem Höschen und sonst nur mit einem Akkordeon bekleidet über die Bühne schreiten durfte. In Delhi und Bombay durfte sie es, in Kalkutta und Madras durfte sie nicht: Aus den Hotpants wurde ein Röckchen.

Trotz aller technischen Schwierigkeiten, trotz Durchfall und Magenschmerzen: Alle Vorstellungen klappten ohne Pannen. Die schönste Erfahrung aber war, dass das indische Publikum mitging – diesmal ohne Proteste, mit großer Begeisterung. Jede der acht Vorstellungen in den vier Städten war bis auf den letzten Platz besetzt. Auch die Kritiker jubelten in ausführlichen und kenntnisreichen Artikeln. Pina Bausch habe den Tanz aus der Sklaverei der Schönheit befreit, dafür werde ihr Name in die Geschichte eingehen. Ein fast ungeheuerliches Lob im Land des Göttertanzes, des Inbegriffs von Schönheit und Harmonie.

Es gab während der Tournee viele Einladungen für Pina Bausch und ihre Kompanie zu Vorführungen indischen Tanzes aller Stilrichtungen, in privaten Studios, in Tanzschulen, während festlicher Empfänge in der Nacht. »Unendlich« sei dieser Reichtum an Bewegungen von Kopf, Hals, Armen, Händen, Beinen und Füßen, Gebärden und Mimik, sagte Pina Bausch. Sie selbst liebte besonders die Hände, die Arme, den Nacken; deshalb fühlte sie sich trotz aller Unterschiedlichkeit dem indischen Tanz so nah. In Madras begegnete Pina Bausch der berühmten indischen

Tänzerin und Choreographin Chandralekha, die den traditionellen indischen Tanz mit modernen Elementen aufbrach. Nachdem sie *Nelken* gesehen hatte, sagte Chandralekha über Pina Bausch: »Da ist eine Unmittelbarkeit auf der Bühne, die sofort fasziniert. In ein paar Minuten liegen ihre große Zärtlichkeit, ihre Liebe zur Welt, ihre poetischen und lyrischen Empfindungen klar vor Augen. Im Lauf der Aufführung wird die Welt lebendig, in der Pina lebt und von der sie in ihren Stücken erzählt. Und immer wieder sieht man ihrer Arbeit eine große Zärtlichkeit an, die selbst die Gewalttätigkeiten umarmt.«

Pina Bausch wollte ursprünglich einige Wochen länger in Indien bleiben, um mehr vom indischen Tanz zu lernen sowie Blumen, Farben, Gerüche, Ruhe und Wärme zu genießen. Sie freute sich auf Entspannung im Land ihrer Liebe. Einer Journalistin der Zeitung *The Pioneer* hat sie während der Tournee gestanden: »Ich wünschte, ich wäre schon Jahre früher gekommen.« Es sei ungeheuer wichtig für sie gewesen, hierherzukommen. Zu Hause hätte sie das Gefühl gehabt, langsam abzusterben. Jetzt fühle sie, »ich kann wieder atmen. Ich kann wieder lächeln.« Die Idee, Ferien in Indien zu machen, blieb Wunschtraum: Pina Bausch musste zurück nach Wuppertal. Gastspiele waren zu organisieren, Verträge mussten ausgearbeitet werden, und die Proben zum neuen Stück sollten bald beginnen. Doch die Fernsehdokumentation *Nelken in Indien* hat festgehalten, wie innerhalb von drei Wochen in Indien die Müdigkeit aus ihrem Gesicht gewichen ist und eine entspannt lächelnde Pina Bausch sagt: »Ich bin ganz reichfühlig. Ich würde so gern noch sehr viel lernen vom indischen Tanz. Aber das Wünschen ist auch schön. Und die Sehnsucht danach ist ebenso sehr wichtig.« Aus beidem ist dann 2006/07 *Bamboo Blues* entstanden.

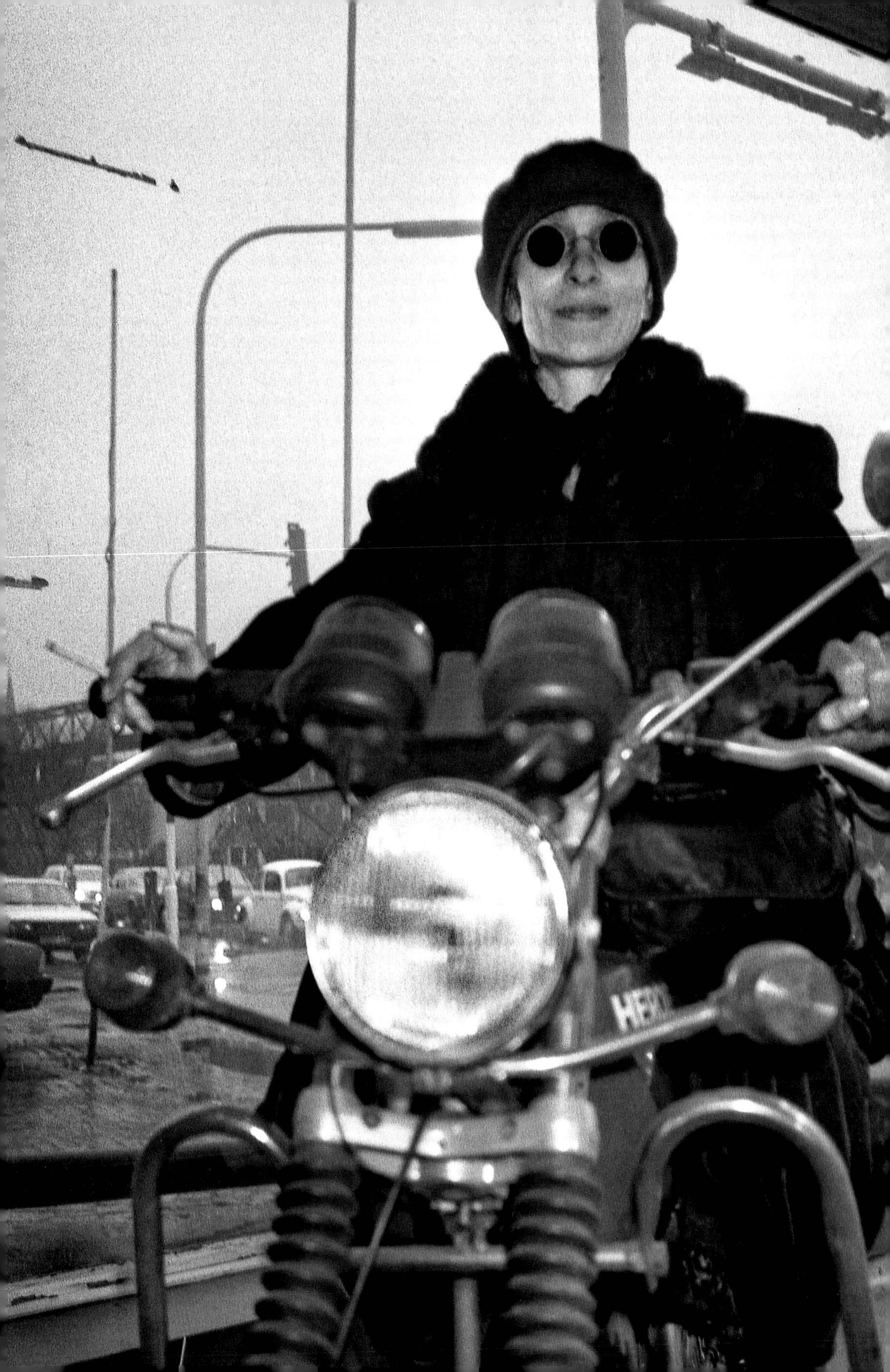

NEUN

JUNGE UND ALTE IN *KONTAKTHOF*

Gastspiele in aller Welt, aber auch die Kooperationen mit verschiedenen Ländern, Städten und Institutionen gehörten, so Pina Bausch, »zu den schönsten Aspekten in unserer Arbeit«. Da gab es denkwürdige Begegnungen und Erlebnisse. Einmal, erzählte Pina Bausch, habe sie bei Indianern in Nordamerika auf einem Powwow einen Rippenknochen von einem Büffel erstanden. Dieser Knochen sei mit winzig kleinen Zeichen beschriftet gewesen. Sie habe dann erfahren, dass jeder, der wie sie einen Teil erworben hatte, seine Adresse in ein Buch geschrieben habe. Und wie dieser Büffel sich so über die ganze Welt ausgebreitet habe, so »bilden wir auch mit all unseren Freunden ein weltweites Netzwerk«. Während eines Gastspiels hat ein Zigeunermädchen Pina Bausch den Satz zugerufen: »Tanzt, tanzt, sonst seid ihr verloren.« Ein Satz, der fälschlicherweise oft Pina Bausch zugeschrieben wird – sie aber hat ihn lediglich manchmal zitiert. Weil sie ihn schön und richtig fand.

Unvergesslich das erste Gastspiel in Istanbul mit dem Stück *Der Fensterputzer*. Seit Jahren schon sprachen die Tänzer die Texte in der jeweiligen Sprache des Gastlands, so auch in Istanbul. Es sei, so Pina Bausch, schon zu Beginn eine besondere Atmosphäre im Zuschauerraum zu spüren gewesen. Im Lauf der Auf-

Seite 130: Während der Dreharbeiten für »Die Klage der Kaiserin«. Pina Bausch posiert als Rockerbraut, und der Fotograf schenkt ihr den Schnappschuss zum 50. Geburtstag, Wuppertal, 1989

führung zeigen Tänzerinnen auf der Bühne private Fotos mit Worten wie: »Das war meine Mutter.« Oder: »Das war ich, als ich zwei Jahre alt war.« Und: »Da bin ich mit dem und dem.« Nach einer Wiederholung der Szene gehen die Tänzerinnen ins Publikum und zeigen den Zuschauern ihre Fotos. »Und dann haben auch die ihre Familienfotos herausgeholt und gezeigt. Ein unglaublicher Moment, wie sich alle bei wunderschöner Musik ihre Fotos zeigen.«

Oder das erste Gastspiel in Moskau 1989 mit *Nelken*. Ein Jahr vorher hatte ein Erdbeben im Kaukasus mit über 25.000 Toten das Land erschüttert. Zum ersten Mal während des Kalten Krieges kam es zu humanitärer Hilfe westlicher Organisationen in der Sowjetunion. Pina Bausch: »Die Menschen in der Vorstellung haben das Stück ganz anders gesehen. Sie dachten, das Stück wäre wegen des Erdbebens gemacht worden. Sie haben diese Nelkenfläche für ein großes Grab gehalten.« Und wenn zwei Tänzer sich mit ihrem Kindereimerchen Erde auf den Kopf schütten, dann war das für die Zuschauer nicht Kinder-, sondern Todesspiel.

1990 war ein Ausnahmejahr: Pina Bausch machte ihren ersten (und einzigen) Kinofilm. Dazu verließ sie mit ihren Tänzern den Bühnenraum und ging in die Stadt und in die Natur. In der Folge der Jahreszeiten – Herbst, Winter, Frühling – laufen Bilder ab, die man sonst auf der Bühne sah: Kyomi Ichida tanzt im dünnen Sommerkleidchen ein Solo im Schnee, Helena Pikon auf hohen Stöckelschuhen auf einem Acker, Anne Martin wandert mit ihrem Akkordeon über ein Feld, Mechthild Großmann sitzt in einem Sessel direkt an einer Straße, Dominique Mercy huscht mit Engelsflügeln durch einen verschneiten Wald, Jan Minařík schleppt einen riesigen Schrank auf seinem Rücken über einen Hügel oder rasiert sich im Regen am Straßenrand – andere Szenen spielen in Wuppertals Schwebebahn, in einem Teppichgeschäft, im Probenraum der Kompanie. Es sind todtraurige Szenen, oftmals Zitate aus früheren Stücken, untermalt mit sizilianischer Marschmusik: *Die Klage der Kaiserin*, so der Titel des Films, ist eine einzige Klage über eine Welt voller Tristesse, Einsamkeit, Schrecken und Abgründe. Die Kritik reagierte meist negativ. Pina Bausch habe sich dem Medium Film verweigert, ihre Bilder seien willkürlich aneinandergereiht. Der Zuschauer werde gezwungen, nur ein Bild zu sehen, im Theater habe er aber immer die Wahl zwischen simultan spielenden Szenen.

Ein Jahr später kam das nächste Stück heraus, und ab 1993 folgte bis 2009 jedes Jahr ein neues. Die Premieren waren entweder im Wuppertaler Opern- oder im Schauspielhaus. Gleichzeitig wurden alte Stücke aus dem Repertoire wiederaufgenommen. 1999 überlegte Pina Bausch mit ihrer Kompanie, welches Stück man wieder in den aktuellen Spielplan aufnehmen solle. Sie schlug *Kontakthof* aus dem Jahr 1978 vor. Damals hatte sie das Thema dieses Stückes so beschrieben: »Kontakthof ist ein Ort, an dem man sich trifft, um Kontakte zu suchen. Sich zeigen, sich verwehren. Mit Ängsten. Mit Sehnsüchten, Enttäuschungen, Verzweiflung. Erste Erfahrungen. Erste Versuche. Zärtlichkeit und was daraus entstehen kann war ein wichtiges Arbeitsthema. Ein anderes, zum Beispiel, war Zirkus. Etwas von sich selber zeigen, sich überwinden.«

Schon bei der Uraufführung hatte Pina Bausch daran gedacht, dieses Stück später noch einmal zu inszenieren. Sie wollte wissen, wie »sich das Stück anfühlt, wenn die Tänzer alt geworden sind«. Doch so lange konnte sie nicht warten. So entstand die Idee, *Kontakthof* mit Laien einzustudieren, mit »Damen und Herren ab 65«. Es war ein Experiment. Die Tänzerinnen Jo Ann Endi-

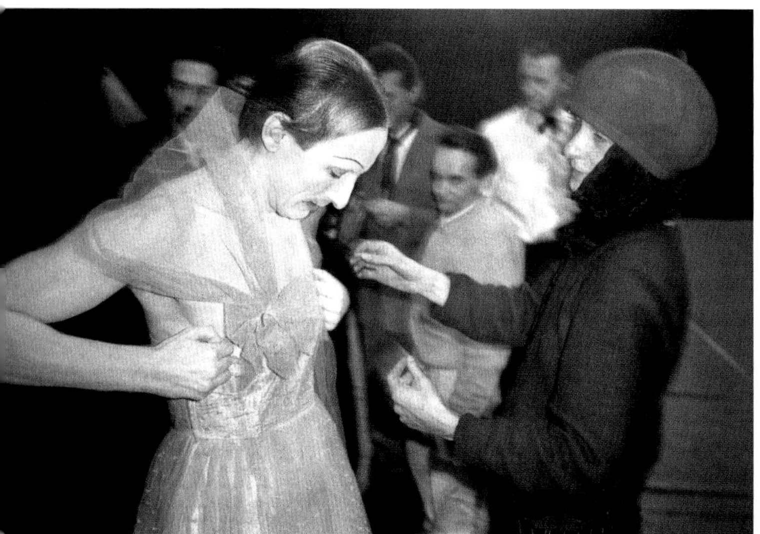

Rechte Seite:
Dominique Mercy, Raimund Hoghe, Jan Minarik, Pina Bau (von li.), bei den Filmaufnahm für »Die Klage der Kaiserin«, Wuppertal, 1989

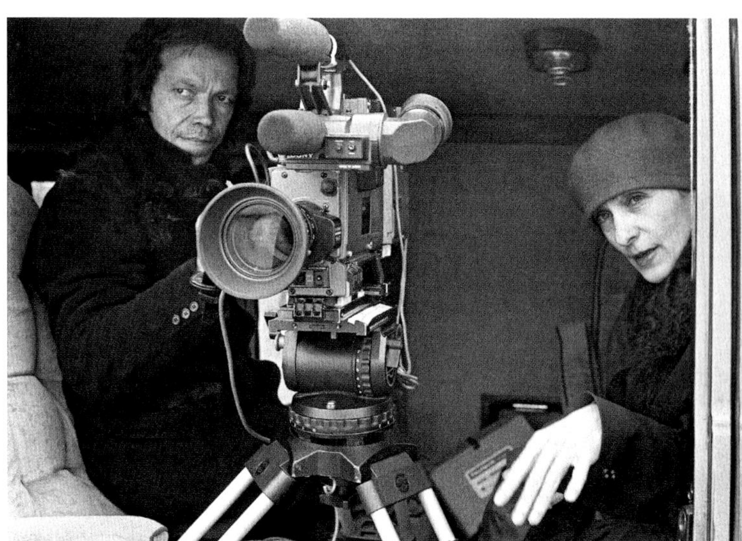

Bei den Filmaufnahmen für »Die Klage der Kaiserin Ed Kortlandt, Helena Pikor Barbara Hampel, Jean-Laur Sasportes, Urs Kaufmann, Bausch, Wuppertal, 1989

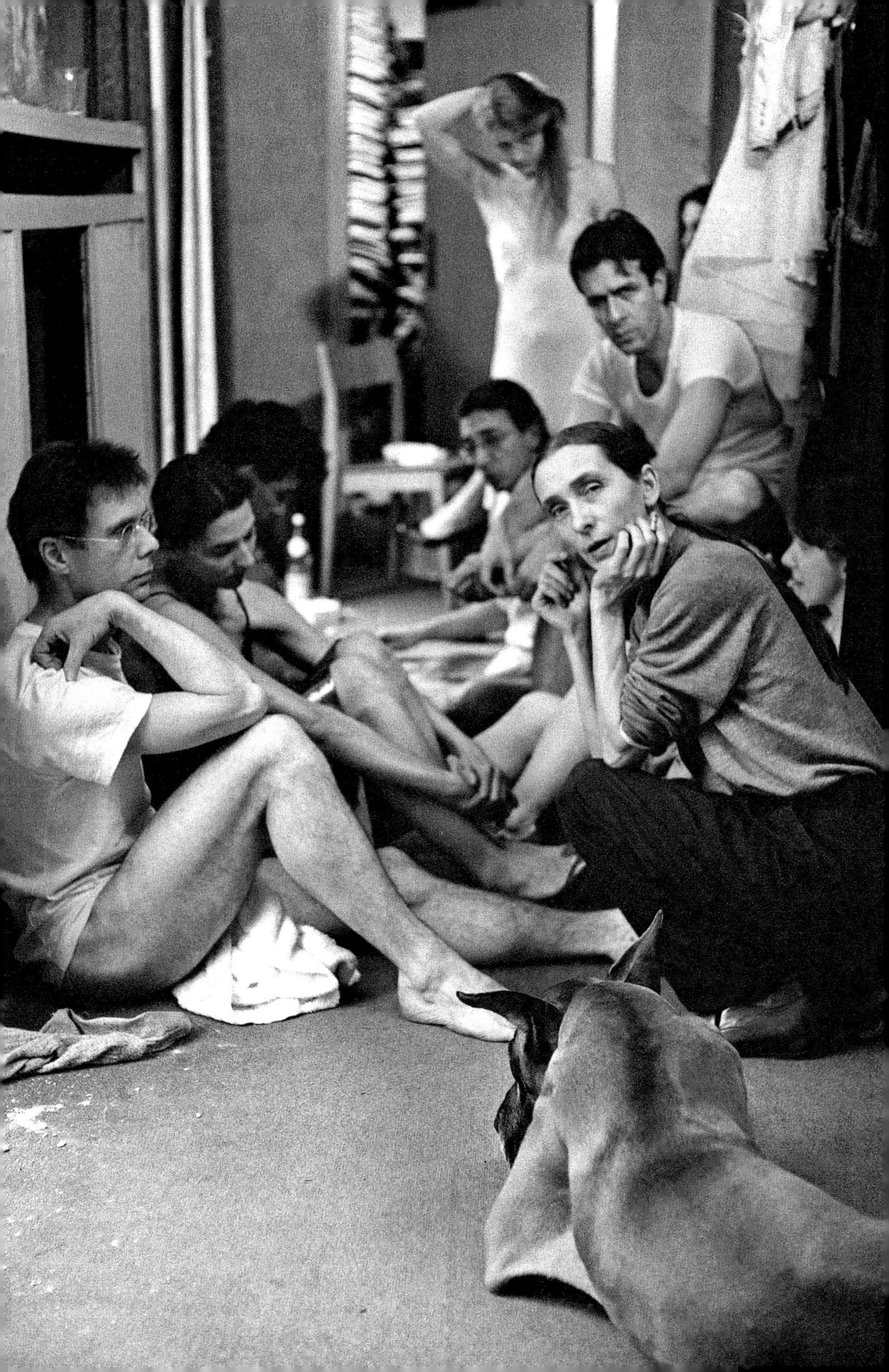

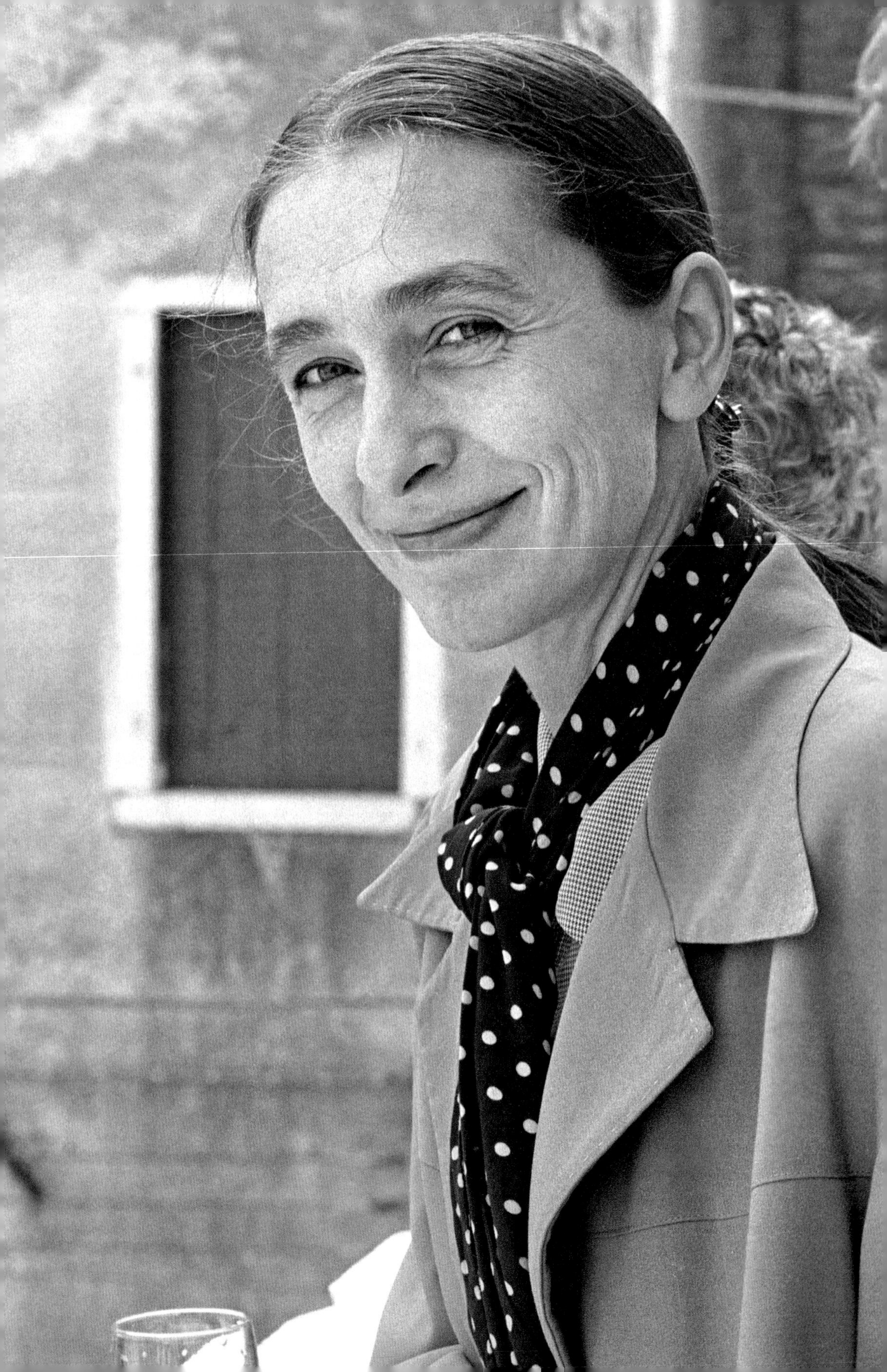

cott und Beatrice Libonati, die bei der Uraufführung dabei waren, übernahmen die Einstudierung.

Bei der Uraufführung war *Kontakthof* ein Erfolg gewesen, auch wenn Pina Bausch noch nicht ganz »angekommen« war beim Wuppertaler Publikum. Erst am Premierenabend trug es den Titel *Kontakthof*: Ein großer leerer Saal, in der Ecke ein Klavier, an der hinteren Wand Stühle nebeneinander, auf denen 20 Tänzer in knallbunten Abendkleidern oder dunklen Anzügen sitzen. Jo Ann Endicott im roten Kleid steht auf, geht bis zur Rampe und zeigt sich von allen Seiten. Zeigt Zähne, Hände, Füße, Haar, Vorderansicht, Rückenansicht und Profil. Danach kommt einer nach dem anderen von hinten nach vorn und macht es ihr nach, erweitert manchmal um Sätze wie »Ich komme aus Paris« oder »Ich komme aus Hamburg und bin verheiratet«. Danach geht jeder wieder an seinen Platz zurück. Man stellt sich vor, stellt sich aus, gibt sich den Blicken der Zuschauer preis. So hatte sich einst auch Pina Bausch als junge Tänzerin in New York an der Metropolitan Opera beworben – »der Anfang ist aus der Erinnerung daran entstanden«.

Im Lauf des dreistündigen Stücks wird dieser *Kontakthof* – einer Tanzschule ähnlich – immer mehr ein Ort für schüchterne, sehnsüchtige, verzweifelte Annäherungsversuche, für die Suche nach Zärtlichkeit, Hoffnung auf Liebe, Erlösung von der Einsamkeit. Und ein Ort der unerfüllten Sehnsucht, an dem alle Kontaktversuche scheitern, komisch wie tragisch.

22 Jahre später, am 25. Februar 2000, die Wiederaufnahme von *Kontakthof* im Schauspielhaus Wuppertal, diesmal aber mit Damen und Herren ab »65«. Können nichtprofessionelle Darsteller, die nie zuvor getanzt haben, dieselben Gesten, Posen, Tanzschritte, Armbewegungen so auf der Bühne zeigen, dass es mehr

ch einer Presse-
ıferenz im Teatro
Fenice, Venedig,
9

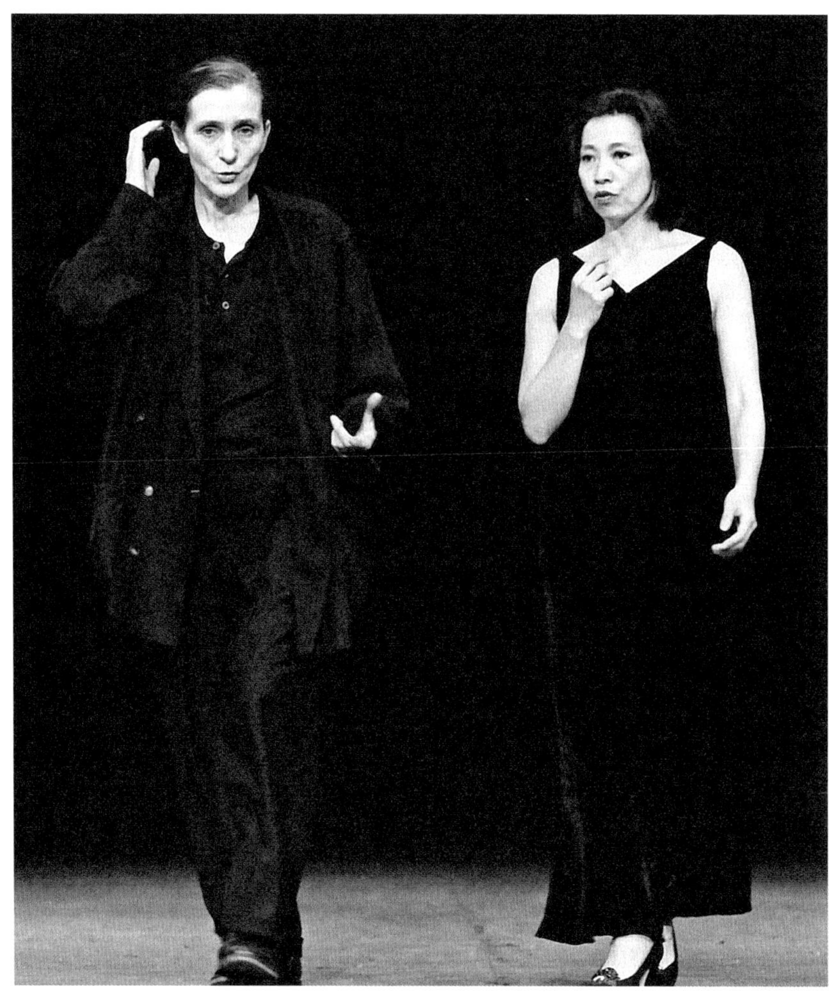

Mit Mariko Aoyama, Wiederaufnahme
von »Viktor«, Wuppertal, 1992

Mit Mikhail Baryshnik
»25 Jahre Tanztheater
Wuppertal«, 1998

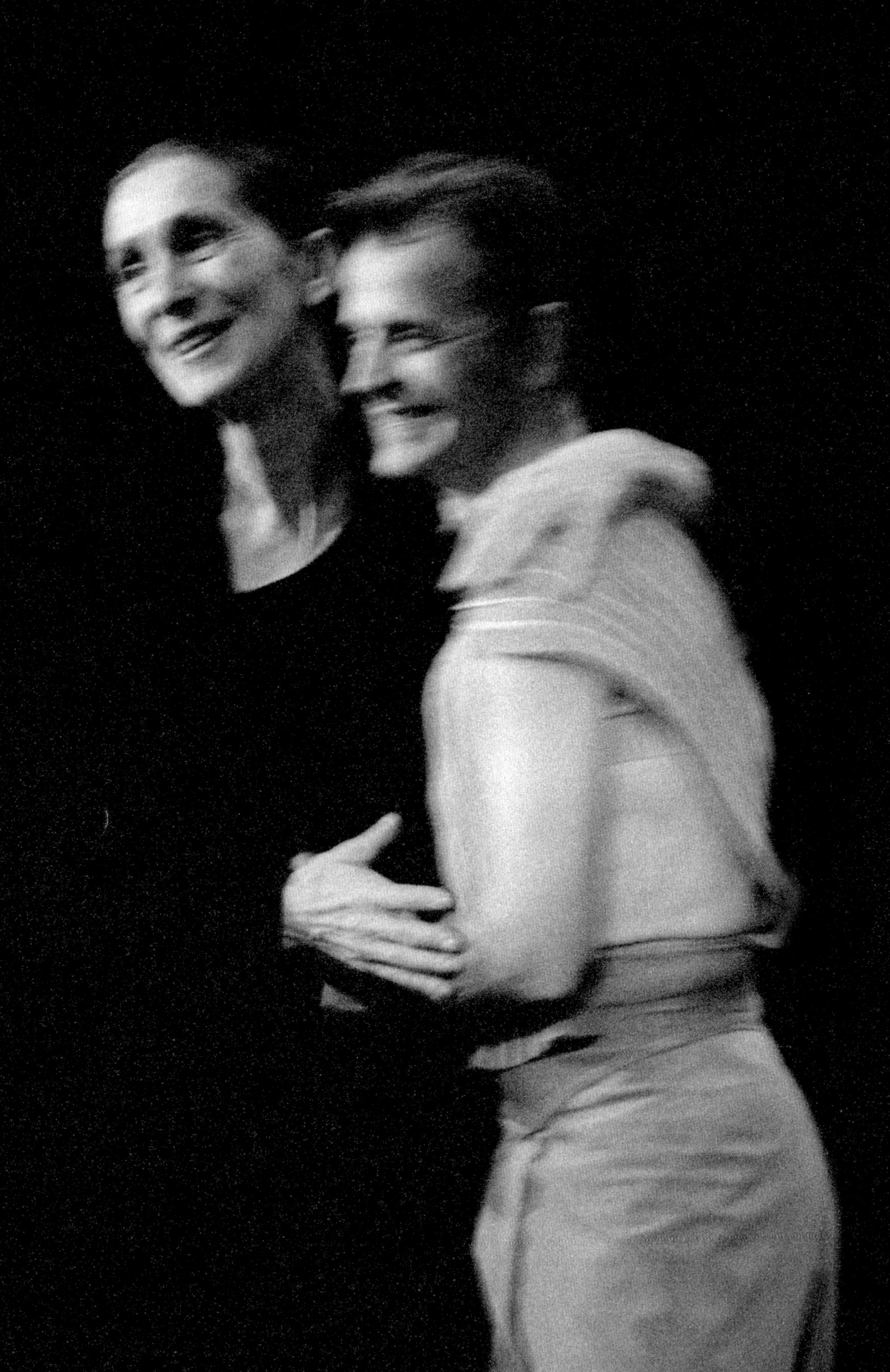

ist als peinliches Laientheater? Können Laien, dazu noch Senioren, den Kunstanspruch erfüllen?

Derselbe leere Saal mit Klavier, Stühlen an den Wänden, auf denen Frauen und Männer sitzen. Eine von ihnen im roten engen Kleid steht auf, kommt nach vorn, bleckt die Zähne, zeigt Hände, Füße, Haar und den Körper von allen Seiten. Danach kommt einer nach dem anderen nach vorn und macht genau das, was 22 Jahre vorher zum ersten Mal über die Theaterbühne gegangen war. In diesen ersten Minuten verschwinden alle Befürchtungen. Gebannt schaut man zu, wie diese älteren Darsteller das gleiche Stück spielen, dieselben Gefühle hervorrufen und dazu noch ganz andere. Die Sorge weicht schnell einer großen Bewunderung, ja tiefen Berührung. Sich zeigen, sich ausstellen von allen Seiten, von hinten und von vorn – alle Bewegungen scheinen zu sagen: Seht her, sind wir nicht schön; gibt es trotz unserer Falten nicht auch im Alter eine ganz besondere Schönheit? Auch wenn unsere Körper nicht mehr jung sind, keine Idealmaße haben. Nein, wir gehören noch nicht zum alten Eisen. Weder im Leben noch in der Kunst.

Und sie beweisen es mit Energie, Temperament, Präzision, erstaunlicher Beweglichkeit sowie tänzerischer Sicherheit und Begabung. Da geht man aufeinander los, betastet und befühlt sich, versucht ungelenke Umarmungen, rennt wieder voreinander weg, probt zu Schlagern vornehmlich der zwanziger Jahre Tänze miteinander. Zärtlichkeiten zu zweit oder in der Gruppe schlagen um in Tätlichkeiten, Umarmungen in (Geschlechter-)Kämpfe, Zurufe werden durch laute Musik übertönt. Wenn die Männer quer durch den Raum ins Leere greifend zu den Frauen rutschen, werden sie abgewiesen (und umgekehrt). Einmal scheint beinahe ein Kontakt zu gelingen: Ein Paar, durch die Breite des Bühnenraums voneinander getrennt, sitzt sich auf Stühlen gegenüber, scheu und schamhaft lächelnd. Sie beginnen sich auszuziehen (ja, natürlich gehören Sexualität und Erotik auch zum Alter). Da fällt die Tanzgesellschaft ein und bereitet der zaghaften Liebe ein Ende, bevor sie richtig angefangen hat. Auch die Kontaktversuche mit dem Publikum – das Theater als Kontakthof – misslingen. Wenn alle Stuhl an Stuhl vorn in einer Reihe sitzen und jeder vor sich hinredet, gelangen nur noch Gesprächsfetzen über die Rampe.

Am Ende viel Jubel: Das Wagnis war überzeugend gelungen. Dieser *Kontakthof* erreichte die gleiche Intensität der Urfassung und in manchen Momenten eine zusätzliche Dimension. Was immer die Darsteller auf der Bühne taten: Ihre Bewegungen, Tänze, Gesten sprachen nicht nur von der Gegenwart, sondern von einer Vergangenheit, die länger und tiefer war, als sie es bei jungen Tänzern sein kann. Während diese sich an Kindheit und Jugend erinnern, hatten die Männer und Frauen jenseits der 50 ein gelebtes Leben hinter sich und riefen beim Zuschauer andere Assoziationen hervor. Ihre Körper sprachen davon, ihre Gesichter waren davon gezeichnet, wenn sie lachten und weinten, sich selbst befühlten, den anderen betasteten, sanft und heftig, ihn umarmten oder mit ihm tanzten, ihn begehrten. Sie hatten eine Würde, die Pina Bausch zum Leuchten brachte. Über zehn Jahre stand *Kontakthof. Mit Damen und Herren ab »65«* auf dem Spielplan des Tanztheaters Wuppertal. Zahlreiche Gastspiele führten die Senioren vor allem ins europäische Ausland.

Kontakthof sei von der Form her ein schlichtes Stück, sagte Pina Bausch. Deshalb nur sei es überhaupt möglich, dass Laien es aufführen könnten. So kam es zu einem weiteren Versuch: *Kontakthof. Mit Teenagern ab »14«*. Pina Bausch: »Ich hatte den Wunsch, genau dasselbe Stück einmal zu sehen, wenn die Lebenserfahrung noch gar nicht da ist.« Im Jahr 2007 reifte die Idee. Am Ende von etlichen Castings waren es 40 Schüler aus verschiedenen Wuppertaler Schulen, die *Kontakthof* mit den Tänzerinnen Jo Ann Endicott und Bénédicte Billiet einstudierten. Keiner der Jugendlichen hatte Erfahrung mit Tanz, einige Jungs hatten allenfalls Hip-Hop getanzt – aber tanzen wie bei Pina Bausch? Einige hatten den Namen Pina Bausch noch nie gehört, obwohl sie in Wuppertal lebten. Am Anfang der Proben stand ein großes Fragezeichen: War es wirklich möglich, pubertierende Jugendliche fast ohne Erfahrung mit dem anderen Geschlecht an dieses Stück heranzuführen?

Premiere war am 7. November 2008. Der Schlussapplaus nahm kein Ende. Die Jugendlichen hatten wie die älteren Laien den ursprünglichen *Kontakthof* mit neuen Gefühlen und Einsichten auf die Bühne gebracht. Sie hatten verstanden und gezeigt, was Pina Bausch ihnen einmal bei einer Probe gesagt hatte: »Ihr müsst ihr selbst bleiben, mit all den Qualitäten und Raffinessen, die jeder Mensch hat.« Auch dieser *Kontakthof* wurde in viele europäische Städte eingeladen (was allerdings immer nur in den Schulferien möglich war). Außerdem hatte Pina Bausch in eine filmische Begleitung der Proben von Beginn bis zur Premiere eingewilligt. Der Film *Tanzträume. Jugendliche tanzen »Kontakthof« von Pina Bausch* kam 2010 in die Kinos und wurde mehrfach ausgezeichnet.

Jedes Jahr ein neues Stück: Pina Bausch gönnte sich keine Atempause. Als einmal eine Journalistin während eines Gesprächs mit Pina Bausch bemerkte, sie würde am liebsten gar keine Ferien machen, weil sie an einem größeren Projekt arbeite, da sagte Pina Bausch, so ergehe es ihr jedes Jahr, wenn die Theaterferien näherkämen. Sie wolle eigentlich nie weg, weil sie mit ihrer Arbeit beschäftigt sei. Lächelnd meinte sie: »Aber man zwingt mich dazu.«

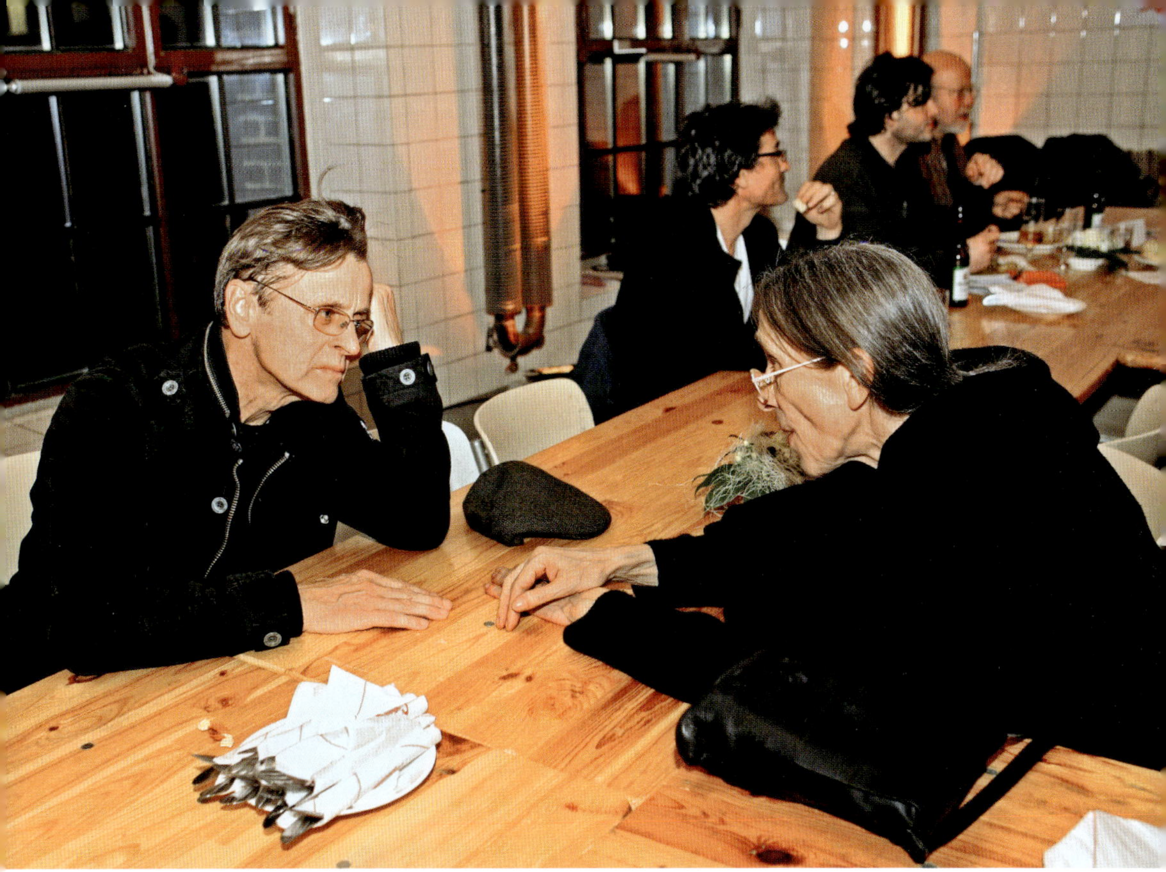

Mit Mikhail Baryshnikov, im Rahmen von »Ein Fest mit Pina Bausch«, PACT Zollverein, Essen, 2008

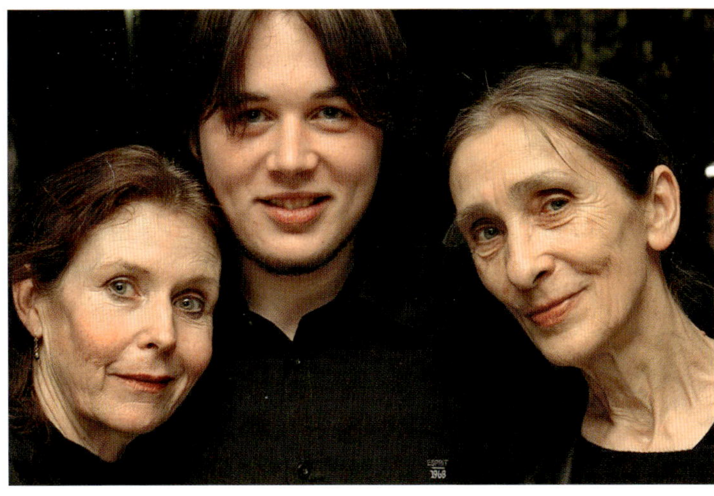

Jo Ann Endicott, David Erler, Pina Bausch (von li.), bei der Premierenfeier des Stückes »Kontakthof. Mit Teenagern ab ›14‹«, Wuppertal, 2008

Es waren immer nur wenige Sommerwochen, die sie mit ihrem Lebensgefährten Ronald Kay meist in Italien verbrachte.

Dann ging die Arbeit weiter, die Vorbereitung auf ein neues Stück mit immer derselben Arbeitsweise: Pina Bausch stellte Fragen, die Tänzer antworteten. »Wenn wir wollen«, sagte die Tänzerin Ruth Amarante. Niemand würde gezwungen, alles sei freiwillig. Lutz Förster: »Man konnte alles ausprobieren. Ohne Angst. Man wurde nie heruntergemacht.« Die Choreographin habe stundenlang zugucken können. Sie habe nie bewertet. So seien die verrücktesten Dinge entstanden. Zum Beispiel das Schlussbild von *Nelken*: Alle Tänzer kommen einzeln auf die Bühne, die Arme hoch über dem Kopf zu einem Kreis erhoben, stellen sie sich vors Publikum und verraten in knappen Sätzen, warum sie Tänzer geworden sind. Auch Lutz Förster: »Ich bin wegen eines Haltungsschadens zum Ballett gekommen. Und der wurde dann auch behoben. Und meine Lehrerin meinte, ich sei ein Riesentalent.« Dann reiht er sich wieder lächelnd ins Gruppenbild ein. Ein Haltungsschaden, etwa schon als Kind? Förster lacht: »Das war nicht autobiographisch.« Die Sache mit dem Haltungsschaden sei in den stundenlangen Proben zum *Nelken*-Schlusstableau entstanden. Immer die gleiche Position. Die Arme schmerzten schon. Da sei er irgendwann nach vorn gegangen und habe gesagt: »Ich bin wegen eines Haltungsschadens zum Ballett gegangen.« Das habe Pina Bausch gefallen – und Förster hatte seinen Schlusssatz.

Pina Bauschs Methode, fragend mit den Tänzern weit in die Kindheit zurückzugehen, habe, so Förster, »nie dazu geführt, dass wir uns hingesetzt und versucht haben, unser Leben zu verarbeiten«. Dennoch sei manches biographisch. Zum Beispiel diese Szene aus *Nelken*: Lutz Förster tritt im eleganten dunklen Anzug im dichten Nelkenfeld auf. Stumm, nur mit Gesten, »singt« er den

Gershwin-Song *The Man I Love* (interpretiert von Sophie Tucker) mit. Durch seinen Freund hatte Förster die Stimme Sophie Tuckers kennengelernt. Zwei Jahre nach dem Krebstod des Freundes begegnete er einem Taubstummenlehrer, einem Gerichtsdolmetscher »am Schwulenstrand von San Diego«. Die Gebärdensprache faszinierte ihn, und er bat ihn, ihm in dieser *The Man I Love* beizubringen. Als Pina Bausch bei einer Probe zu *Nelken* die Frage stellte, worauf sie, die Tänzer, besonders stolz seien, habe er dieses Lied buchstabiert. »Das hat ihr gefallen.«

Auch Mechthild Großmann hat sich bei den Proben zu *Walzer* an eine wahre Begebenheit erinnert: »In den Anfangsjahren haben Pina und Rolf und einige Tänzer bis spät, bis morgens um drei oder vier Uhr, in der Kneipe zusammengesessen.« Man habe nicht viel getrunken, weil man gearbeitet habe. »Wenn man dann sagte: ›O bitte, ich kann nicht mehr‹, entgegnete Pina: ›Och, noch ein Weinchen und ein Zigarettchen, aber noch nicht nach Hause.‹ Und das wurde dann so ein Spruch zwischen uns.« Jahre später habe sie das einfach benutzt. Pina Bausch habe diesen Text zunächst gar nicht wiedererkannt, »aber sie fand es wunderschön«. So wurde daraus ein Bühnenspruch für Mechthild Großmann: »Och nee, nee, noch nich nach Hause, erst noch en Weinchen – en Weinchen und en Zigarettchen, aber nich nach Hause, ne?«

Biographisches hat auch Pina Bausch selbst vielfach beigesteuert, zum Beispiel das Vorstellen in *Kontakthof* als Erinnerung an ihre Vorstellung in der Metropolitan Opera. Oder das Schlachten des Lämmchens Pina in ihrer Solinger Kindheit: Es kam auf die Bühne – verfremdet, wie alle Erinnerungen – in *Viktor*. Oder das gepunktete Rucksäckchen, mit dem sie zu ihrer Verwandtschaft nach Wuppertal gefahren ist – als Zitat ist es in mehreren Stücken zu sehen.

Für Mechthild Großmann waren die Proben eine neue Erfahrung. »Pina Bausch war unendlich geduldig. Sie konnte einem wirklich stundenlang zusehen mit einer Konzentration, die ich vorher nie von einem anderen Regisseur bekommen hatte.« Pina Bausch war ein Augenmensch: Der Sprache misstraute sie; nur das, was sie sah, glaubte sie. Dominique Mercy erinnert sich an andere Eigenschaften: »Sie hat nie geschrien, wie viele Regisseure das tun, nie laut gesprochen. Sie ist ganz selten außer sich gewesen.«

Für die Tänzer war das für das Tanztheater Wuppertal typische Probenverfahren nicht ganz einfach. Pina Bausch wusste das: »Ich sage ja nie, was gut ist. Ich gebe keinen Kommentar ab zu den Dingen, die sie machen. Manchmal lache ich, das heißt aber noch lange nicht, dass ich es gut finde. Die Tänzer wissen gar nicht, was ich eigentlich suche. Und was ich mit den Dingen mache.« Das erforderte sehr viel Vertrauen. Deshalb durfte auch kein Fremder, keine Presse, keine Filmkamera, bei diesen Proben dabei sein. Ob sich die Tänzer nie benutzt oder ausgenutzt gefühlt haben, als Lieferanten von Material? Diese Frage ist ihnen oft gestellt worden. Nein, so Lutz Förster, das habe er nie so empfunden. Er habe die Fragen als Bereicherung erlebt. Die Tänzerin Nazareth Panadero: »Durch diese Fragen habe ich mich selbst kennengelernt.« Ohne diese Fragen hätte sie nie erfahren, welche Fähigkeiten in ihr steckten. Außerdem würde sie ohne Pina Bausch mit ihren über fünfzig Jahren mit Sicherheit nicht mehr tanzen.

Aber bei Pina Bausch war das möglich. Sie hat die Besonderheit jedes Tänzers entdeckt, allen ihre Unverwechselbarkeit gelassen, jeden Einzelnen individuell gefordert und gefördert. »Das war keine normale Beziehung zwischen uns und Pina Bausch«, so Mercy. »Das war eine Liebesbeziehung. Mit allem, was dazugehört. Mit Momenten von Freude, mit Momenten von Verzweiflung, von Glück und Enttäuschung.« Eine Liebesbeziehung, die für jeden anders gewesen ist. »Das sind ja alles Perlen«, so Pina Bausch, »jeder auf seine Weise. Ich kann nur froh und glücklich sein, dass diese Persönlichkeiten mit mir so einen großen Teil ihres Lebens verbringen.«

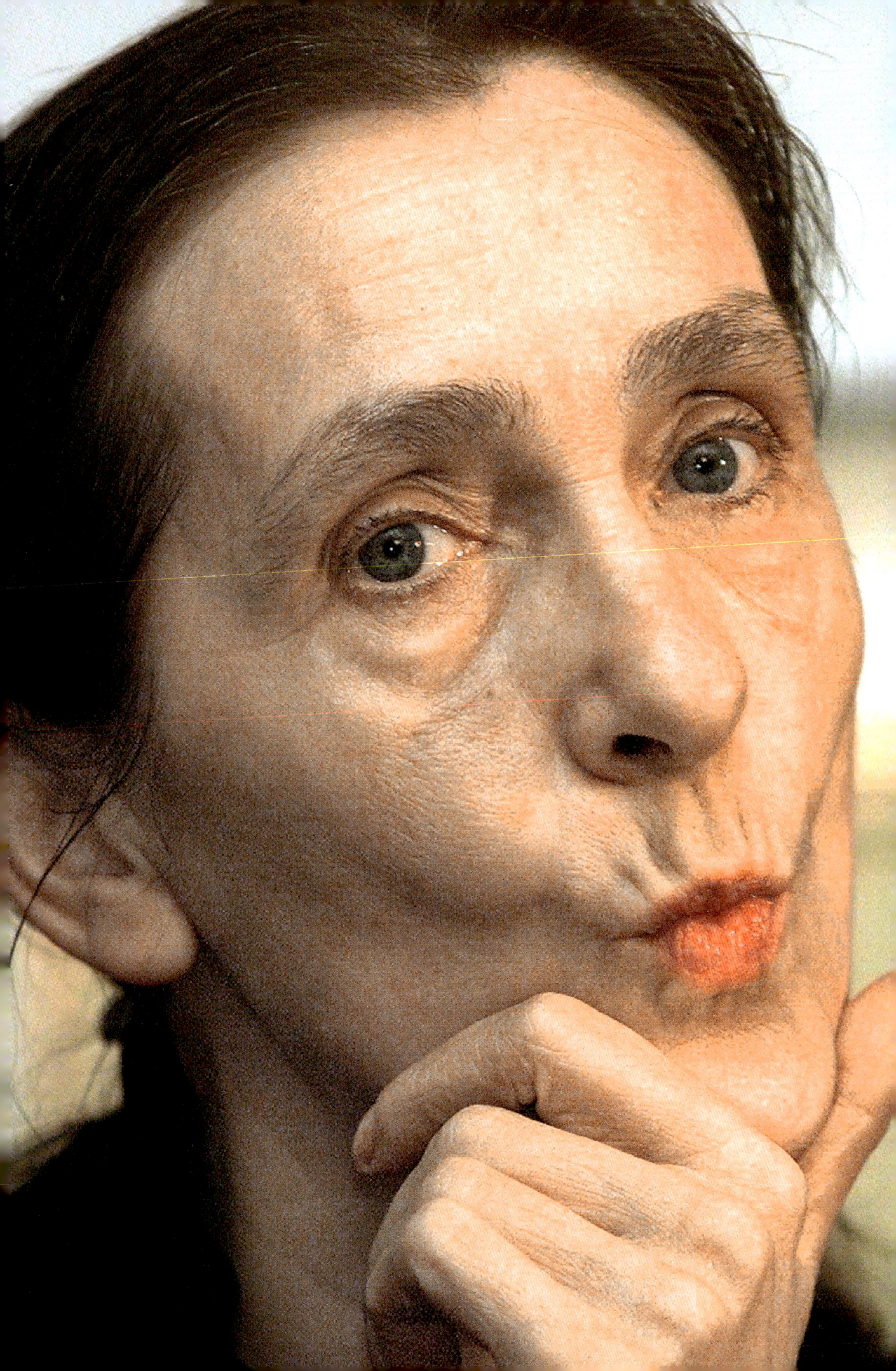

ZEHN

ABSCHIED

In den vielen Jahrzehnten hat Pina Bausch alle Preise und Ehrungen erhalten, die man als Tänzerin und Choreographin bekommen kann, bis hin zum Kyoto-Preis 2008 für ihr Lebenswerk, neben dem Nobelpreis die höchste Auszeichnung in Wissenschaft und Kultur. Sie fühlte sich von jedem Preis geehrt, weil damit nicht nur sie als Person, sondern der Tanz überhaupt ausgezeichnet wurde. Als die Nachricht aus Kyoto kam, war sie fassungslos. Japan gehörte inzwischen auch zu den Länder, die das Tanztheater Wuppertal mehrfach eingeladen hatten, auch zu einer Kooperation – *Ten Chi* heißt das Stück, das dort 2004 entstanden ist. Kyoto hatte Pina Bausch mehrere Male besucht. Eine Einladung in einen Tempel hat sie als große Ehre empfunden: »Es war so unglaublich friedlich und schön den ganzen Nachmittag bis spätabends. Das ist für mich unvergesslich.«

Der Alltag in Wuppertal war für Pina Bausch stets angefüllt mit den Aufgaben einer Managerin und Choreographin: Spielpläne zu entwerfen, Wiederaufnahmen mit Proben zu organisieren, ein neues Stück zu beginnen, Gastspiele vorbereiten. Es ging natürlich auch darum, an den nächsten Tag, die nächste Aufführung zu denken: »Es geht immer darum, dass es morgen möglichst richtig und schön wird.« Es gab kein Ausruhen, kein Loslassen: Wer

. der Presse-
ıferenz zu der
·miere von
'iesenland«,
dapest, 2000

Pina Bausch nach einem Gastspiel, ob in Paris oder Kalkutta, am späten Abend in fröhlicher Runde beim Essen beobachtete, konnte entdecken, dass in ihrem Kopf schon längst Gedanken für das nächste Stück rumorten.

Ronald Kay: »Sie ging morgens gegen zehn Uhr weg und hat den ganzen Tag gearbeitet und sich total verausgabt. Und dann kam sie abends nach Hause und war wie ein Häufchen Asche.« Pina Bausch: »Wenn ich dann gegen 23 Uhr abends nach Hause komme – vor allem in den Zeiten, wenn ich ein neues Stück mache –, dann hat Ronald etwas Leckeres gekocht. Ihm macht das Freude.« Und sie war sehr dankbar dafür. Denn »Ich würde mir höchstens ein Bütterchen machen und das während der Arbeit essen. Ich gehe ja mit mir um – schrecklich.«

Im Filmporträt *Pina Bausch* aus dem Jahr 2005 sagte sie: »Wir alle, wir haben nie gespart an uns. Und wir haben so viele Pläne, ich kann nur hoffen, es geht einfach so weiter. Aber es geht alles sehr schnell vorbei. Ich habe viele Frühlinge gesehen … und ich will noch viele sehen.» Es sollten nur noch vier werden.

Am 7. November 2008 wurde das »Internationale Tanzfestival NRW. 3 Wochen mit Pina« mit der Premiere *Kontakthof. Mit Teenagern ab »14«* im Wuppertaler Schauspielhaus eröffnet. Pina Bausch sah wie immer blass aus, aber diesmal besonders müde und noch dünner. Man sah ihr die Anstrengung der Festivalvorbereitung an. Im Januar 2009 flog sie mit ihrer Kompanie nach Chile zur Arbeit an einem Stück, eingeladen vom »Festival Internacional de Teatro Santiago a Mil« und dem Goethe-Institut in der chilenischen Hauptstadt. Das Stück hatte am 12. Juni 2009 seine Uraufführung in Wuppertal. Wie es üblicherweise bei Pina Bausch der Fall war, hatte es noch keinen Titel; heute heißt es … *como el musguito en la piedra, ay si, si, si …* Die Kritiker waren durchweg begeistert. Mit ihrer unerschöpflichen Phantasie und ihrem hintergründigen Humor hatte sie ihre Themen in Szene gesetzt: Was Liebe und die Beziehung von Mann und Frau sein können – ernst und heiter, komisch und todtraurig. Alles eingebettet in Momente von großer poetischer Kraft. Und vor allem begeisterten die (neuen) Tänzer. Schon längst war Pina Bausch wieder mehr zum Tanz zurückgekehrt. Dominique Mercy, Protagonist der ersten Stunde: »Durch die vielen neuen jungen Tänzer ist auch ein anderer Schwung in die Kompanie gekommen, andere Empfindlichkeiten und Energien. Pina hat das natürlich alles aufgenommen. Ich glaube, das war eine sehr organische Entwicklung.»

Am Ende der Folgeaufführungen des neuen Stücks ging Pina Bausch wie immer zum Schlussapplaus mit ihren Tänzern auf die Bühne. Wer genau hinsah, bemerkte, dass ihr das Gehen schwerfiel. Der letzte Auftritt war am 21. Juni. Zwei Tage später musste sie ins Krankenhaus. Sie starb am 30. Juni 2009.

Ein wunderbares Denkmal hatte ihr der spanische Regisseur Pedro Almodóvar schon 2002 gesetzt: seinen weltberühmten und mit dem ›Oscar‹ für das beste Originaldrehbuch ausgezeichneten Film *Sprich mit ihr (Hable con ella*) eröffnete er mit Pina Bausch und Malou Airaudo in *Café Müller* und zeigte am Ende Szenen aus dem Bausch-Stück *Masurca Fogo.*

Noch zu Lebzeiten hatte Pina Bausch mit dem Filmregisseur Wim Wenders ein Projekt über das Tanztheater Wuppertal konzipiert. Nach ihrem Tod drehte Wenders *Pina. Tanzt, tanzt, sonst sind wir verloren* in 3-D-Technik – es ist ein Film *für* Pina Bausch, nicht *über* sie. *Pina* wurde mehrfach ausgezeichnet und war 2012 für den »Oscar« in der Sparte Dokumentarfilm nominiert.

Pina Bausch hat den Tanz revolutioniert. Sie hat den Tanz und die Tänzer »aus der Sklaverei der Schönheit« befreit. Sie gilt als Jahrhundertgenie. Seit 1974 hat sie über 40 Stücke choreographiert, immer mit ganzem Einsatz. Trotz Abwerbungsversuchen blieb sie in Wuppertal, »einer Werktagsstadt, keiner Sonntagsstadt«. Das fand sie wichtig für ihre Arbeit. Nach Jahren der Anfeindung und des Kampfes um Verständnis und Anerkennung feierte sie nicht nur in Wuppertal, sondern überall in der Welt Triumphe. Trotz des Weltruhms ist sie in ihrer Arbeit immer authentisch geblieben. Sie sprach in allen Stücken von sich, aber gleichzeitig von den Menschen. Ihr Thema war das Leben. »Alles muss man anschauen, die Gegensätze, die Reibungen, das Schöne und das Schmerzliche. Nichts darf man auslassen. Nur so kann man ahnen, in welcher Zeit man lebt. Es geht um das Leben und darum, für das Leben eine Sprache zu finden«, so Pina Bausch in ihrer Dankesrede in Hamburg anlässlich der Verleihung des »Hansischen Goethe-Preises« der Alfred-Toepfer-Stiftung im Jahr 2001. Ihre Sprache wurde überall in der Welt verstanden und geliebt – ihr Werk ist: ein Welttheater.

Verleihung des Goethe-
Preises, Frankfurt, 2008

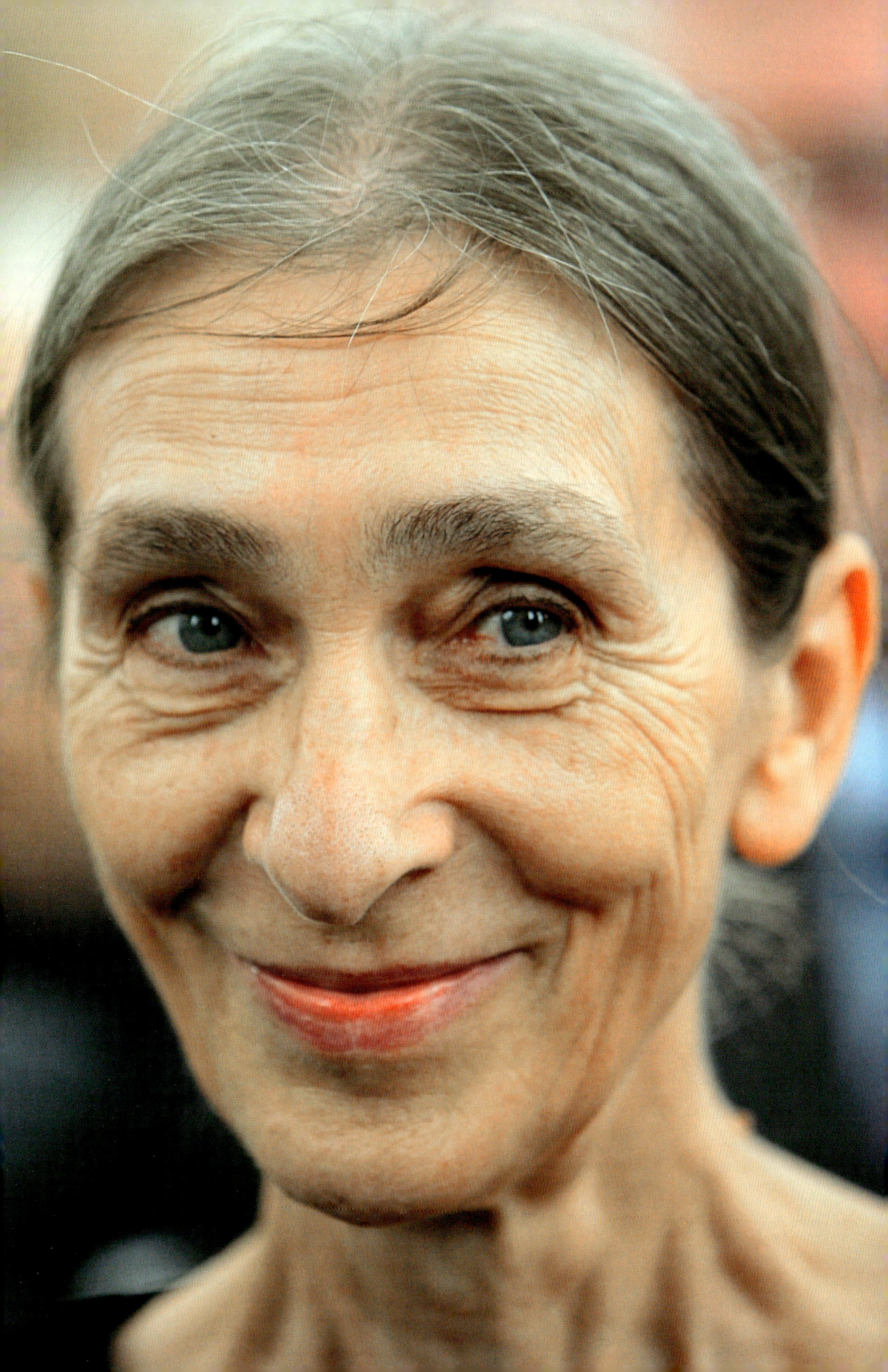

NACHWORT

1973 folgte Pina Bausch dem Ruf des Wuppertaler Generalintendanten Arno Wüstenhöfer: Sie ging von Essen nach Wuppertal, um dort das Ballett der Bühnen zu leiten. Von diesem Beginn an habe ich Pina Bausch und ihre Arbeit journalistisch begleitet. Ich habe über sie und ihr Tanztheater geschrieben, im Rundfunk berichtet und ab 1980 auch für das Fernsehen. Etliche Filme sind entstanden: über den Tänzer Jan Minařík *(Ein unheimlich starker Tänzer)*, eine Gastspielreise nach Indien *(Nelken in Indien)*, über Pina Bausch und das Tanztheater *(Pina Bausch)* und zuletzt über *Kontakthof. Mit Teenagern ab »14« (Tanzträume. Jugendliche tanzen »Kontakthof« von Pina Bausch)*. In diesen Jahren ist Vertrauen gewachsen zwischen Pina Bausch und mir: Ich war bei Gastspielreisen dabei, war Laudatorin und habe Hilfestellung gegeben bei Reden, die Pina Bausch halten musste. So hat es viele Gespräche gegeben, über die Arbeit, auch über Privates.

Der vorliegende Text ist in allen Fakten zum Leben von Pina Bausch authentisch. Ihre Aussagen und die ihrer Tänzer ebenso. Für die geduldige Beantwortung meiner Fragen danke ich allen Mitgliedern des Tanztheaters Wuppertal.

Die Arbeit mit Pina Bausch und über sie gehört zu den schönsten in meinem Beruf. Sie hat mein Leben bereichert.

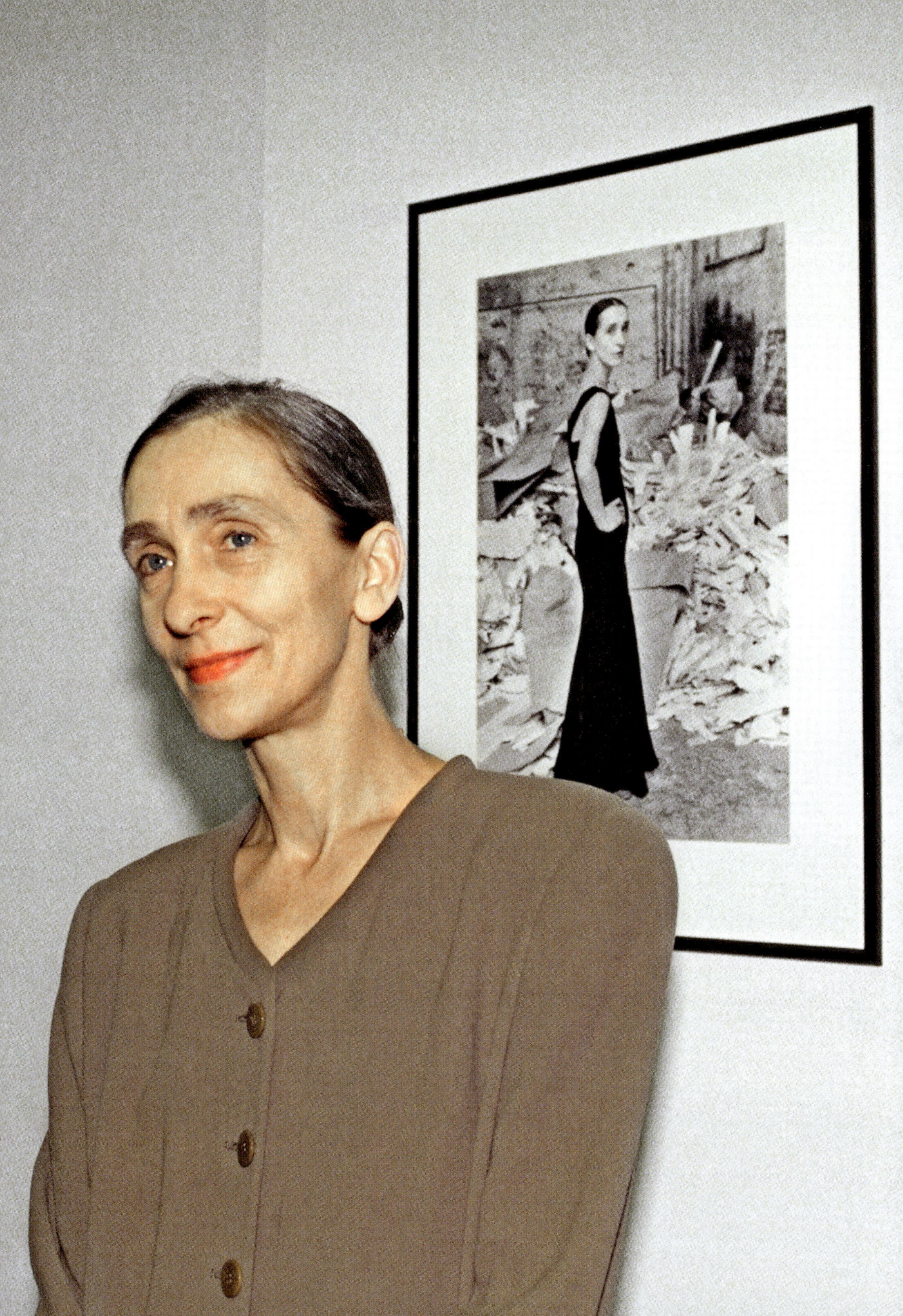

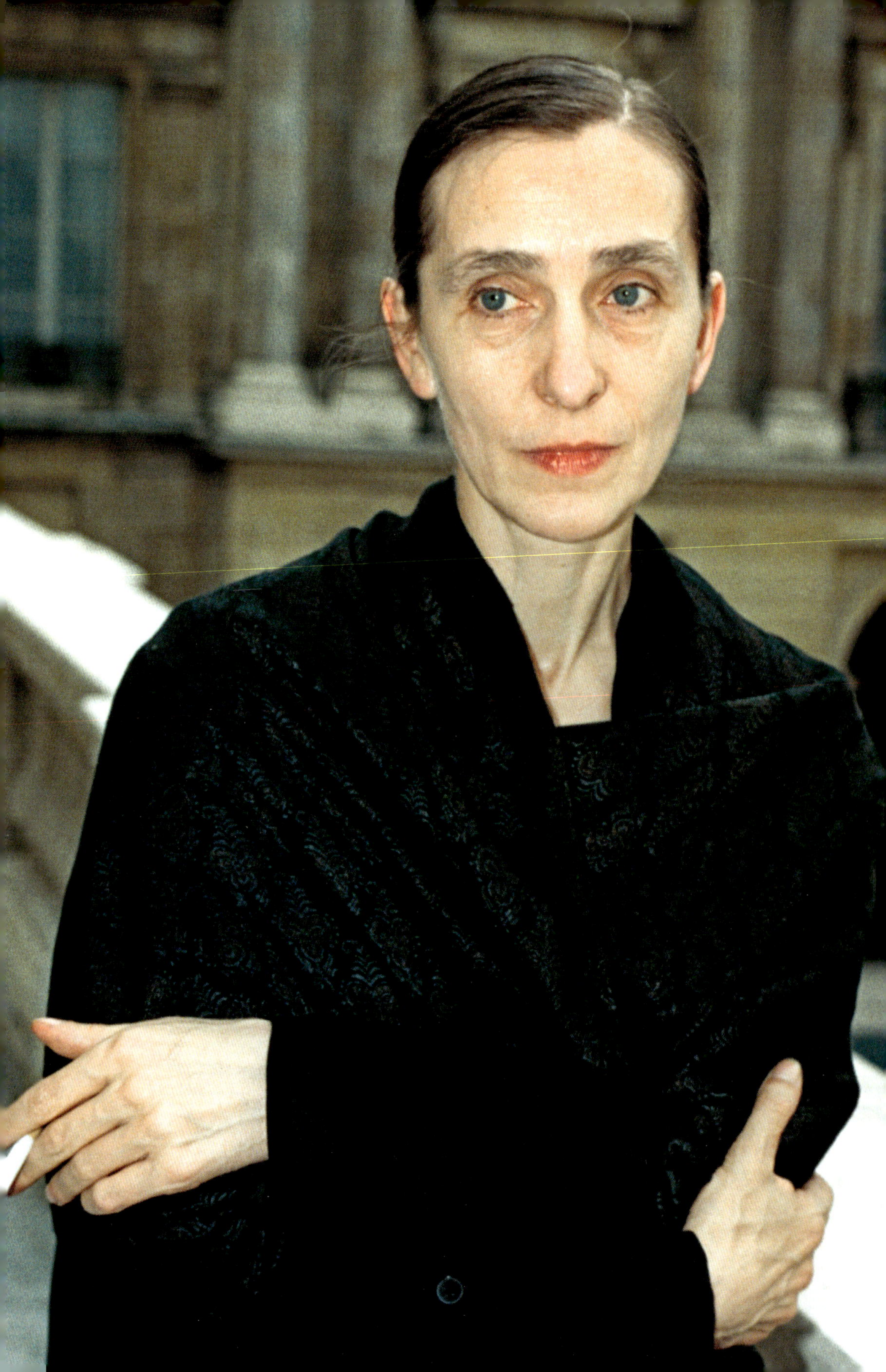

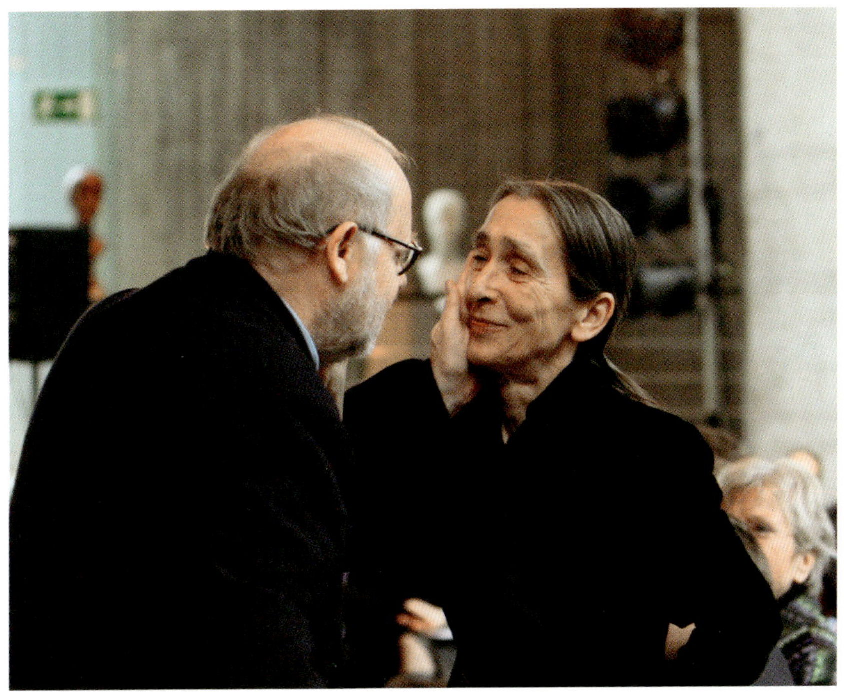

Mit Jürgen Flimm, Musikpreis der Stadt Duisburg, Duisburg, 2008

te 165:
einer Ausstellung von
os von Helmut Newton,
mburg, 1993

ke Seite:
leihung des französischen
turordens »Ordre des Arts et
Lettres«, Paris, 1999

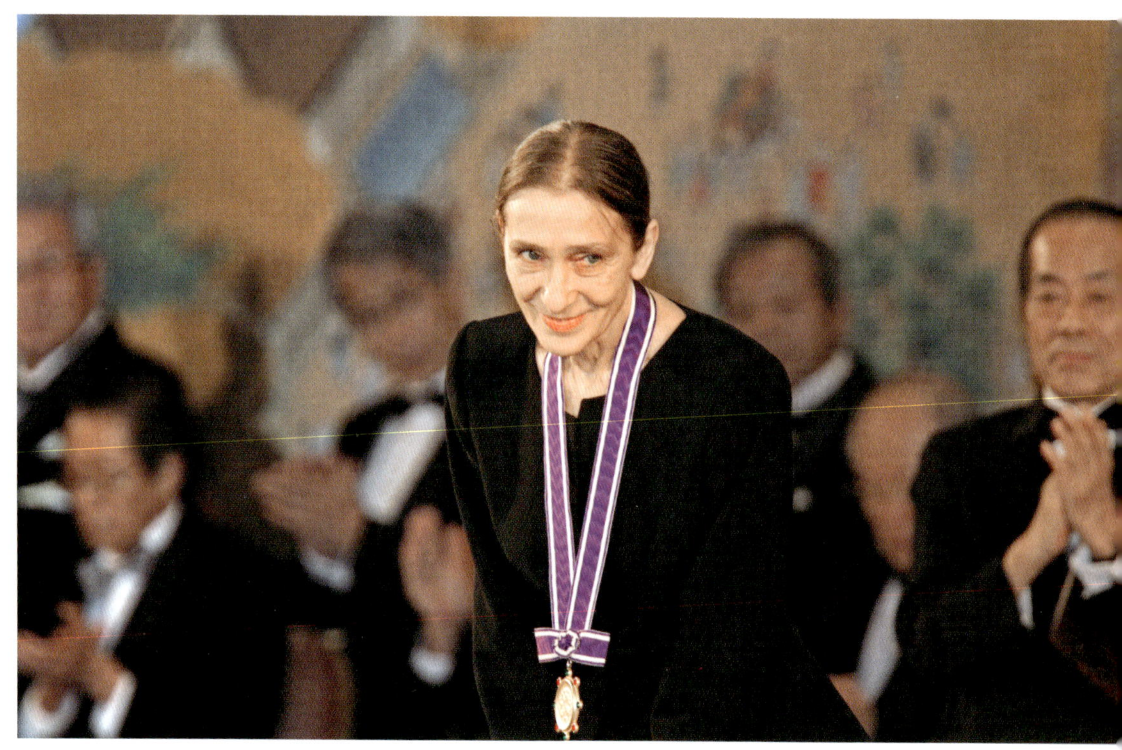

Verleihung des Kyoto-Preises,
Kyoto, 2007

Verleihung des
Goldenen Löwen
Venedig, 2007

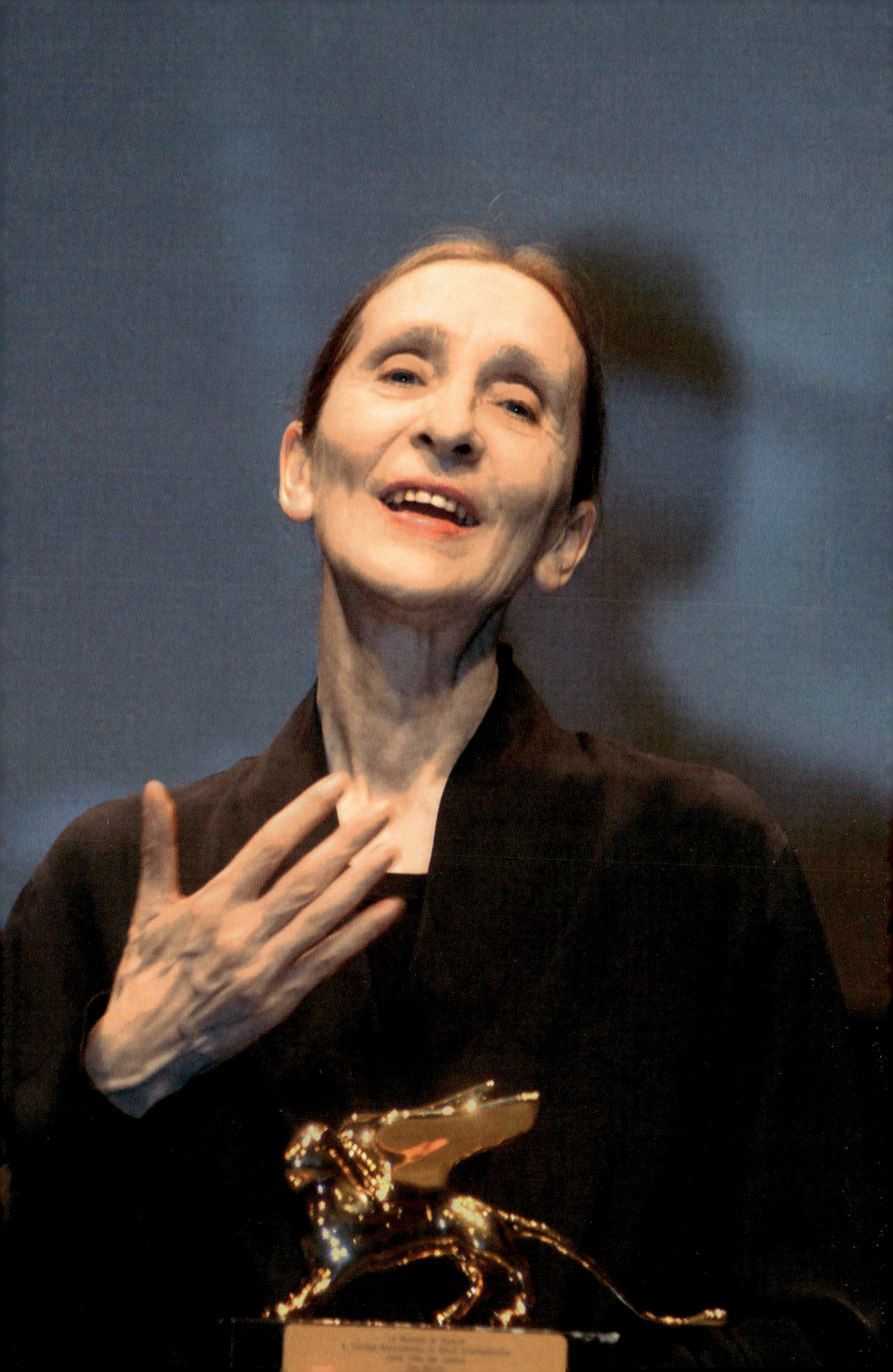

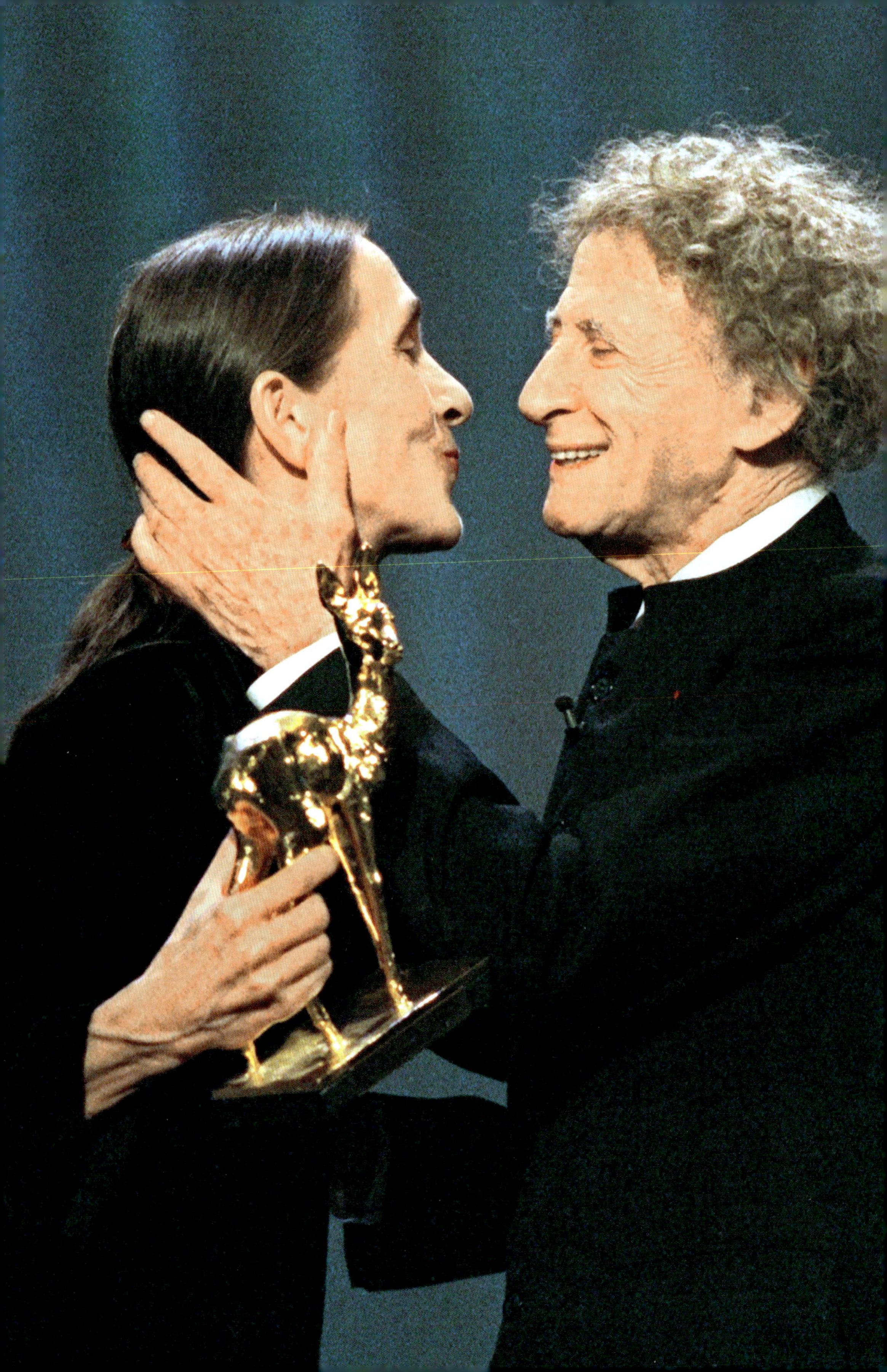

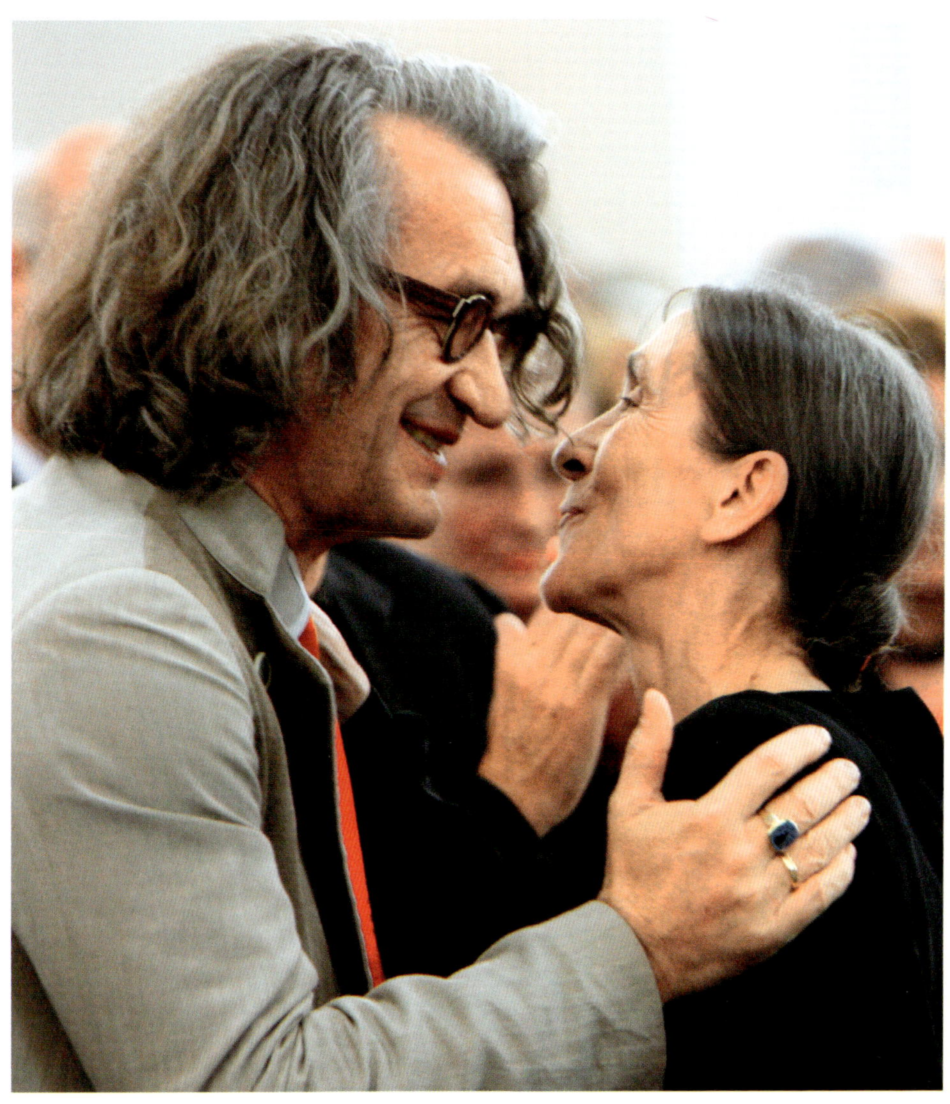

Mit Wim Wenders, Verleihung des
Goethe-Preises, Frankfurt, 2008

ke Seite:
t Marcel Marceau, Verleihung
Bambis, Karlsruhe, 1998

te 162:
ben zur Wiederaufnahme
»Orpheé et Eurydice«,
is, 2005

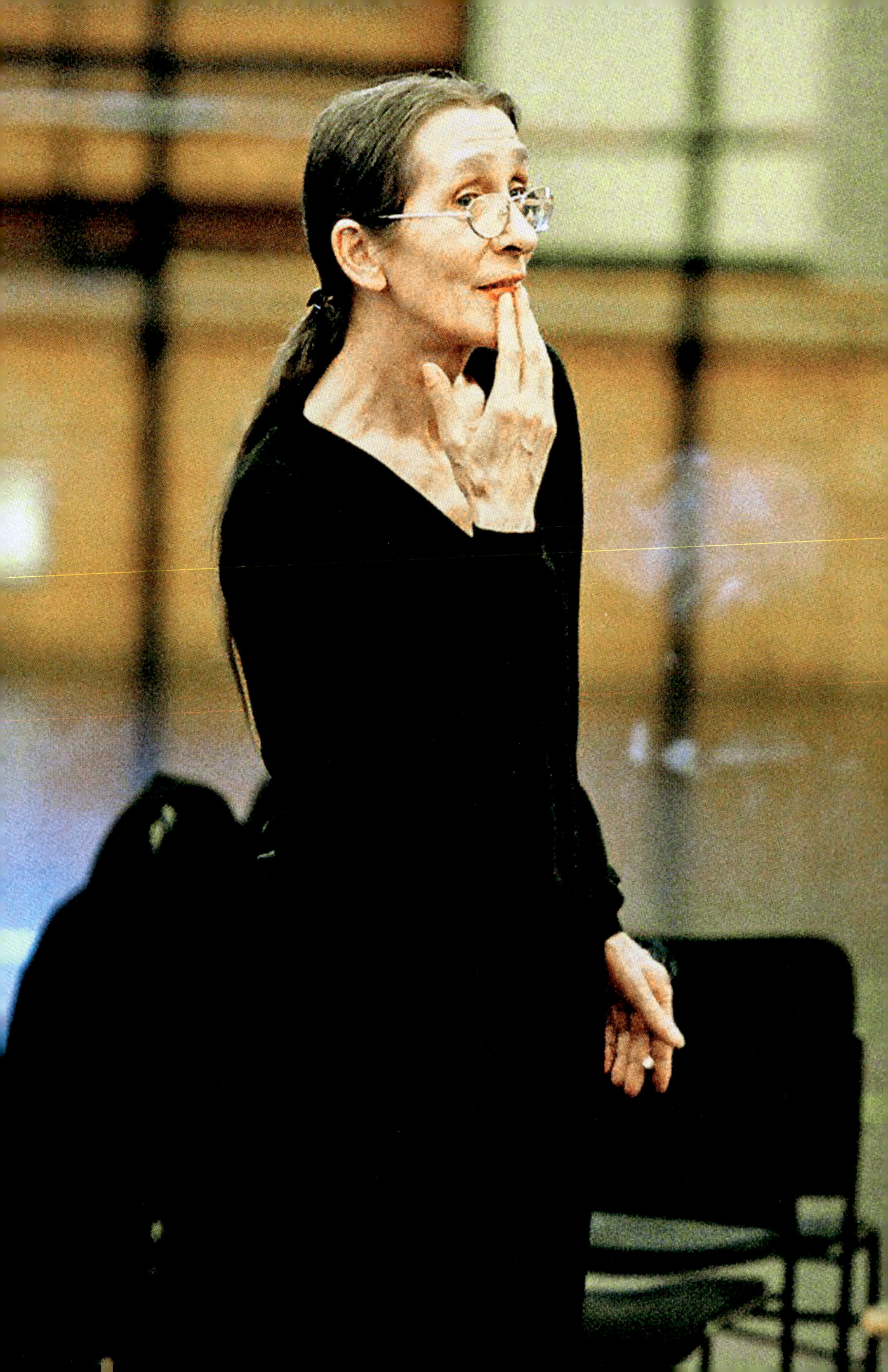

BIOGRAPHISCHE DATEN

1940 Geboren am 27. Juli in Solingen (in eine Wirtsfamilie)

1955 Beginn ihres Studiums bei Kurt Jooss an der Folkwangschule in Essen

1959 Abschlussexamen in Bühnentanz und Tanzpädagogik. Erhält den Folkwang-Preis für besondere Leistungen. Stipendium des Deutschen Akademischen Austauschdiensts zur Fortsetzung ihres Studiums in den USA

1960 »Special student« an der Juilliard School of Music in New York. Mitglied in den Kompanien von Paul Sanasardo und Donya Feuer

1961 Tänzerin beim New American Ballet (Zusammenarbeit überwiegend mit Paul Taylor) und beim Ballett des Metropolitan Opera House

1962–68 Solistin beim neugegründeten Folkwang-Ballett unter der Leitung von Kurt Jooss. Arbeitet mit den Choreographen Kurt Jooss, Antony Tudor, Lucas Hoving, Hans Züllig, und vor allem mit Jean Cébron

1968 Choreographiert für das Folkwang-Ballett *Fragmente* (Musik: Béla Bartók)

1969 *Im Wind der Zeit* (Musik: Mirko Dorner). Betreut Kurt Jooss' Choreographie der Tänze in der Oper *The Fairy Queen* von Henry Purcell bei den Schwetzinger Festspielen. Erster Preis beim Choreographiewettbewerb in Köln für *Im Wind der Zeit*. Übernimmt die Leitung des Folkwang-Tanzstudios (bis 1973). Unterricht an der Folkwang-Hochschule

1970 Uraufführung des Balletts *Nachnull* (Musik: Ivo Malec). Arbeit als Gastchoreographin am Rotterdamer Danscentrum

1971 Uraufführung des Balletts *Aktionen für Tänzer* (Musik: Günter Becker) an den Wuppertaler Bühnen, getanzt von Mitgliedern des Folkwang-Tanzstudios. Vorstellungen des Ensembles in Deutschland und den USA

1972 Choreographie des *Tannhäuser*-»Bacchanals« an den Wuppertaler Bühnen, getanzt von Mitgliedern des Folkwang-Tanzstudios. Gastlehrerin für modernen Tanz, Gastsolistin und Choreographin für die Kompanie von Paul Sanasardo (New York). Uraufführung der Choreographien *Wiegenlied* und *Philips 836885 D.S.Y.* (Musik: Pierre Henry)

1973 Erhält den Förderpreis für junge Künstler des Landes Nordrhein-Westfalen. Übernahme der Leitung des Balletts der Wuppertaler Bühnen; übernimmt die Titelrolle in der Oper *Yvonne, Prinzessin von Burgund* von Boris Blacher. Die Kompanie heißt zunächst Wuppertaler Tanztheater, später Tanztheater Wuppertal

1974 Erarbeitet erste Choreographie: *Fritz*. Als erste abendfüllende Produktion entsteht die Tanzoper *Iphigenie auf Tauris*. Choreographie der Revue *Zwei Krawatten*. Beginn der Zusammenarbeit mit dem Bühnen- und Kostümbildner Rolf Borzik

1975 Choreographiert *Orpheus und Eurydike* und den dreiteiligen Abend »Frühlingsopfer« (mit *Le Sacre du printemps*)

1976 Premiere des zweiteiligen Abends »Die sieben Todsünden«

1977 *Blaubart. Komm tanz mit mir*. Erste Auslandsgastspiele. *Renate wandert aus*

1978 *Er nimmt sie an der Hand und führt sie in das Schloß, die anderen folgen. Café Müller. Kontakthof*

1979 Erste Überseetournee (nach Südostasien). Das neue Stück *Arien* wird zum Berliner Theatertreffen eingeladen. *Keuschheitslegende*

1980 Am 27. Januar stirbt ihr Lebensgefährte Rolf Borzik nach langer schwerer Krankheit. *1980. Bandoneon*

1981 Einladung zum Berliner Theatertreffen mit *Bandoneon*. Beim Kölner Festival »Theater der Welt« zeigt das Tanztheater Wuppertal erstmals eine Werkschau. Am 28. September Geburt des Sohnes Rolf Salomon

1982 *Walzer*. Darstellerin in Federico Fellinis Film *E la nave va*. *Nelken*

1983 Übernimmt die künstlerische Leitung der Tanzabteilung der Folkwang-Hochschule (bis 1989) und hat damit erneut die Leitung des Folkwang-Tanzstudios inne (bis 1999)

1984 *Auf dem Gebirge hat man ein Geschrei gehört*. Gastspiel in Los Angeles im Rahmen des Kulturprogramms der Olympischen Spiele

1985 *Two Cigarettes in the Dark*

1986 *Viktor*

1987 *Ahnen*. DDR-Tournee

1989 Ihr Film *Die Klage der Kaiserin* erscheint. *Palermo Palermo*

1991	*Tanzabend II (Madrid)*
1993	*Das Stück mit dem Schiff*
1994	*Ein Trauerspiel*
1995	*Danzón*. Erhält den Deutschen Tanzpreis
1996	*Nur Du*
1997	*Der Fensterputzer.* Einstudierung von *Le Sacre du printemps* beim Ballett der Pariser Opéra. Aufnahme in den Orden »Pour le Mérite«
1998	*Masurca Fogo*. Inszeniert Béla Bartóks Oper *Herzog Blaubarts Burg* in Aix-en-Provence (musikalische Leitung: Pierre Boulez). Das 25-jährige Bestehen des Tanztheaters Wuppertal wird mit einem Festival gefeiert
1999	*O Dido*. Erhält den Europäischen Theaterpreis und in Japan den »Praemium Imperiale«
2000	*Wiesenland*
2001	*Água*
2002	*Für die Kinder von gestern, heute und morgen*
2003	*Nefés*. In Paris Ernennung zum »Chevalier de l'Ordre National de la Légion d'Honneur«
2004	*Ten Chi*. Ihr wird der Nijinsky-Preis verliehen
2005	*Rough Cut*. Einstudierung von *Orpheus und Eurydike* an der Pariser Opéra
2006	*Vollmond*
2007	*Bamboo Blues*. Erhält den Goldenen Löwen der Biennale von Venedig und den Kyoto-Preis der Inamori-Stiftung
2008	*Sweet Mambo*
2009	*... como el musguito en la piedra, ay si, si, si ...* Pina Bausch stirbt am 30. Juni in Wuppertal

WERKE

Fritz
Musik: Gustav Mahler, Wolfgang Hufschmidt. Ausstattung: Hermann Markard (Mitarbeit Kostüme: Rolf Borzik). Uraufführung: 5. Januar 1974, Opernhaus, Wuppertal
Darsteller: Hiltrud Blanck (Fritz), Malou Airaudo (Mutter), Jean Mindo [Jan Minařík] (Vater), Charlotte Butler (Großmutter), Dominique Mercy (Mann im Hemd), Riita Laurikainen (kahle Frau), Ed Kortlandt (Mannfrau), Carlos Orta (Mann), Tjitske Broersma (Frau im schwarzen Pelz), Heinz Samm (dicker Mann), Catherine Denisot (Mädchen mit langen Armen), Wolf Werner Wolf (Nase), Monika Sagon (Mädchengreis), Monika Wacker (Dame mit Schirm), John Giffin, João Penalva (zwei Häscher), Gabriel Sala (Mantelmann), Vivienne Newport (Mädchen)

Iphigenie auf Tauris
Musik: Christoph Willibald Gluck. Ausstattung: Pina Bausch, Jürgen Dreier. Uraufführung: 21. April 1974, Opernhaus, Wuppertal
Darsteller: Malou Airaudo (Iphigenie), Dominique Mercy (Orest), Ed Kortlandt (Pylades), Carlos Orta (Thoas), Colleen Finneran, John Giffin (Medien), Josephine Ann Endicott (Klytämnestra), Tjitske Broersma (Elektra), Hans Pop (Agamemnon), Josephine Ann Endicott, Hiltrud Blanck, Catherine Denisot, Colleen Finneran, Tjitske Broersma, Margaret Huggenberger, Charlotte Butler, Riita Laurikainen, Vivienne Newport, Monika Wacker (Priesterinnen), John Giffin, Ralph Grant, Carlos Orta, Arnaldo Álvarez (Klytämnestren), John Giffin, Ralph Grant, Hans Pop, Arnaldo Álvarez (Wache)

Ich bring dich um die Ecke
Musik: Tanzmusik nach alten Schlagern. Bühne: Karl Kneidl. Uraufführung: 8. Dezember 1974, Opernhaus, Wuppertal

Darsteller: Marlis Alt, Malou Airaudo, Pedro José Bisch, Hiltrud Blanck, Sue Cooper, Michael Diekamp, Josephine Ann Endicott, László Fenyves, Colleen Finneran, Lajos Horváth, Margaret Huggenberger, Ed Kortlandt, Stephanie Macoun, Yolanda Meier, Dominique Mercy, Jean Mindo [Jan Minařík], Vivienne Newport, Barbara Passow, Hans Pop, Monika Sagon, Heinz Samm, Matthias Schmidt, Monika Wacker, Barry Wilkinson

Adagio – fünf Lieder von Gustav Mahler
Mitarbeit: Hans Pop. Musik: Gustav Mahler. Bühne: Karl Kneidl. Uraufführung: 8. Dezember 1974, Opernhaus, Wuppertal
Darsteller: Marlis Alt, Malou Airaudo, Pedro José Bisch, Hiltrud Blanck, Sue Cooper, Michael Diekamp, Josephine Ann Endicott, László Fenyves, Colleen Finneran, Lajos Horváth, Margaret Huggenberger, Ed Kortlandt, Stephanie Macoun, Yolanda Meier, Dominique Mercy, Jean Mindo [Jan Minařík], Vivienne Newport, Barbara Passow, Hans Pop, Monika Sagon, Heinz Samm, Matthias Schmidt, Monika Wacker, Barry Wilkinson

Orpheus und Eurydike
Mitarbeit: Hans Pop. Musik: Christoph Willibald Gluck. Ausstattung: Rolf Borzik. Uraufführung: 23. Mai 1975, Opernhaus, Wuppertal
Darsteller: Dominique Mercy (Orpheus), Malou Airaudo (Eurydike), Marlis Alt (Amor); »Trauer«: Marlis Alt, Pedro José Bisch, Hiltrud Blanck, Tjitske Broersma, Sue Cooper, Michael Diekamp, László Fenyves, Colleen Finneran, Lajos Horváth, Margaret Huggenberger, Stephanie Macoun, Yolanda Meier, Jean Mindo [Jan Minařík], Vivienne Newport, Barbara Passow, Monika Wacker, Barry Wilkinson; »Gewalt«: Heinz Samm, Michael Diekamp, Jean Mindo [Jan Minařík], Marlis Alt, Pedro José Bisch, Hiltrud Blanck, Tjitske Broersma, Sue Cooper, László Fenyves, Colleen Finneran, Margaret Huggenberger, Stephanie Macoun, Yolanda Meier, Vivienne Newport, Barbara Passow, Monika Wacker; »Frieden«: Monika Sagon, Heinz Samm, Marlis Alt, Hiltrud Blanck, Sue Cooper, Vivienne Newport, Barbara Passow, Monika Wacker, Pedro José Bisch, Tjitske Broersma, Michael Diekamp, László Fenyves, Colleen Finneran, Lajos Horváth, Margaret Huggenberger, Stephanie Macoun, Yolanda Meier, Jean Mindo [Jan Minařík], Barry Wilkinson; »Sterben«: Heinz Samm, Michael Diekamp, Jean Mindo [Jan Minařík], Marlis Alt, Pedro José Bisch, Hiltrud Blanck, Tjitske Broersma, Sue Cooper, László Fenyves, Colleen Finneran, Lajos Horváth, Margaret Huggenberger, Stephanie Macoun, Yolanda Meier, Vivienne Newport, Barbara Passow, Monika Wacker, Barry Wilkinson

Frühlingsopfer
Mitarbeit: Hans Pop. Musik: Igor Strawinsky. Ausstattung: Rolf Borzik. Uraufführung: 3. Dezember 1975, Opernhaus, Wuppertal
Wind von West
Darsteller: Josephine Ann Endicott, Jean Mindo [Jan Minařík], Ed Kortlandt, Tjitske Broersma, Monika Sagon, Marlis Alt, Pedro José Bisch, Hiltrud Blanck, Sue Cooper, Fernando Cortizo, Michael Diekamp, Esco Edmondson, László Fenyves, Colleen Finneran, Lajos Horváth, Margaret Huggenberger, Yolanda Meier, Stephanie Macoun, Vivienne Newport, Barbara Passow, Heinz Samm, Monika Wacker, Barry Wilkinson
Der zweite Frühling
Darsteller: Vivienne Newport, Michael Diekamp (das alte Ehepaar), Josephine Ann Endicott, Colleen Finneran, Jean Mindo [Jan Minařík], Marlis Alt (die Erinnerungen)
Le Sacre du printemps
Darsteller: Marlis Alt, Hiltrud Blanck, Tjitske Broersma, Sue Cooper, Josephine Ann Endicott, Colleen Finneran, Margaret Huggenberger, Stephanie Macoun, Yolanda Meier, Vivienne Newport, Barbara Passow, Marie-Luise Thiele, Monika Wacker, Pedro José Bisch, Fernando Cortizo, Guy Detot, Michael Diekamp, Esco Edmondson, László Fenyves, Lutz Förster, Erwin Fritsche, Lajos Horváth, Ed Kortlandt, Jean Mindo [Jan Minařík], Heinz Samm, Barry Wilkinson

Die sieben Todsünden
Mitarbeit: Hans Pop. Musik: Kurt Weill. Text: Bertolt Brecht. Ausstattung: Rolf Borzik. Uraufführung: 15. Juni 1976, Opernhaus, Wuppertal
Die sieben Todsünden der Kleinbürger
Darsteller: Ann Höling (Anna I), Josephine Ann Endicott (Anna II), Zsolt Ketszery, Willi Nett, Siegfried Schmidt, Oskar Pürgstaller (die Familie), Hiltrud Blanck, Tjitske Broersma, Sue Cooper, Colleen Finneran, Margaret Huggenberger, Stephanie Macoun, Yolanda Meier, Vivienne Newport, Barbara Passow, Monika Sagon, Monika Wacker, Pedro José Bisch, Fernando Cortizo, Michael Diekamp, Esco Edmondson, László Fenyves, Lajos Horváth, Ed Kortlandt,
Jean Mindo [Jan Minařík], Hans Pop, Heinz Samm
Fürchtet Euch nicht
Darsteller: Mechthild Großmann, Ann Höling, Karin Rasenack, Erich Leukert, Marlis Alt, Hiltrud Blanck, Tjitske Broersma, Sue Cooper, Josephine Ann Endicott, Colleen Finneran, Margaret Huggenberger, Stephanie Macoun, Yolanda Meier, Vivienne Newport, Barbara Passow, Monika Sagon, Monika Wacker, Pedro José Bisch, Fernando Cortizo, Michael Diekamp, Esco Edmondson, László Fenyves,

Lajos Horváth, Ed Kortlandt, Jean Mindo [Jan Minařík], Heinz Samm, Matthias Schmidt, Barry Wilkinson

Blaubart. Beim Anhören einer Tonbandaufnahme von Béla Bartóks Oper »Herzog Blaubarts Burg«
Mitarbeit: Rolf Borzik, Marion Cito, Hans Pop. Musik: Béla Bartók. Ausstattung: Rolf Borzik. Uraufführung: 8. Januar 1977, Opernhaus, Wuppertal
Darsteller: Marlis Alt, Jean Mindo [Jan Minařík], Arnaldo Álvarez, Anne Marie Benati, Hiltrud Blanck, Tjitske Broersma, Fernando Cortizo, Marion Cito, Elizabeth Clarke, Guy Detot, Michael Diekamp, Mari DiLena, Esco Edmondson, Josephine Ann Endicott, Colleen Finneran, John Giffin, Ed Kortlandt, Luis P. Layag, Yolanda Meier, Vivienne Newport, Barbara Passow, Hans Pop, Monika Sagon, Heinz Samm, Monika Wacker

Komm tanz mit mir
Mitarbeit: Rolf Borzik, Ralf Milde, Hans Pop. Musik: Volkslieder. Ausstattung: Rolf Borzik. Uraufführung: 26. Mai 1977, Opernhaus, Wuppertal
Darsteller: Josephine Ann Endicott, Gisbert Rüschkamp, Arnaldo Álvarez, Anne Marie Benati, Hiltrud Blanck, Tjitske Broersma, Fernando Cortizo, Marion Cito, Elizabeth Clarke, Guy Detot, Mari DiLena, Esco Edmondson, Colleen Finneran, John Giffin, Ed Kortlandt, Luis P. Layag, Yolanda Meier, Jean Mindo [Jan Minařík], Vivienne Newport, Barbara Passow, Hans Pop, Monika Sagon, Heinz Samm, Monika Wacker

Renate wandert aus
Mitarbeit: Rolf Borzik, Marion Cito, Hans Pop. Musik: Schlager und Evergreens. Ausstattung: Rolf Borzik. Uraufführung: 30. Dezember 1977, Opernhaus, Wuppertal
Darsteller: Malou Airaudo, Marlis Alt, Arnaldo Álvarez, Anne Marie Benati, Hiltrud Blanck, Tjitske Broersma, Fernando Cortizo, Marion Cito, Mari DiLena, Josephine Ann Endicott, John Giffin, Ed Kortlandt, Luis P. Layag, Dominique Mercy, Yolanda Meier, Jean Mindo [Jan Minařík], Vivienne Newport, Barbara Passow, Jacques Antoine Petarozzi, Helena Pikon, Monika Sagon, Heinz Samm, Dana Robin Sapiro, Monika Wacker, Erich Leukert

Er nimmt sie an der Hand und führt sie in das Schloß, die anderen folgen
Mitarbeit: Ula Blum-Deuter, Hans Dieter Knebel, Ingeborg von Liebezeit, Klaus Morgenstern, Katharina Schumacher. Musik: Peer Raben. Bühne: Rolf Borzik. Uraufführung: 22. April 1978, Schauspielhaus, Bochum

Darsteller: Sona Cervena, Josephine Ann Endicott, Mechthild Großmann, Hans Dieter Knebel, Rudolph Lauterburg, Dominique Mercy, Jan Minařík, Vivienne Newport, Volker Spengler, Vitus Zeplichal

Café Müller
Musik: Henry Purcell. Bühne: Rolf Borzik. Uraufführung: 20. Mai 1978, Opernhaus, Wuppertal
Darsteller: Malou Airaudo, Pina Bausch, Meryl Tankard, Rolf Borzik, Dominique Mercy, Jan Minařík

Kontakthof
Mitarbeit: Rolf Borzik, Marion Cito, Hans Pop. Musik: Charlie Chaplin, Anton Karas, Juan Llossas, Nino Rota und andere. Ausstattung: Rolf Borzik. Uraufführung: 9. Dezember 1978, Opernhaus, Wuppertal
Darsteller: Arnaldo Álvarez, Gary Austin Crocker, Fernando Cortizo, Elizabeth Clarke, Josephine Ann Endicott, Lutz Förster, John Giffin, Silvia Kesselheim, Ed Kortlandt, Luis P. Layag, Mari DiLena, Beatrice Libonati, Anne Martin, Jan Minařík, Vivienne Newport, Arthur Rosenfeld, Monika Sagon, Heinz Samm, Meryl Tankard, Christian Trouillas

Arien
Mitarbeit: Marion Cito, Hans Pop. Musik: Ludwig van Beethoven, Wolfgang Amadeus Mozart, Sergei Rachmaninow, Robert Schumann, Lieder mit den Comedian Harmonists und andere. Ausstattung: Rolf Borzik. Uraufführung: 12. Mai 1979, Opernhaus, Wuppertal
Darsteller: Arnaldo Álvarez, Anne Marie Benati, Marion Cito, Gary Austin Crocker, Fernando Cortizo, Elizabeth Clarke, Josephine Ann Endicott, Lutz Förster, John Giffin, Silvia Kesselheim, Ed Kortlandt, Mari DiLena, Beatrice Libonati, Anne Martin, Jan Minařík, Vivienne Newport, Arthur Rosenfeld, Monika Sagon, Heinz Samm, Meryl Tankard, Christian Trouillas, Monika Wacker

Keuschheitslegende
Mitarbeit: Marion Cito. Musik: Nino Rota, George Gershwin, Peter Kreuder und andere. Text: Ovid, Rudolf Georg Binding, Frank Wedekind und andere. Ausstattung: Rolf Borzik. Uraufführung: 4. Dezember 1979, Opernhaus, Wuppertal
Darsteller: Arnaldo Álvarez, Anne Marie Benati, Gary Austin Crocker, Josephine Ann Endicott, Lutz Förster, Mechthild Großmann, Hans Dieter Knebel, Ed Kortlandt, Beatrice Libonati, Anne Martin, Jan Minařík, Nazareth Panadero, Isabel

Ribas Serra, Arthur Rosenfeld, Monika Sagon, Heinz Samm, Jean-Laurent Sasportes, Janusz Subicz, Meryl Tankard, Heide Tegeder

1980
Mitarbeit: Hans Pop, Klaus Morgenstern. Musik: John Dowland, John Wilson, Ludwig van Beethoven, Claude Debussy, Johannes Brahms, Edward Elgar, Francis Lai, Benny Goodman, Lieder mit den Comedian Harmonists und andere. Bühne: Peter Pabst (nach einem Entwurf von Rolf Borzik). Kostüme: Marion Cito. Dramaturgie: Raimund Hoghe. Uraufführung: 18. Mai 1980, Schauspielhaus, Wuppertal
Darsteller: Anne Marie Benati, Lutz Förster, Mechthild Großmann, Hans Dieter Knebel, Ed Kortlandt, Mari DiLena, Beatrice Libonati, Anne Martin, Jan Minařík, Vivienne Newport, Nazareth Panadero, Isabel Ribas Serra, Arthur Rosenfeld, Monika Sagon, Jean-Laurent Sasportes, Janusz Subicz, Meryl Tankard, Heide Tegeder, Ralf John Ernesto (Zauberer), Arthur Sockel (Violine), Max Walther (Turner am Barren)

Bandoneon
Mitarbeit: Matthias Burkert, Hans Pop. Musik: lateinamerikanische Tangos. Bühne: Gralf-Edzard Habben. Kostüme: Marion Cito. Dramaturgie: Raimund Hoghe. Uraufführung: 21. Dezember 1980, Opernhaus, Wuppertal
Darsteller: Malou Airaudo, Anne Marie Benati, Mechthild Großmann, Urs Kaufmann, Hans Dieter Knebel, Beatrice Libonati, Anne Martin, Dominique Mercy, Jan Minařík, Vivienne Newport, Nazareth Panadero, Isabel Ribas Serra, Arthur Rosenfeld, Jean-Laurent Sasportes, Janusz Subicz, Meryl Tankard, Heide Tegeder, Christian Trouillas

Walzer
Mitarbeit: Matthias Burkert, Hans Pop. Musik: Franz Schubert, Robert Schumann, Nationalhymnen, lateinamerikanische Tanzmusik und andere. Bühne: Ulrich Bergfelder. Kostüme: Marion Cito. Film: Frédéric Leboyer. Dramaturgie: Raimund Hoghe. Uraufführung: 17. Juni 1982, Theater Carré, Amsterdam
Darsteller: Malou Airaudo, Jakob Andersen, Anne Marie Benati, Bénédicte Billiet, Matthias Burkert, Josephine Ann Endicott, Mechthild Großmann, Urs Kaufmann, Ed Kortlandt, Beatrice Libonati, Jan Minařík, Nazareth Panadero, Helena Pikon, Hans Pop, Arthur Rosenfeld, Monika Sagon, Jean-Laurent Sasportes, Janusz Subicz, Meryl Tankard, Christian Trouillas, Francis Viet, Vitus Zeplichal

Nelken

Mitarbeit: Matthias Burkert, Hans Pop. Musik: Franz Schubert, George Gershwin, Franz Lehár und andere. Bühne: Peter Pabst. Kostüme: Marion Cito. Dramaturgie: Raimund Hoghe. Uraufführung: *1. Fassung:* 30. Dezember 1982, Opernhaus, Wuppertal; *2. Fassung:* 16. Mai 1983, Zelt im Englischen Garten, München

Darsteller (30. Dezember 1982): Jakob Andersen, Anne Marie Benati, Bénédicte Billiet, Matthias Burkert, Lutz Förster, Kyomi Ichida, Urs Kaufmann, Ed Kortlandt, Anne Martin, Dominique Mercy, Jan Minařík, Nazareth Panadero, Helena Pikon, Hans Pop, Jean-Laurent Sasportes, Janusz Subicz, Francis Viet

Auf dem Gebirge hat man ein Geschrei gehört

Mitarbeit: Matthias Burkert, Hans Pop. Musik: Henry Purcell, Heinrich Schütz, Felix Mendelssohn Bartholdy, Gerry Mulligan, Johnny Hodges, Lieder mit Fred Astaire und Édith Piaf, irische Dudelsackmusik und andere. Bühne: Peter Pabst. Kostüme: Marion Cito. Dramaturgie: Raimund Hoghe. Uraufführung: 13. Mai 1984, Schauspielhaus, Wuppertal

Darsteller: Jakob Andersen, Anne Marie Benati, Bénédicte Billiet, Matthias Burkert, Jean-François Duroure, Dominique Duszynski, Josephine Ann Endicott, Lutz Förster, Kyomi Ichida, Urs Kaufmann, Silvia Kesselheim, Ed Kortlandt, Beatrice Libonati, Melanie Karen Lien, Elena Majnoni, Anne Martin, Dominique Mercy, Jan Minařík, Nazareth Panadero, Helena Pikon, Arthur Rosenfeld, Jean-Laurent Sasportes, Janusz Subicz, Francis Viet, Seniorenorchester Musikverein Marion

Two Cigarettes in the Dark

Mitarbeit: Matthias Burkert. Musik: Claudio Monteverdi, Ludwig van Beethoven, Maurice Ravel, Hugo Wolf, Henry Purcell, Ben Webster, Minnelieder und andere. Bühne: Peter Pabst. Kostüme: Marion Cito. Dramaturgie: Raimund Hoghe. Uraufführung: 31. März 1985, Schauspielhaus, Wuppertal

Darsteller: Jakob Andersen, Bénédicte Billiet, Jean-François Duroure, Dominique Duszynski, Josephine Ann Endicott, Mechthild Großmann, Kyomi Ichida, Dominique Mercy, Jan Minařík, Helena Pikon, Francis Viet

Viktor

Mitarbeit: Matthias Burkert, Marion Cito. Musik: Pjotr Tschaikowski, Dietrich Buxtehude, Antonín Dvorák, Aram Chatschaturjan, mittelalterliche Tanzmusik, russische Walzer, New-Orleans-Musik, Tanzmusik der Dreißigerjahre, traditionelle

Musik aus der Lombardei, der Toskana, Süditalien, Sardinien und Bolivien. Bühne: Peter Pabst. Kostüme: Marion Cito. Dramaturgie: Raimund Hoghe. Uraufführung: 14. Mai 1986, Schauspielhaus, Wuppertal
Darsteller: Jakob Andersen, Anne Marie Benati, Bénédicte Billiet, Rolando Brenes Calvo, Antonio Carallo, Finola Cronin, Dominique Duszynski, Jean-François Duroure, Kyomi Ichida, Urs Kaufmann, Silvia Kesselheim, Ed Kortlandt, Beatrice Libonati, Melanie Karen Lien, Anne Martin, Dominique Mercy, Jan Minařík, Helena Pikon, Monika Sagon, Jean-Laurent Sasportes, Mark Sieczkarek, Julie Anne Stanzak, Francis Viet

Ahnen
Mitarbeit: Hans Pop. Musik: Claudio Monteverdi, John Dowland, Lieder und Instrumentalmusik aus Mittelalter und Renaissance, traditionelle Musik der Nubier, der Hamar, der Senufo, Volksmusiken aus der Schweiz, Italien, Spanien und der Karibik, frühe jüdische Instrumentalmusik, Rock- und Schlagermusik aus Japan, Tanz- und Unterhaltungsmusik der Zwanziger- und Dreißigerjahre mit Fred Astaire, Ella Fitzgerald und Billie Holiday. Musikalische Mitarbeit: Matthias Burkert. Bühne: Peter Pabst. Kostüme: Marion Cito. Dramaturgie: Raimund Hoghe. Uraufführung: 21. März 1987, Schauspielhaus, Wuppertal
Darsteller: Jakob Andersen, Bénédicte Billiet, Rolando Brenes Calvo, Matthias Burkert, Antonio Carallo, Finola Cronin, Dominique Duszynski, Josephine Ann Endicott, Lutz Förster, Kyomi Ichida, Urs Kaufmann, Ed Kortlandt, Beatrice Libonati, Melanie Karen Lien, Anne Martin, Dominique Mercy, Jan Minařík, Helena Pikon, Monika Sagon, Jean-Laurent Sasportes, Mark Sieczkarek, Julie Anne Stanzak, Francis Viet

Die Klage der Kaiserin (Film, 1989)
Mitarbeit: Matthias Burkert. Kostüme: Marion Cito. Dramaturgie: Raimund Hoghe. Kamera: Martin Schäfer, Detlef Erler. Ton: Michael Felber. Schnitt: Nina von Kreisler, Michael Felber, Martine Zevort
Darsteller: Mariko Aoyama, Anne Marie Benati, Bénédicte Billiet, Rolando Brenes Calvo, Finola Cronin, Dominique Duszynski, Mechthild Großmann, Barbara Hampel, Kyomi Ichida, Urs Kaufmann, Ed Kortlandt, Beatrice Libonati, Anne Martin, Dominique Mercy, Jan Minařík, Helena Pikon, Dana Robin Sapiro, Jean-Laurent Sasportes, Mark Sieczkarek, Julie Anne Stanzak, Mark Alan Wilson, Peter Kowald (Kontrabaß), Ilse Schönemann, Rodolfo Seas Araya, Alois Hoch, Josef Ratering

Palermo Palermo
Musik: Edvard Grieg, Niccolò Paganini, traditionelle Musik aus Sizilien, Süditalien, Afrika, Japan und Schottland, Renaissancemusik, Blues und Jazz aus Amerika und andere. Musikalische Mitarbeit: Matthias Burkert. Bühne: Peter Pabst. Kostüme: Marion Cito. Uraufführung: 17. Dezember 1989, Opernhaus, Wuppertal
Darsteller: Mariko Aoyama, Anne Marie Benati, Matthias Burkert, Antonio Carallo, Finola Cronin, Thomas Duchatelet, Barbara Hampel, Kyomi Ichida, Urs Kaufmann, Ed Kortlandt, Beatrice Libonati, Bernd Marszan, Dominique Mercy, Jan Minařík, Nazareth Panadero, Jean-Laurent Sasportes, Julie Shanahan, Julie Anne Stanzak, Janusz Subicz, Quincella Swyningan, Francis Viet, Mark Alan Wilson

Tanzabend II (Madrid)
Musik: traditionelle Musik aus Spanien, Italien, Marokko, Ägypten, Zentralafrika, Argentinien und Brasilien, mittelalterliche Musik, Jazz der Dreißiger- und Vierzigerjahre, Diamanda Galás, Peter Kowald, Lamentos aus Spanien und Italien. Musikalische Mitarbeit: Matthias Burkert. Bühne: Peter Pabst. Kostüme: Marion Cito. Uraufführung: 27. April 1991, Schauspielhaus, Wuppertal
Darsteller: Jakob Andersen, Mariko Aoyama, Anne Marie Benati, Matthias Burkert, Finola Cronin, Thomas Duchatelet, Barbara Hampel, Kyomi Ichida, Urs Kaufmann, Beatrice Libonati, Marigia Maggipinto, Bernd Marszan, Dominique Mercy, Jan Minařík, Nazareth Panadero, Dulce Pessoa, Julie Shanahan, Geraldo Si Loureiro, Julie Anne Stanzak, Janusz Subicz, Quincella Swyningan, Francis Viet, Mark Alan Wilson

Das Stück mit dem Schiff
Musik: Christoph Willibald Gluck, Georg Friedrich Händel, Walther von der Vogelweide, Matthias Burkert, klassische indische Musik, Tanz- und Liebeslieder aus Äthiopien, Marokko, Namibia, Nigeria und Peru, Hörner der Bronzezeit aus Schottland, Gesänge ungarischer Zigeuner, litauisches Gebet, Geräusche vom Amazonas, aus Kambodscha, Nepal und Südflorida, spanisches Lamento, Pavanen der Renaissance, Unterhaltungsmusik der Vierziger- und Fünfzigerjahre. Musikalische Mitarbeit: Matthias Burkert. Bühne: Peter Pabst. Kostüme: Marion Cito. Uraufführung: 16. Januar 1993, Opernhaus, Wuppertal
Darsteller: Ruth Amarante, Jakob Andersen, Mariko Aoyama, Hans Beenhakker, Matthias Burkert, Thomas Duchatelet, Barbara Hampel, Urs Kaufmann, Beatrice Libonati, Marigia Maggipinto, Bernd Marszan, Dominique Mercy, Jan Minařík, Nazareth Panadero, Helena Pikon, Felix Ruckert, Jean-Laurent Sasportes, Julie Shanahan, Geraldo Si Loureiro, Julie Anne Stanzak, Janusz Subicz, Quincella Swyningan, Aida Vainieri, Francis Viet

Ein Trauerspiel
Musik: Franz Schubert, sephardische Lieder aus Spanien, ungarisches Zigeunerlied, jiddisches Lied, Tanzmusik aus Argentinien und Polen, Gesänge aus Äthiopien, Gabun, Indien, Sibirien und der Türkei, Jagdhornmusik, Renaissancemusik, italienische Tarantella, Jazz mit Louis Armstrong, Duke Ellington und Django Reinhardt, russische und japanische Unterhaltungsmusik. Musikalische Mitarbeit: Matthias Burkert. Bühne: Peter Pabst. Kostüme: Marion Cito. Uraufführung: 12. Februar 1994, Schauspielhaus, Wuppertal
Darsteller: Regina Advento, Ruth Amarante, Hans Beenhakker, Thomas Duchatelet, Barbara Hampel, Daphnis Kokkinos, Beatrice Libonati, Marigia Maggipinto, Bernd Marszan, Dominique Mercy, Jan Minařík, Cristiana Morganti, Nazareth Panadero, Helena Pikon, Felix Ruckert, Julie Shanahan, Julie Anne Stanzak, Quincella Swyningan, Aida Vainieri

Danzón
Mitarbeit: Marion Cito, Jan Minařík. Musik: Francesco Cilea, Umberto Giordano, Gustav Mahler, Henry Purcell, Camille Saint-Saëns, Lieder aus Mexiko, Argentinien, Griechenland und Portugal, Ben Webster, Billie Holiday, Johnny Hodges, amerikanische und japanische Unterhaltungsmusik. Bühne: Peter Pabst. Kostüme: Marion Cito. Uraufführung: 13. Mai 1995, Opernhaus, Wuppertal
Darsteller: Regina Advento, Andrey Berezin, Antonio Carallo, Mechthild Großmann, Barbara Hampel, Daphnis Kokkinos, Marigia Maggipinto, Dominique Mercy, Jan Minařík, Cristiana Morganti, Aida Vainieri

Nur Du
Mitarbeit: Jan Minařík, Marion Cito, Irene Martinez-Rios. Musik: Matthias Burkert, indianische Flötenmusik, mexikanische und brasilianische Walzer, argentinische Tangos, Lieder mit Simón Díaz, Alfredo Marceneiro, Elis Regina, Amália Rodrigues, Rhythm & Blues der Fünfzigerjahre, Schlagzeugmusik mit Chico Hamilton, diverse Unterhaltungsmusik, Jazz mit Harry Connick jun., Duke Ellington, Sidney Bechet, Dinah Washington, Joe Mooney, Harlan Leonard and his Rockets, Albert Mangelsdorf und andere. Musikalische Mitarbeit: Andreas Eisenschneider. Bühne: Peter Pabst. Kostüme: Marion Cito. Uraufführung: 11. Mai 1996, Schauspielhaus, Wuppertal
Darsteller: Elena Adaeva, Regina Advento, Ruth Amarante, Rainer Behr, Andrey Berezin, Stephan Brinkmann, Chrystel Guillebeaud, Barbara Hampel, Kyomi Ichida, Daphnis Kokkinos, Bernd Marszan, Eddie Martinez, Dominique Mercy, Jan Minařík, Nazareth Panadero, Helena Pikon, Julie Shanahan, Julie Ann Stanzak, Fernando Suels Mendoza, Aida Vainieri, Jean Guillaume Weis, Michael Whaites

Der Fensterputzer

Musik: chinesische Lieder und Unterhaltungsmusik, chinesische, indische und mexikanische Trommelmusik, traditionelle rumänische Zigeunermusik, Fado, argentinische und kapverdische Lieder, iranische Gitarrenmusik, Liebeslieder des 13. und 16. Jahrhunderts, Jazz mit Dizzy Gillespie, Pat Metheny, Nnenna Freelon, Al Cooper, Barney Kessel, Jo Stafford, Frantic Faye Thomas und dem Jesse Powell Orchestra und andere. Musikalische Mitarbeit: Matthias Burkert, Andreas Eisenschneider, Marion Cito, Irene Martinez-Rios, Jan Minařík. Text: Péter Esterházy, Silja Walter, Wisława Szymborska. Bühne: Peter Pabst. Kostüme: Marion Cito. Uraufführung: 12. Februar 1997, Opernhaus, Wuppertal

Darsteller: Regina Advento, Ruth Amarante, Rainer Behr, Andrey Berezin, Stephan Brinkmann, Raphaëlle Delaunay, Mechthild Großmann, Chrystel Guillebeaud, Nayoung Kim, Daphnis Kokkinos, Beatrice Libonati, Marigia Maggipinto, Bernd Marszan, Eddie Martinez, Dominique Mercy, Jan Minařík, Cristiana Morganti, Nazareth Panadero, Helena Pikon, Jorge Puerta Armenta, Anne Rebeschini, Michael Strecker, Fernando Suels Mendoza, Aida Vainieri, Michael Whaites

Masurca Fogo

Mitarbeit: Marion Cito, Irene Martinez-Rios, Jan Minařík. Musik: Balanescu Quartett, Tangomusik mit Gidon Kremer, Fado, kapverdische Musik, portugiesische Trommelmusik mit Rui Júnior, brasilianischer Walzer, diverse Percussion-Musik, Jazz mit Duke Ellington und andere. Musikalische Mitarbeit: Matthias Burkert, Andreas Eisenschneider. Bühne: Peter Pabst. Kostüme: Marion Cito. Uraufführung: 4. April 1998, Schauspielhaus, Wuppertal

Darsteller: Regina Advento, Ruth Amarante, Rainer Behr, Stephan Brinkmann, Raphaëlle Delaunay, Chrystel Guillebeaud, Daphnis Kokkinos, Beatrice Libonati, Dominique Mercy, Jan Minařík, Cristiana Morganti, Nazareth Panadero, Jorge Puerta Armenta, Anne Rebeschini, Julie Shanahan, Michael Strecker, Fernando Suels Mendoza, Aida Vainieri, Michael Whaites

O Dido

Mitarbeit: Marion Cito, Irene Martinez-Rios, Jan Minařík. Musik: Gustavo Santaolalla, sephardische Lieder, Lhasa de Sela, Bonga Kuenda, Tangomusik mit Gidon Kremer, Instrumental- und Vokalmusik mit Cyro Baptista, Nnenna Freelon, João Gilberto, Bobby McFerrin, Portishead, Marc Ribot, Virginia Rodrigues und John Zorn, Jazz mit Chet Baker, Eartha Kitt und Royal Crown Revue, Hip-Hop mit Assalti Frontali und andere. Musikalische Mitarbeit: Matthias Burkert,

Andreas Eisenschneider. Bühne: Peter Pabst. Kostüme: Marion Cito. Uraufführung: 10. April 1999, Opernhaus, Wuppertal
Darsteller: Ruth Amarante, Rainer Behr, Andrey Berezin, Stephan Brinkmann, Raphaëlle Delaunay, Chrystel Guillebeaud, Nayoung Kim, Daphnis Kokkinos, Jan Minařík, Cristiana Morganti, Nazareth Panadero, Jorge Puerta Armenta, Julie Shanahan, Shantala Shivalingappa, Fernando Suels Mendoza, Aida Vainieri

Wiesenland
Mitarbeit: Marion Cito, Irene Martinez-Rios, Jan Minařík, Robert Sturm. Musik: Unterhaltungsmusik mit Vera Bílá, Romano Drom, Ghymes, Taraf de Haïdouks, Fanfare Ciocărlia, Peace Orchestra, Elektrotwist, Bohren & der Club of Gore, Bugge Wesseltoft, Sidsel Endresen, Hermenia, Caetano Veloso, José Afonso, René Lacaille, Lili Boniche, Rex Stewart, Mel Tormé und Götz Alsmann. Musikalische Mitarbeit: Matthias Burkert, Andreas Eisenschneider. Bühne: Peter Pabst. Kostüme: Marion Cito. Uraufführung: 5. Mai 2000, Schauspielhaus, Wuppertal
Darsteller: Ruth Amarante, Rainer Behr, Stephan Brinkmann, Raphaëlle Delaunay, Barbara Hampel, Nayoung Kim, Daphnis Kokkinos, Eddie Martinez, Dominique Mercy, Pascal Merighi, Jan Minařík, Helena Pikon, Fabien Prioville, Jorge Puerta Armenta, Julie Shanahan, Julie Anne Stanzak, Michael Strecker, Fernando Suels Mendoza, Aida Vainieri

Água
Mitarbeit: Marion Cito, Irene Martinez-Rios, Robert Sturm. Musik: brasilianische Unterhaltungsmusik mit Baden Powell, Caetano Veloso, David Byrne, Gilberto Gil, Bebel Gilberto, Naná Vasconcelos, Antônio Carlos Jobim, Luiz Bonfá, Bob Brookmeyer, Tom Zé, Grupo Batuque, Carlinhos Brown und Rosanna & Zélia, Unterhaltungsmusik mit Susana Barca, Amon Tobin, Bugge Wesseltoft, Sidsel Endresen, Julien Jacob, Mickey Hart, Tom Waits, Lura, The Tiger Lillies, St Germain, Leftfield, Troublemakers, PJ Harvey, Kenny Burrell und Ike Quebec. Musikalische Mitarbeit: Matthias Burkert, Andreas Eisenschneider. Bühne: Peter Pabst. Kostüme: Marion Cito. Video: Peter Pabst. Uraufführung: 12. Mai 2001, Opernhaus, Wuppertal
Darsteller: Regina Advento, Rainer Behr, Silvia Farias Heredia, Ditta Miranda Jasjfi, Nayoung Kim, Daphnis Kokkinos, Eddie Martinez, Melanie Maurin, Dominique Mercy, Pascal Merighi, Cristiana Morganti, Helena Pikon, Fabien Prioville, Jorge Puerta Armenta, Azusa Seyama, Julie Shanahan, Michael Strecker, Fernando Suels Mendoza, Kenji Takagi, Aida Vainieri, Anna Wehsarg

Für die Kinder von gestern, heute und morgen
Mitarbeit: Marion Cito, Daphnis Kokkinos, Robert Sturm. Musik: Unterhaltungsmusik mit Félix Lajkó, Naná Vasconcelos, Caetano Veloso, Bugge Wesseltoft, Amon Tobin, Mari Boine, Shirley Horn, Nina Simone, Lisa Ekdahl, Gerry Mulligan, Uhuhboo Project, The Cinematic Orchestra, Goldfrapp, Gotan Project, Guem, Hughscore, Koop, Labradford, T.O.M., Prince und Marc Ribot. Musikalische Mitarbeit: Matthias Burkert, Andreas Eisenschneider. Text: Péter Esterházy, Michael Caduto, Joseph Bruchac. Bühne: Peter Pabst. Kostüme: Marion Cito.
Uraufführung: 25. April 2002, Schauspielhaus, Wuppertal
Darsteller: Rainer Behr, Alexandre Castres, Lutz Förster, Ditta Miranda Jasjfi, Melanie Maurin, Dominique Mercy, Pascal Merighi, Nazareth Panadero, Helena Pikon, Fabien Prioville, Azusa Seyama, Julie Anne Stanzak, Fernando Suels Mendoza, Kenji Takagi

Nefés
Mitarbeit: Marion Cito, Helena Pikon, Robert Sturm. Musik: Unterhaltungsmusik mit Mercan Dede, Birol Topaloğlu, Burhan Öçal, Istanbul Oriental Ensemble, Replicas, Bülent Ersoy, Candan Erçetin, Suren Asaduryan, Yansimalar, Amon Tobin, Arild Andersen, Bugge Wesseltoft, Brotherhood of Breath, Doctor Rockit, Elektrotwist, Innerzone Ochestra, Koop, Mardi Gras.bb, Astor Piazzolla, Tom Waits und Uhuhboo Project. Musikalische Mitarbeit: Matthias Burkert, Andreas Eisenschneider. Bühne: Peter Pabst. Kostüme: Marion Cito. Video: Peter Pabst.
Uraufführung: 21. März 2003, Opernhaus, Wuppertal
Darsteller: Ruth Amarante, Rainer Behr, Andrey Berezin, Alexandre Castres, Silvia Farias Heredia, Ditta Miranda Jasjfi, Nayoung Kim, Daphnis Kokkinos, Melanie Maurin, Pascal Merighi, Cristiana Morganti, Nazareth Panadero, Fabien Prioville, Jorge Puerta Armenta, Azusa Seyama, Shantala Shivalingappa, Michael Strecker, Fernando Suels Mendoza, Kenji Takagi, Anna Wehsarg

Ten Chi
Mitarbeit: Marion Cito, Daphnis Kokkinos, Robert Sturm. Musik: Ryoko Moriyama, Byungki Hwang, Kodo, Yas-Kaz, Balanescu-Quartett, Thomas Heberer, René Aubry, Beth Gibbons & Rustin Man, Gustavo Santaolalla, Robert Wyatt, Kreidler, Labradford, Plastikman, Tudósok, Underkarl, Club des Belugas und andere. Texte: Ruth Berlau, Bertolt Brecht, Georg Büchner, José Saramago, Margarete Steffin, Wisława Szymborska und andere. Musikalische Mitarbeit: Matthias Burkert, Andreas Eisenschneider. Bühne: Peter Pabst. Kostüme: Marion Cito.
Uraufführung: 8. Mai 2004, Schauspielhaus, Wuppertal

Darsteller: Regina Advento, Alexandre Castres, Mechthild Großmann, Ditta Miranda Jasjfi, Eddie Martinez, Dominique Mercy, Thusnelda Mercy, Pascal Merighi, Nazareth Panadero, Helena Pikon, Jorge Puerta Armenta, Azusa Seyama, Julie Shanahan, Julie Anne Stanzak, Fernando Suels Mendoza, Kenji Takagi, Aida Vainieri

Rough Cut
Mitarbeit: Marion Cito, Barbara Hampel, Robert Sturm. Musik: Uhuhboo Project, Young-Gyu Jang, Gong Myoung, Eun-Il Kang, Jin-Hi Kim, Nam-Hwa Jung, Sung-Jun Choi, Min-Ki Kim, Sun-Chul Kim, Amon Tobin, Elektrotwist, Jun Miyake, Ryuichi Sakamoto, Yonderboi, DJ Explizit, Balanescu-Quartett, Penguin Cafe Orchestra, Alex Gunia, Les Reines Prochaines, Mickey Hart, Björk und andere. Musikalische Mitarbeit: Matthias Burkert, Andreas Eisenschneider. Bühne: Peter Pabst. Kostüme: Marion Cito. Uraufführung: 15. April 2005, Schauspielhaus, Wuppertal
Darsteller: Regina Advento, Ruth Amarante, Rainer Behr, Andrey Berezin, Silvia Farias Heredia, Ditta Miranda Jasjfi, Nayoung Kim, Daphnis Kokkinos, Melanie Maurin, Thusnelda Mercy, Pascal Merighi, Cristiana Morganti, Franko Schmidt, Michael Strecker, Fernando Suels Mendoza, Kenji Takagi, Anna Wehsarg, Mitglieder des Deutschen Alpenvereins (Sektion Elberfeld)

Vollmond
Mitarbeit: Marion Cito, Daphnis Kokkinos, Robert Sturm. Musik: Amon Tobin, Balanescu-Quartett, Cat Power, Carl Craig, Jun Miyake, Leftfield, Magyar Posse, Nenad Jelic, René Aubry, Tom Waits und andere. Musikalische Mitarbeit: Matthias Burkert, Andreas Eisenschneider. Bühne: Peter Pabst. Kostüme: Marion Cito. Uraufführung: 11. Mai 2006, Schauspielhaus, Wuppertal
Darsteller: Rainer Behr, Silvia Farias Heredia, Ditta Miranda Jasjfi, Dominique Mercy, Nazareth Panadero, Helena Pikon, Jorge Puerta Armenta, Azusa Seyama, Julie Anne Stanzak, Michael Strecker, Fernando Suels Mendoza, Kenji Takagi

Bamboo Blues
Mitarbeit: Marion Cito, Daphnis Kokkinos, Robert Sturm. Musik: Trilok Gurtu & Arkè String Quartet, Suphala, Sunil Ganguly, U. Srinivas & Michael Brook, Talvin Singh, James Asher & Sivamani, Mukta, Bombay Dub Orchestra, Anoushka Shankar, Amon Tobin, Bill Laswell, Talk Talk, Michael Gordon, Lisa Bassenge, Emmanuel Santarromana, Lutz Glandien, 4hero, Jun Miyake, Solveig Slettahjell, Slowhill, Dschiwan Gasparjan und andere. Musikalische Mitarbeit: Matthias

Burkert, Andreas Eisenschneider. Bühne: Peter Pabst. Kostüme: Marion Cito. Uraufführung: 18. Mai 2007, Schauspielhaus, Wuppertal
Darsteller: Ruth Amarante, Pablo Aran Gimeno, Rainer Behr, Damiano Ottavio Bigi, Clémentine Deluy, Silvia Farias Heredia, Nayoung Kim, Eddie Martinez, Thusnelda Mercy, Cristiana Morganti, Jorge Puerta Armenta, Franko Schmidt, Shantala Shivalingappa, Fernando Suels Mendoza, Kenji Takagi, Anna Wehsarg

Sweet Mambo
Mitarbeit: Marion Cito, Thusnelda Mercy, Robert Sturm. Musik: Barry Adamson, Mina Agossi, René Aubry, Mari Boine, Lisa Ekdahl, Brian Eno, Mecca Bodega, Jun Miyake, Hazmat Modine, Lucky Pierre, Portishead, Ryuichi Sakamoto, Hope Sandoval, Gustavo Santaolalla, Trygve Seim, Nina Simone, Ian Simmonds, Tom Waits. Musikalische Mitarbeit: Matthias Burkert, Andreas Eisenschneider. Bühne: Peter Pabst. Kostüme: Marion Cito. Uraufführung: 30. Mai 2008, Schauspielhaus, Wuppertal
Darsteller: Regina Advento, Andrey Berezin, Daphnis Kokkinos, Nazareth Panadero, Helena Pikon, Julie Shanahan, Julie Anne Stanzak, Michael Strecker, Aida Vainieri

... como el musguito en la piedra, ay si, si, si ...
Mitarbeit: Marion Cito, Daphnis Kokkinos, Robert Sturm. Musik: Cecilia, Congreso, Rodrigo Covacevich, Victor Jara, Magdalena Matthey, Mecánica Popular, Violeta Parra, Chico Trujillo, Mauricio Vicencio, Balanescu-Quartett, Bonobo, The Cinematic Orchestra, Count Basic, Carl Craig & Moritz von Oswald, Matthew Herbert, Kruder & Dorfmeister, Jean Pierre Magnet, Russell Mills, Daniel Melingo, Madeleine Peyroux, David Sylvian, Amon Tobin, Manuel Wandji, Bugge Wesseltoft, Alexander Zekke. Musikalische Mitarbeit: Matthias Burkert, Andreas Eisenschneider. Bühne: Peter Pabst. Kostüme: Marion Cito. Uraufführung: 12. Juni 2009, Opernhaus, Wuppertal
Darsteller: Pablo Aran Gimeno, Rainer Behr, Damiano Ottavio Bigi, Aleš Cucek, Clémentine Deluy, Silvia Farias Heredia, Ditta Miranda Jasjfi, Nayoung Kim, Eddie Martinez, Dominique Mercy, Thusnelda Mercy, Morena Nascimento, Azusa Seyama, Fernando Suels Mendoza, Anna Wehsarg, Tsai-Chin Yu

BILDNACHWEIS

Abeele, Maarten Vanden: 95, 102, 103, 104; Archiv Folkwang Universität Essen: 22; Arici, Graziano: 136; Corbis Images, Fabian Cevallos: 69; Crickmay, Anthony: 44; ddp images, Thomas Lohnes: 7; Erler, Detlef: 108, 109, 114, 115, 118, 119, 130, 134, 135, 143 u.; Getty Images, David Montgomery: 82 u., 83; Getty Images, Yoshika Tsuno: 158; Hartung, Bernd: 121; Image Forum AFP (dpa), Wolfgang Kunz: 58–59, 60; Interfoto, Ursula Düren: 155; Kaufmann, Ursula: 120 o., 143 o., 157, 162; Mendoza, Fernando Carlos Suels: 8; Minarik, Jan: 2–3, 65, 72–73, 74, 99, 101, 110; Picture Alliance (dpa), Andrea Merola: 159; Picture Alliance (dpa), Anne Dedert/Fotoreport: 153, 161; Picture Alliance (dpa), Attila Kisbenedek: 148; Picture Alliance (dpa), Fotoreport: 156; Picture Alliance (dpa), Uli Deck: 160; Privatarchiv Pina Bausch: 13, 36, 42, 62 u., 92; Tanzarchiv Köln, Joke van Leeuwen: 39; The Juilliard School Archives: 28–29, 35; Uhlig, Bernd: 68; ullstein bild, Ludwig Binder: 54; ullstein bild, Virgina Schmidt: 4, 84–85; Viehoff, Jochen: 120 u., 182–183; Vogel, Walter: 49, 53, 57; Wälde, Martin: 122, 124–125; Weigelt, Gert: 62 o., 77 o., 82 o., 93, 96, 99 o., 101, 106, 138, 139; Yang, William: 77 u.

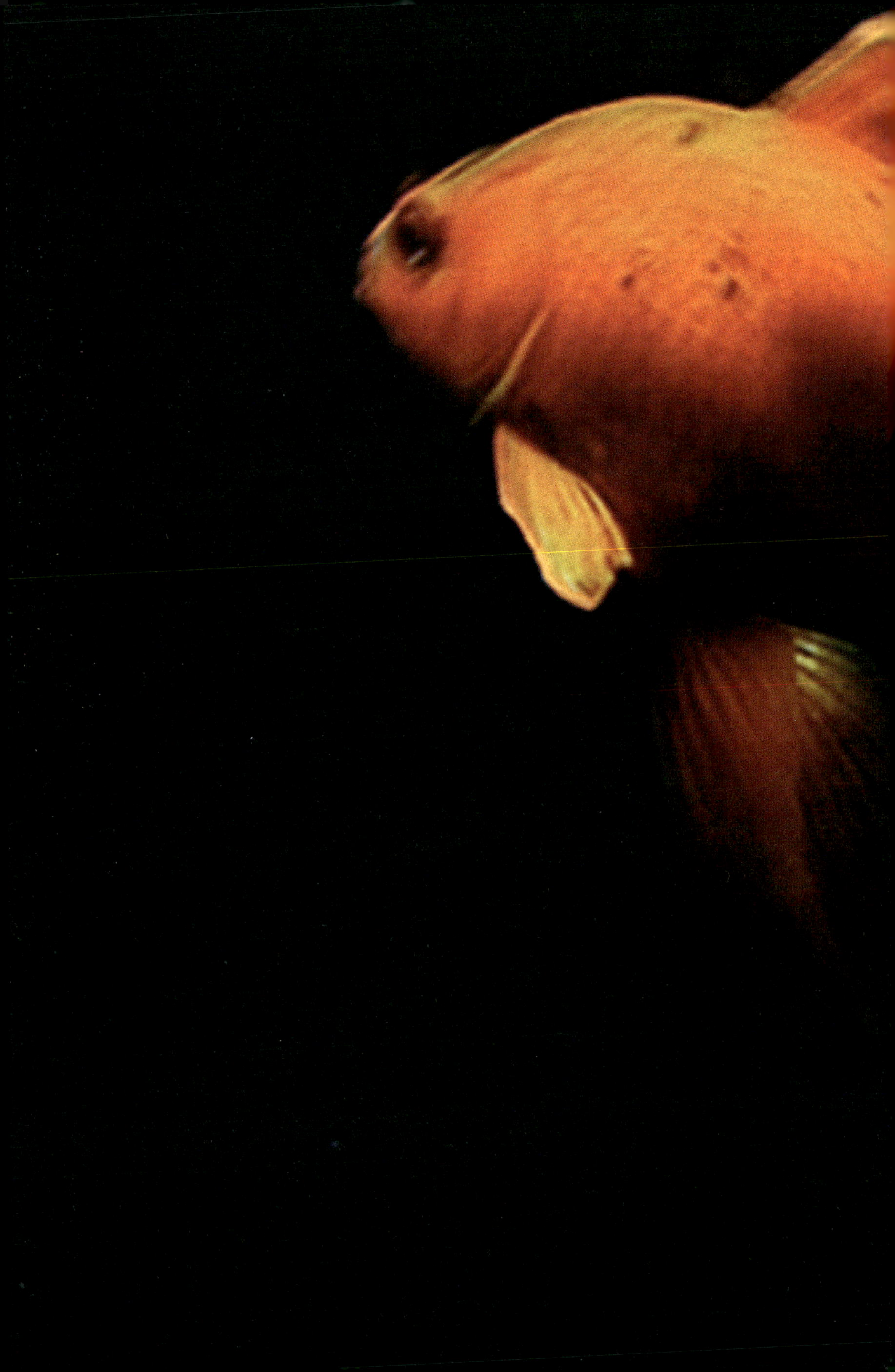

Liebe Leserin, lieber Leser,

zu diesem Buch bieten wir Ihnen ohne Aufpreis auch die E-Book-Version an.

Auf unserer Website *www.edel.com/ebook-inside*

können Sie sich das kostenlose E-Book herunterladen. Bitte geben Sie dort Ihren persönlichen Download-Code ein, den Sie auf der gegenüberliegenden Seite finden. Bitte beachten Sie, dass dieser Code höchstens zweimal benutzt werden kann und danach verfällt.

Eine genaue Anleitung, wie Sie das E-Book auf Ihr elektronisches Lesegerät übertragen, finden Sie ebenfalls auf unserer Internetseite.

Vielen Dank, dass Sie sich für den Kauf dieses Buches entschieden haben. Gedruckt oder digital, auf der Couch oder unterwegs – wir wünschen Ihnen damit viel Freude!

Ihr Team von Edel Books

Impressum

Edel:Books
Ein Verlag der Edel Germany GmbH

www.edel.com
2 Auflage 2014

Wir danken Pedro Almodóvar für die freundliche Überlassung der Originalversion seines Nachrufs auf Pina Bausch, die wir im Vorwort abdrucken konnten. Übersetzung aus dem Spanischen: Katharina Mannel, Mendlewitsch+Meiser, Düsseldorf

Projektkoordination: Dr. Marten Brandt
Idee, Konzept und Bildredaktion: Mendlewitsch+Meiser, Düsseldorf
Lektorat: Dr. Klaus Kieser
Umschlagfoto: Helmut Newton, Berlin
Layout und Umschlaggestaltung: Groothuis. Gesellschaft der Ideen und Passionen mbH, Hamburg | www.groothuis.de

Reproduktion: Frische Grafik, Hamburg
Druck und Bindung: optimal media GmbH, Röbel/Müritz

Printed in Germany

ISBN 978-3-8419-0182-8

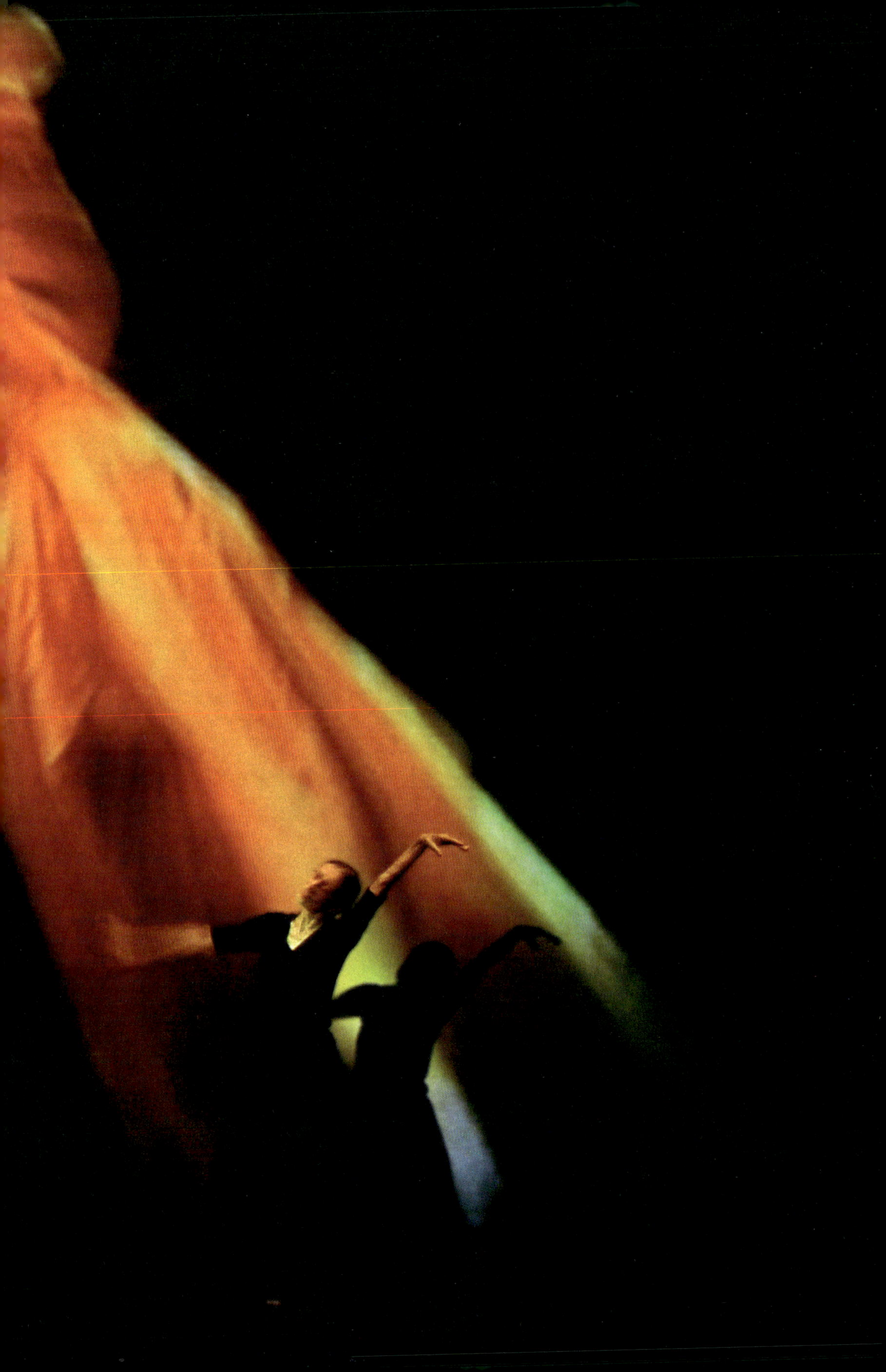